Kommunikation & Recht

Telekommunikationsrecht

kompakt

von

Andreas Neumann

Fachmedien Recht und Wirtschaft | dfv Mediengruppe | Frankfurt am Main

Bibliografische Information der Deutschen Nationalbibliothek

Die Deutsche Nationalbibliothek verzeichnet diese Publikation in der Deutschen Nationalbibliografie; detaillierte bibliografische Daten sind im Internet über http://dnb.de abrufbar.

ISBN 978-3-8005-1818-0

dfv Mediengruppe

www.ruw.de

Druck: WIRmachenDRUCK GmbH, Backnang

Printed in Germany

Klimaneutraler Druck in Deutschland

Vorwort

Das beobachtbare Universum expandiert. Diese Eigenschaft teilt es mit dem Telekommunikationsrecht. Umfasste das Telekommunikationsgesetz (TKG) aus dem Jahr 1996 noch relativ schlanke 31 Seiten im Bundesgesetzblatt (BGBl. 1996 I, 1120), nahm das novellierte TKG 2004 bereits 54 Seiten ein (BGBl. 2004 I, 1190). Die Neufassung im ersten Artikel des Telekommunikationsmodernisierungsgesetzes, die am 1. Dezember 2021 in Kraft treten wird, bringt es nun sogar auf stolze 109 Seiten (BGBl. 2021 I, 1858) – obwohl der durchaus umfangreiche Bereich des Telekommunikationsdatenschutzes aus dem Gesetz ausgegliedert wurde.

Diese Entwicklung erschwert eine zugängliche Darstellung der Grundzüge dieses Rechtsgebiets, will sie sich nicht dem Vorwurf der Lückenhaftigkeit aussetzen. Das wird auch ganz deutlich mit einem Blick auf den Umfang des von mir mitverfassten Lehrbuchs zum Telekommunikationsrecht. Dieses hatte in der ersten Auflage (mit Prof. Dr. *Christian Koenig* und *Sascha Loetz)* 2004 noch einen Umfang von 238 Seiten und war in der zweiten Auflage (mit Prof. Dr. *Alexander Koch)* 2013 bereits auf 536 Seiten angewachsen. Vor diesem Hintergrund bedurfte es eines Neubeginns.

Diesem dient das vorliegende Werk. Es ist keine dritte Auflage des Lehrbuchs zum Telekommunikationsrecht, sondern ein völlig neu konzipierter Versuch, Studierenden wie auch Praktikern einen schnellen, aber zuverlässigen Überblick über die Materie zu geben. Dabei konzentriert sich die Darstellung auf drei Kernbereiche des Telekommunikationsrechts: die Marktregulierung, die Frequenzverwaltung und die im Folgenden als Netzausbaurecht bezeichneten Vorschriften, die auf eine Senkung der Kosten insbesondere für die Errichtung moderner Glasfasernetze abzielen. Wer Ausführungen zu anderen Aspekten des Telekommunikationsrechts sucht, wird hier nicht fündig werden.

Durch diese Fokussierung auf die praktisch besonders relevanten Teile des TKG soll eine Rückbesinnung auf diejenigen Bereiche des Telekommunikationsrechts erreicht werden, die es in besonderer Weise von anderen Rechtsgebieten abheben. Darüber hinaus beschränkt sich die Darstellung auf die wesentlichen Grundzüge, verzichtet auf theoretische Meinungsstreits weitestmöglich und richtet das Hauptaugenmerk auf eine Vermittlung praxisrelevanten Wissens. Dementsprechend wird die bereits ergangene Rechtsprechung – insbesondere des Bundesverwaltungsgerichts – umfassend berücksichtigt. Dort, wo es noch an solcher Judikatur fehlt, orientiert sich die Darstellung demgegenüber vorrangig an Gesetzeswortlaut und -systematik sowie den Gesetzgebungsmaterialien einschließlich des darin aufscheinenden Regelungszwecks und der Spruchpraxis der Bundesnetzagentur.

Entstanden ist die so umschriebene Einführung begleitend zu zwei Blockvorlesungen, die ich in den Sommersemestern 2020 und 2021 im Masterstudiengang Medienrecht des Mainzer Medieninstituts gehalten habe. In Vorbereitung auf eine Schulung von Branchenpraktikern im November 2021 wurden die Ausführungen vertieft, ergänzt und vollständig auf die zwischenzeitlich verkündete Neufassung des TKG ausgerichtet. Allen, die an diesen Veranstaltungen teilgenommen und mit ihren Rückmeldungen zur Verbesserung der Darstellung beigetragen haben, gebührt mein Dank.

Zu besonderem Dank verpflichtet bin ich darüber hinaus meiner Ehefrau *Kristina Blohm* und unseren Kindern sowie meinem Freund und Kollegen *Alexander Koch,* die mir den Rücken für die doch sehr kurzfristige Umsetzung dieses Projekts freigehalten und mich auch ansonsten bei der Arbeit in den Untiefen des Telekommunikationsrechts stets unterstützt haben. Zu danken habe ich auch dem Deutschen Fachverlag für seine Bereitschaft, die Herausforderung einer weiteren Buchveröffentlichung zum Telekommunikationsrecht anzunehmen, und *Sebastian Lißek* für die sorgfältige formale Durchsicht des Manuskripts in seinen verschiedenen Entwicklungsstadien. Verbleibende Fehler sind alleine von mir verantwortet. Insoweit freue ich mich stets über Hinweise auf noch verbliebene Defizite, aber auch über sonstige Rückmeldungen und Anregungen und bin hierfür unter *tk-kompakt@irnik.de* erreichbar.

Bonn, 19. November 2021 *Andreas Neumann*

Inhaltsverzeichnis

Abkürzungsverzeichnis

A.	Auflage
a.A.	andere(r) Ansicht
a.a.O.	am angegebenen Ort
ABl.	Amtsblatt
AEUV	Vertrag über die Arbeitsweise der Europäischen Union
AG	Aktiengesellschaft
API	Application Programming Interface (Anwendungs-Programmierschnittstelle)
APL	Abschlusspunkt Linientechnik
Art.	Artikel
Az.	Aktenzeichen
BauGB	Baugesetzbuch
BB	Betriebs-Berater *(Zeitschrift)*
BEREC	Body of European Regulators for Electronic Communications (Gremium Europäischer Regulierungsstellen für elektronische Kommunikation)
Beschl.	Beschluss
BGB	Bürgerliches Gesetzbuch
BGBl.	Bundesgesetzblatt
BGH	Bundesgerichtshof
BMVI	Bundesministerium für Verkehr und digitale Infrastruktur
BR-Drs.	Bundesratsdrucksache
BSIG	Gesetz über das Bundesamt für Sicherheit in der Informationstechnik
BSI-KritisV	Verordnung zur Bestimmung Kritischer Infrastrukturen nach dem BSI-Gesetz
BT-Drs.	Bundestagsdrucksache
BVerfG	Bundesverfassungsgericht
BVerfGE	Entscheidungssammlung des Bundesverfassungsgerichts
BVerwG	Bundesverwaltungsgericht
BVerwGE	Entscheidungssammlung des Bundesverwaltungsgerichts
CR	Computer und Recht *(Zeitschrift)*
DB	Deutsche Bahn
DECT	Digital Enhanced Cordless Telecommunications (verbesserte digitale Schnurloskommunikation)
d.h.	das heißt
DigiNetzG	Gesetz zur Erleichterung des Ausbaus digitaler Hochgeschwindigkeitsnetze
DSL	Digital Subscriber Line (digitaler Teilnehmeranschluss)

EECC	European Electronic Communications Code (Europäischer Kodex für elektronische Kommunikation)
Einl.	Einleitung
EnWG	Energiewirtschaftsgesetz
EPG	Electronic Program Guide (Elektronischer Programmführer)
EU	Europäische Union
EuGH	Europäischer Gerichtshof
evtl.	eventuell
f./ff.	folgende
Fn.	Fußnote(n)
FreqV	Frequenzverordnung
FS	Festschrift
FTTB	Fibre To The Building (Glasfaser bis ans Gebäude)
FTTH	Fibre To The Home (Glasfaser bis in die Wohnung)
GbR	Gesellschaft bürgerlichen Rechts
GEREK	Gremium Europäischer Regulierungsstellen für elektronische Kommunikation
GG	Grundgesetz
ggf.	gegebenenfalls
GHz	Gigahertz
GIS	Geoinformationssystem
GmbH	Gesellschaft mit beschränkter Haftung
GWB	Gesetz gegen Wettbewerbsbeschränkungen
Hrsg.	Herausgeber
Hs.	Halbsatz
IP	Internet Protocol (Internet-Protokoll)
IRNIK	Institut für das Recht der Netzwirtschaften, Informations- und Kommunikationstechnologie
ISA	Infrastrukturatlas
i. S. d.	im Sinne der/des
i. V. m.	in Verbindung mit
Kap.	Kapitel
K&R	Kommunikation & Recht *(Zeitschrift)*
lfd.	laufend(e)
lit.	litera (Buchstabe)
LTE	Long Term Evolution (Mobilfunkstandard der vierten Generation)
m. Anm.	mit Anmerkung

MHz	Megahertz
mil.	militärisch
MMR	Multimedia und Recht *(Zeitschrift)*
m. w. N.	mit weiteren Nachweisen
NGA	Next Generation Access (Anschluss[netze] der nächsten Generation)
Nr.	Nummer(n)
N&R	Netzwirtschaften & Recht *(Zeitschrift)*
NRW	Nordrhein-Westfalen
NRWE	Entscheidungsdatenbank des Landes Nordrhein-Westfalen
NVwZ	Neue Zeitschrift für Verwaltungsrecht *(Zeitschrift)*
o. g.	oben genannt(e/en)
OTT	Over The Top (plattformunabhängig)
Rn.	Randnummer(n)
Rs.	Rechtssache
S.	Satz/Sätze/Seite(n)
SMP	Significant Market Power (beträchtliche Marktmacht)
SMS	Short Message Service (Kurznachrichtendienst)
sog.	sogenannte(n/r)
SSNIP	Small but Significant Non transitory Increase in Price (Preisheraufsetzung[stest])
TKG	Telekommunikationsgesetz
TKMoG	Telekommunikationsmodernisierungsgesetz
TV	Television (Fernsehen)
u. a.	unter anderem
UAbs.	Unterabsatz
UKW	Ultrakurzwelle
UMTS	Universal Mobile Telecommunications System (Mobilfunkstandard der dritten Generation)
Urt.	Urteil
usw.	und so weiter
u. U.	unter Umständen
v.	vom
VDSL	Very High Speed Digital Subscriber Line (sehr schneller digitaler Teilnehmeranschluss)
VG	Verwaltungsgericht
vgl.	vergleiche

VwGO	Verwaltungsgerichtsordnung
VwVfG	Verwaltungsverfahrensgesetz
WWW	World Wide Web
z. B.	zum Beispiel
Ziff.	Ziffer(n)
ziv.	zivil
ZNER	Zeitschrift für Neues Energierecht *(Zeitschrift)*
z. T.	zum Teil

A. Einleitung

Das Telekommunikationsrecht ist ein facettenreiches Rechtsgebiet. Es bildet den Ordnungsrahmen für einen dynamischen Wirtschaftsbereich, der sich in nicht einmal drei Jahrzehnten von einer staatsmonopolistisch ausgestalteten Daseinsvorsorge zu einem Wettbewerbsmarkt mit einer Vielzahl von Anbietern und einem jährlichen Außenumsatzvolumen von fast 60 Milliarden Euro[1] in Deutschland entwickelt hat. Moderne VDSL-, Glasfaser- und Mobilfunkbreitbandnetze bilden die Lebensadern der Informationsgesellschaft. An die Stelle von Wählscheibentelefonen und öffentlichen Fernmeldehäuschen sind fast überall verfügbare mobile Kommunikationsmöglichkeiten und digitale Datennetze getreten. In diesen sind Sprachübertragungen nur noch eine Nutzungsmöglichkeit unter vielen, die in Umfang und Bedeutung zunehmend gegenüber der Übermittlung von Video- und Audioinhalten, Programmen, Bildern und Mitteilungen in sozialen Netzen in den Hintergrund rückt. In Unternehmen und Behörden wird – in Corona-Zeiten mehr denn je – über Datennetze kommuniziert, Firmen steuern ihre Produktion mit Hilfe von Telekommunikationsnetzen und das Internet der Dinge ist ohnehin auf die ständige Verfügbarkeit von Kommunikationsmöglichkeiten angewiesen.

Diese technisch-wirtschaftliche Dynamik und volkswirtschaftliche Bedeutung der Telekommunikation trifft jedoch auf ökonomische Besonderheiten. Denn bei der Errichtung und dem Betrieb von Netzen bestehen erhebliche Größen-, Verbund- und Dichtevorteile. Vereinfacht gesagt: Unternehmen, die viele Kunden in einem möglichst dicht besiedelten Gebiet mit möglichst vielen Dienstleistungen (Festnetzanschluss, Mobilfunkanschluss, Telefonie, Datenübertragung, TV) versorgen, können dies zu deutlich günstigeren Kosten pro Kunden leisten als Unternehmen mit einem kleineren, räumlich weiter verstreuten Kundenbestand und kleinerem Dienstportfolio. Da mit der Errichtung eines Fest- oder Mobilfunknetzes erhebliche Kosten (Tiefbauarbeiten für die Verlegung der Kabel, Kosten der Netzeinrichtungen/Funkmasten, Frequenzkosten usw.) verbunden sind, ist es für neue Anbieter schwer, mit eigener Infrastruktur am Markt tätig zu werden. Als reine Anbieter von Diensten sind sie aber auf die Nutzung der Netze anderer Unternehmen angewiesen, die in aller Regel mit ähnlichen Produkten um dieselben Endkunden konkurrieren, also einen starken Anreiz haben, ihren potentiellen Wettbewerbern die Erstellung eines wettbewerbsfähigen Angebots zu erschweren.

Darüber hinaus beruhen die zwei zentralen Festnetzinfrastrukturen – das bundesweite Kupferkabelnetz der Telekom Deutschland GmbH und das

1 Bundesnetzagentur, Jahresbericht 2020, 2021, S. 50.

frühere Fernsehkabelnetz, das mittlerweile als modernes Breitbandkabelnetz von der Vodafone GmbH betrieben wird – zu einem erheblichen Teil auf Investitionen, die noch zu Zeiten der staatlichen Leistungserbringung und damit aus öffentlichen Mitteln getätigt wurden. Auch insoweit haben neue Wettbewerber somit zumindest tendenziell ungünstigere Startbedingungen als die etablierten Anbieter. Deshalb lag in der ersten Zeit nach Inkrafttreten des TKG der praktische Schwerpunkt auf der Schaffung und Förderung von Wettbewerb unter diesen schwierigen Voraussetzungen. Mit dieser Aufgabe wurde eine eigens hierfür eingerichtete Bundesoberbehörde betraut: die Regulierungsbehörde für Telekommunikation und Post, die heutige Bundesnetzagentur (für Elektrizität, Gas, Telekommunikation, Post und Eisenbahnen).

In den letzten Jahren hat sich jedoch eine neue Herausforderung ergeben: Neue Anwendungen und Nutzungsmöglichkeiten insbesondere im Internet (Video- und Musikstreaming, eGames, Videokonferenzen usw.) haben zu einem sprunghaften Anstieg des Bandbreitenbedarfs geführt, der auch künftig voraussichtlich weiter wachsen wird. Zugleich stößt das jedenfalls auf der „letzten Meile" nach wie vor weitgehend auf einer Kupferkabelinfrastruktur basierende Festnetz zunehmend an seine Leistungsgrenzen, während die Verfügbarkeit von zukunftsfähigen Glasfaseranschlüssen gerade auch im internationalen Vergleich noch ausbaufähig ist. Ähnliche Entwicklungen sind im Mobilfunkbereich zu verzeichnen. Hier sind zwar Sprachtelefondienste weitgehend (wenn auch ebenfalls noch nicht vollständig) flächendeckend verfügbar. Bei hochleistungsfähigen Datenverbindungen weisen die bundesweiten Netze jedoch nach wie vor nicht unerhebliche weiße Flecken auf. Das Thema des Netzausbaus ist daher zunehmend auf die telekommunikationspolitische Agenda gerückt. Es tritt neben das Ziel der Wettbewerbsförderung und wird bisweilen als Argument für eine Neuausrichtung der Regulierung bemüht, in deren Folge die Schaffung und Erhaltung von Investitionsanreizen gegenüber der Intensivierung von Wettbewerb mit seinen preisdämpfenden Effekten priorisiert werden solle.

Das Telekommunikationsrecht befindet sich im Zentrum dieser komplexen Gemengelage aus öffentlichen und individuellen Interessen. Es muss die vielfältigen Herausforderungen u. a. für den Wettbewerb, für das öffentliche Interesse an einer grundlegenden Versorgung mit Telekommunikationsdiensten, aber auch an der Entwicklung hochleistungsfähiger Netze und für die Rechte der Verbraucher verarbeiten. Diese Vielschichtigkeit der gesetzlichen Zielsetzungen spiegelt sich auch in der Gliederung des TKG wider.

Abbildung 1: Übersicht über das TKG

Allgemeine Vorschriften (Teil 1) Ziele und Grundsätze der Regulierung, Begriffsbestimmungen usw.						
Marktregulierung (Teil 2)	**Kundenschutz (Teil 3)**	**Endeinrichtungen und Rundfunkübertragung (Teil 4)**	**Informationen über Infrastruktur und Netzausbau (Teil 5)**	**Vergabe von Frequenzen, Nummern und Wegerechten (Teile 6 bis 8)**	**Recht auf Versorgung mit Telekommunikationsdiensten (Teil 9)**	**Öffentliche Sicherheit und Notfallvorsorge (Teil 10)**
Verfahren, Zugangs- und Entgeltregulierung usw.	Vorgaben zur Vertragsgestaltung und Abrechnung, Haftung usw.	Interoperabilitätsvorgaben und Zugangsberechtigungssysteme	Zentrale Informationsstelle des Bundes	Frequenz- und Nummernverwaltung, Wegerechte, Infrastrukturmitnutzung	Sicherstellung einer Grundversorgung mit Telekommunikationsdiensten	Maßnahmen zum Schutz der öffentlichen Sicherheit und zur Notfallvorsorge
Bundesnetzagentur (Teil 11) Organisation, Befugnisse und Verfahren der Regulierungsbehörde						
Abgaben (Teil 12)/Bußgeldvorschriften (Teil 13)/ Übergangs- und Schlussvorschriften (Teil 14)						

Das vorliegende Übersichtsbuch stellt das so umrissene Recht der Kommunikationsnetze und -dienste nicht umfassend dar. Stattdessen legt es seinen Fokus auf ausgewählte Bereiche des Telekommunikationsrechts, die es aus dem Wirtschaftsverwaltungsrecht besonders hervorheben oder die von besonderer praktischer Relevanz sind. Als zusätzliche Herausforderung ist dabei zu berücksichtigen, dass sich das Telekommunikationsrecht derzeit in einer Umbruchphase befindet. Ende 2018 wurde der EU-rechtliche Rahmen für die elektronischen Kommunikationsnetze und -dienste, auf dem das TKG in wesentlichen Teilen beruht, auf ein völlig neues Fundament gestellt, den sog. europäischen Kodex für die elektronische Kommunikation.[2] Dieser Kommunikationskodex wäre nach seinem Art. 124 Abs. 1 UAbs. 1 S. 1 im Wesentlichen bis zum 21. Dezember 2020 in nationales Recht umzusetzen gewesen. Erst am 16. Dezember 2020 hat die Bundesregierung jedoch den Entwurf für ein Umsetzungsgesetz beschlossen, das Telekommunikationsmodernisierungsgesetz (TKMoG).[3] Am 7. Mai 2021 hat dann auch der

2 Richtlinie (EU) 2018/1972 über den europäischen Kodex für die elektronische Kommunikation; hierzu einführend *Kiparski,* CR 2019, 179.

3 Gesetzentwurf der Bundesregierung, BR-Drs. 29/21.

Bundesrat dem vom Deutschen Bundestag am 22. April 2021 mit zahlreichen Änderungen[4] verabschiedeten Gesetz[5] zugestimmt.[6] Es ist allerdings erst am 1. Dezember 2021 in Kraft getreten. Die folgende Darstellung basiert bereits auf dem neuen Gesetz, geht aber an geeigneter Stelle auch noch auf die frühere Rechtslage ein. Das alte Telekommunikationsgesetz wird dementsprechend als TKG 2004, das neue einfach als TKG bezeichnet.

4 Siehe hierzu Beschlussempfehlung und Bericht des Ausschusses für Wirtschaft und Energie, BT-Drs. 19/28865.
5 Gesetzesbeschluss des Deutschen Bundestages, BR-Drs. 325/21.
6 Beschluss des Bundesrates, BR-Drs. 325/21 (Beschluss), 1.

B. Allgemeine Regulierungsziele und -grundsätze

Dem Telekommunikationsrecht liegt insgesamt nicht die überkommene Gesetzgebungstechnik zugrunde, die konditional programmierte Entscheidungsvorgaben vorsieht. Stattdessen enthält es wie zahlreiche moderne Rechtsakte, die in eine komplexe und multipolare Interessenlage eingebettet sind, ausdrückliche Zielvorgaben, mit denen die hoheitlichen Entscheidungen final überformt werden. Diese Zielvorgaben werden ergänzt durch Grundsätze der Regulierung, an denen sich die Bundesnetzagentur ausrichten muss, wenn sie Maßnahmen zur Verfolgung der allgemeinen Ziele der Regulierung ergreift. Diese Grundsätze haben im Gegensatz zu den Zielen der Regulierung selbst eher einen modalen als einen finalen Charakter.[7] Eine trennscharfe Differenzierung ist jedoch nicht möglich.

Die Umsetzung des Kommunikationskodex hat eine erhebliche Neuausrichtung des Katalogs der Zielvorgaben mit sich gebracht. Bisher hatte der Gesetzgeber des TKG 2004 die bereits richtlinienrechtlich vorgesehenen Regulierungsziele noch durch eigenständige Zielvorgaben konkretisiert und arrondiert. Das neue TKG sieht nun aber eine stärkere Annäherung an die richtlinienrechtlichen Regelungsstrukturen vor, ohne sich freilich völlig von einer nationalen Ausgestaltung zu verabschieden. Die nachfolgende Tabelle gibt einen konzentrierten Überblick über die frühere und die neue Rechtslage, wobei die einzelnen Ziele und Grundsätze sprachlich z. T. erheblich verdichtet wurden.

Tabelle 1: Ziele und Grundsätze der Regulierung

Bisheriges Telekommunikationsrecht	Neues Telekommunikationsrecht
Regulierungsziele (§ 2 Abs. 2 TKG 2004)	**Ziele der Regulierung (§ 2 Abs. 2 TKG)**
1. die Wahrung der Nutzer-, insbesondere der Verbraucherinteressen auf dem Gebiet der Telekommunikation und die Wahrung des Fernmeldegeheimnisses 2. die Sicherstellung eines chancengleichen Wettbewerbs und die Förderung nachhaltig wettbewerbsorientierter Märkte der Telekommunikation 3. die Förderung der Entwicklung des Binnenmarktes der Europäischen Union	1. die Sicherstellung der Konnektivität sowie die Förderung des Zugangs zu und der Nutzung von Netzen mit sehr hoher Kapazität 2. die Sicherstellung eines chancengleichen Wettbewerbs und die Förderung nachhaltig wettbewerbsorientierter Märkte der Telekommunikation 3. die Wahrung der Nutzer-, insbesondere der Verbraucherinteressen auf dem Gebiet der Telekommunikation indem

7 Hierzu und zum Folgenden: BVerwG, N&R 2019, 113, 115 Rn. 42 (Urt. v. 21.9.2018 – Az. 6 C 8.17).

Bisheriges Telekommunikationsrecht	Neues Telekommunikationsrecht
4. die Sicherstellung einer flächendeckenden Grundversorgung mit Telekommunikationsdiensten (Universaldienstleistungen) zu erschwinglichen Preisen 5. die Beschleunigung des Ausbaus von hochleistungsfähigen öffentlichen Telekommunikationsnetzen der nächsten Generation 6. die Förderung von Telekommunikationsdiensten bei öffentlichen Einrichtungen 7. die Sicherstellung einer effizienten und störungsfreien Nutzung von Frequenzen 8. die Gewährleistung einer effizienten Nutzung von Nummerierungsressourcen 9. die Wahrung der Interessen der öffentlichen Sicherheit	a) die Konnektivität, die breite Verfügbarkeit sowie der beschleunigte Ausbau von Netzen mit sehr hoher Kapazität wie auch von Telekommunikationsdiensten sichergestellt und deren Nutzung gefördert werden, b) auf größtmögliche Vorteile der Nutzer in Bezug auf Auswahl, Preise und Qualität auf der Grundlage eines wirksamen Wettbewerbs hingewirkt wird, c) die Interessen der öffentlichen Sicherheit gewahrt und die Sicherheit der Netze und Dienste gewährleistet werden, d) gleichwertige Lebensverhältnisse in städtischen und ländlichen Räumen sowie ein hohes gemeinsames Schutzniveau für die Endnutzer sichergestellt werden, e) sichergestellt wird, dass keine Wettbewerbsverzerrungen oder -beschränkungen im Bereich der Telekommunikation bestehen 4. die Förderung der Entwicklung des Binnenmarktes der Europäischen Union 5. die Sicherstellung einer effizienten und störungsfreien Nutzung von Frequenzen
Regulierungsgrundsätze (§ 2 Abs. 3 TKG 2004)	**Grundsätze der Regulierung (§ 2 Abs. 3 TKG)**
1. die Förderung der Vorhersehbarkeit der Regulierung durch Beibehaltung eines einheitlichen Regulierungskonzepts über angemessene Überprüfungszeiträume 2. die Gewährleistung der Diskriminierungsfreiheit für Betreiber von Telekommunikationsnetzen und Anbieter von Telekommunikationsdiensten unter vergleichbaren Umständen 3. der Schutz des Wettbewerbs zum Nutzen der Verbraucher und, soweit sachgerecht, die Förderung des infrastrukturbasierten Wettbewerbs 4. die Förderung effizienter Investitionen und Innovationen im Bereich neuer und verbesserter Infrastrukturen 5. die gebührende Berücksichtigung der vielfältigen Bedingungen im Zusammenhang mit Wettbewerb und Verbrauchern in den verschiedenen geographischen Gebieten innerhalb der Bundesrepublik Deutschland	1. die Förderung der Vorhersehbarkeit der Regulierung durch Wahrung eines einheitlichen Regulierungskonzepts über angemessene Überprüfungszeiträume und im Wege der Zusammenarbeit mit anderen zuständigen Behörden und auf Unionsebene 2. die Gewährleistung der Diskriminierungsfreiheit für Betreiber von Telekommunikationsnetzen und Anbieter von Telekommunikationsdiensten unter vergleichbaren Umständen 3. die Anwendung des Unionsrechts in technologieneutraler Weise, soweit dies mit der Erfüllung der Regulierungsziele vereinbar ist, 4. die Förderung effizienter Investitionen und Innovationen im Bereich neuer und verbesserter Infrastrukturen 5. die gebührende Berücksichtigung der vielfältigen Bedingungen im Zusammenhang mit Infrastrukturen, Wettbewerb,

Bisheriges Telekommunikationsrecht	Neues Telekommunikationsrecht
6. die Auferlegung regulatorischer Vorabverpflichtungen nur dort, wo es keinen wirksamen und nachhaltigen Wettbewerb gibt, und die Lockerung oder Aufhebung dieser Verpflichtungen, sobald es einen solchen Wettbewerb gibt	Gegebenheiten der Endnutzer und insbesondere der Verbraucher in den verschiedenen geographischen Gebieten innerhalb der Bundesrepublik Deutschland 6. die Auferlegung regulatorischer Vorabverpflichtungen nur dort, wo es keinen wirksamen und nachhaltigen Wettbewerb gibt, und die Lockerung oder Aufhebung dieser Verpflichtungen, sobald es einen solchen Wettbewerb gibt

Die vorstehend wiedergegebenen Zielsetzungen und Grundsätze stehen nicht isoliert nebeneinander, sondern sind auf komplexe Weise miteinander verknüpft.[8] Dabei können Maßnahmen, die einem Ziel dienen, zugleich dazu beitragen, auch andere der Ziele zu erreichen, etwa wenn durch eine Förderung des Wettbewerbs die Konnektivität verbessert und den Verbraucherinteressen gedient wird. Das Verhältnis der Ziele untereinander wirft jedoch auch die Frage nach etwaigen Zielkonflikten und – in einem nächsten Schritt – nach normativen Vorgaben zur Auflösung solcher Zielkonflikte auf. Dabei wird verbreitet davon ausgegangen, dass es zwischen den einzelnen Zielbestimmungen zu Zielkonflikten kommen kann.[9] Insbesondere zwischen dem Ziel der Wettbewerbsförderung und den zu wahrenden Verbraucherinteressen in ihren unterschiedlichen Ausprägungen (etwa hinsichtlich des Verbraucherschutzes) werden solche Konflikte für relevant erachtet.[10] Die Zusammenhänge sind jedoch alles andere als unterkomplex. Mangels abweichender Vorgaben sind alle Zielsetzungen prinzipiell gleichrangig. Etwaige Zielkonflikte sind daher grundsätzlich durch Abwägung im Einzelfall aufzulösen, sofern die jeweils einschlägigen Vorschriften Raum für eine solche Abwägung lassen. In deren Rahmen ist dann ein optimaler Ausgleich der einzelnen Ziele (im Sinne größtmöglicher praktischer Konkordanz) anzustreben.[11]

8 Die nachfolgenden Ausführungen beruhen z. T. auf *Neumann/Sickmann/Alkas/Koch,* Reformbedarf des europäischen Rechtsrahmens für elektronische Kommunikation, 2017, S. 18 ff.

9 *Sörries,* CR 2015, 162, 166; entsprechend zu den richtlinienrechtlichen Zielvorgaben *Gärditz,* N&R-Beilage 2/2011, 1, 4.

10 Vgl. etwa hinsichtlich des Verbraucherschutzes *Gärditz,* N&R-Beilage 2/2011, 1, 4.

11 Vgl. auch *Kleinlein/Schubert,* N&R 2013, 185, 192.

C. Marktregulierung

Die Vorschriften zur Marktregulierung bilden den Kern der wirtschaftsrechtlichen Regulierung des Telekommunikationssektors. Sie ergänzen den allgemeinen Ordnungsrahmen um spezifische Vorschriften in Bezug auf die ökonomischen Besonderheiten dieses Wirtschaftsbereichs.

I. Allgemeiner Regulierungsrahmen (§ 20 TKG)

Eine solche Besonderheit besteht allgemein in den sog. Netzexternalitäten: Insbesondere steigt der Wert eines Netzes für jeden daran angeschlossenen Teilnehmer, je mehr Teilnehmer über dieses Netz erreichbar sind. Man spricht insoweit von einer positiven Netzexternalität. Dieser Effekt hat jedoch zur Folge, dass Betreiber kleinerer Netze und insbesondere Neueinsteiger einen spürbaren Wettbewerbsnachteil haben.

Dieser Nachteil wird durch die Möglichkeit einer Zusammenschaltung mit anderen Netzen kompensiert. Hierunter ist die Verbindung zweier Telekommunikationsnetze zu verstehen, die es den Nutzern ermöglicht, mit Nutzern zu kommunizieren, die an ein anderes Telekommunikationsnetz angeschlossen sind, oder Dienste in Anspruch zu nehmen, die über ein solches anderes Netz erbracht werden (§ 3 Nr. 79 TKG). Damit wird insbesondere auch der Teilnehmerbestand eines großen Netzes für die an ein kleineres Netz angeschlossenen Teilnehmer erreichbar. Zusammenschaltungen sind daher aus telekommunikationsrechtlicher Sicht erwünscht.

Sie sind aber nur eine besondere – wenn auch prominente – Form des Zugangs zu einem Netz. Hierunter versteht man sehr weitgehend die Bereitstellung von Einrichtungen oder Diensten für ein anderes Unternehmen, um diesem die Erbringung von Telekommunikationsdiensten zu ermöglichen (§ 3 Nr. 74 TKG). „Zugang“ kann in diesem Sinne ganz verschiedene Leistungen umfassen. Eine praktisch sehr wichtige Form ist die Überlassung eines Teilnehmeranschlusses. Hierdurch können andere Unternehmen nicht nur den Teilnehmern des eigenen Netzes die Kommunikation mit den Teilnehmern eines anderen Netzes ermöglichen – was durch die Zusammenschaltung ermöglicht wird. Sie können nun vielmehr den Teilnehmern dieses anderen Netzes selbst ein Anschlussangebot machen, ohne eine zweite Anschlussleitung errichten zu müssen. „Zugang“ können aber auch andere Leistungen sein, etwa die Bereitstellung von Systemen zur Auftragserteilung oder Abrechnung (§ 3 Nr. 74 lit. d TKG) oder die Ermöglichung der Nutzung von Gebäuden, Leitungsrohren oder Masten (§ 3 Nr. 74 lit. b TKG). Gewährt ein Betreiber eines öffentlichen Telekommunikationsnetzes einem anderen Unternehmen in diesem Sinne Zugang zu seinem Netz, so wird dadurch die Möglichkeit der Erbringung von Telekommunikationsdiensten gefördert.

Diesem Umstand trägt der allgemeine Regulierungsrahmen der Marktregulierung Rechnung. § 20 Abs. 1 TKG verpflichtet zunächst alle Betreiber öffentlicher Telekommunikationsnetze, auf ein entsprechendes Verlangen über eine Zusammenschaltungsvereinbarung zu verhandeln. In Erweiterung der bisherigen Rechtslage nach § 16 TKG 2004 erstreckt sich diese Verpflichtung allerdings nunmehr über den Bereich der Zusammenschaltungen hinaus auf Verhandlungen auch über (sonstige) Zugänge. Es besteht dabei zwar keine Verpflichtung, eine Zusammenschaltungs- oder (sonstige) Zugangsvereinbarung auch abzuschließen (kein Kontrahierungszwang).[12] Die Verhandlungen müssen aber nach Treu und Glauben geführt werden.[13] Es dürfen daher keine Bedingungen gefordert werden, die eine Inanspruchnahme der über die Zusammenschaltung bzw. den Zugang erbrachten Dienste verhindern.[14]

Ergänzend zu dieser Verhandlungspflicht verankert § 20 Abs. 2 TKG einen besonderen Vertraulichkeitsschutz für Informationen im Zusammenhang mit Zugangsverhandlungen. Dieser besondere Schutz flankiert zum einen die gesetzliche Verhandlungspflicht aus § 20 Abs. 1 TKG und kompensiert die aus ihr erwachsenden Risiken für die verpflichteten Unternehmen. Zum anderen soll er aber auch die Aufnahme und zielorientierte Führung entsprechender Verhandlungen fördern.

Nach § 20 Abs. 3 TKG kann die Bundesnetzagentur schließlich als neutraler Vermittler die Verhandlungen begleiten, wenn die Beteiligten das beantragen und die Wettbewerbslage es erfordert. Diese förmlich verankerte Moderatorenrolle ist eine Neuerung gegenüber dem TKG 2004.

II. Marktmachtabhängige Regulierung (§§ 10 ff., §§ 24 ff. TKG)

Herzstück der telekommunikationsrechtlichen Marktregulierung ist jedoch die marktmachtabhängige Regulierung.

1. Ökonomischer Hintergrund

Ähnlich wie das Wettbewerbsrecht knüpft sie an eine wirtschaftlich herausgehoben starke Stellung von Unternehmen an, die es diesen erlaubt, sich in beträchtlichem Umfang unabhängig von Wettbewerbern und der Marktgegenseite zu verhalten. Während das Wettbewerbsrecht eine solche Position als marktbeherrschende Stellung bezeichnet (vgl. § 19 Abs. 1 i. V. m. § 18

---

12 So zur richtlinienrechtlichen Grundlage der Vorschrift: EuGH, ECLI:EU:C:2009:696, Rn. 36 (Urt. v. 12.11.2009 – Rs. C-192/08) – *TeliaSonera Finland Oyj*.

13 Vgl. EuGH, ECLI:EU:C:2009:696, Rn. 53 (Urt. v. 12.11.2009 – Rs. C-192/08) – *TeliaSonera Finland Oyj*.

14 Vgl. EuGH, ECLI:EU:C:2009:696, Rn. 55 (Urt. v. 12.11.2009 – Rs. C-192/08) – *TeliaSonera Finland Oyj*.

GWB), spricht das Telekommunikationsrecht von beträchtlicher Marktmacht (vgl. § 11 Abs. 4 S. 2 TKG). Diese terminologische Differenzierung macht bereits deutlich, dass die wettbewerbsrechtlichen Wertungen nicht unbesehen in das Telekommunikationsrecht übernommen werden können.

Das liegt in erster Linie an dem abweichenden Regelungsansatz. So geht das allgemeine Wettbewerbsrecht von grundsätzlich funktionsfähigen Wettbewerbsstrukturen aus, die lediglich punktuelle Interventionen im Falle eines ausnahmsweisen Marktversagens erforderlich machen.[15] Demgegenüber haben die ökonomischen Besonderheiten der Telekommunikation[16] als Netzwirtschaftsbranche zur Folge, dass der Wettbewerbsprozess in einigen Bereichen nachhaltig gestört ist und laufender regulatorischer Absicherung und Förderung bedarf.[17] Diese Beeinträchtigung der normalen Wettbewerbsmechanismen war ursprünglich so gravierend, dass man lange von natürlichen Monopolen ausging, vor deren Hintergrund eine Betätigung konkurrierender Unternehmen gesamtwirtschaftlich ineffizient gewesen wäre. Dies war einer der wesentlichen Gründe, warum die Leistungserbringung im Bereich der Telekommunikation lange Zeit in Form eines sog. Staatsmonopols (Deutsche Bundespost) organisiert war.

Doch der technische und wirtschaftliche Fortschritt hat dazu geführt, dass jedenfalls in Teilbereichen des Sektors eine wettbewerbliche Betätigung möglich erschien. Das führte dann dazu, dass das Staatsmonopol geöffnet und eine wettbewerbliche Leistungserbringung (Liberalisierung) durch private Unternehmen (Privatisierung) ermöglicht wurde. Diese rechtliche Marktöffnung war jedoch nicht ausreichend, um tatsächlich Wettbewerb auf den Telekommunikationsmärkten zu schaffen. Das lag zum einen an den ökonomischen Besonderheiten des Sektors, die jedenfalls tendenziell mit Kostenvorteilen für Betreiber großer, flächendeckender Netze einhergehen. Zum anderen standen die erheblichen Startvorteile des ehemaligen staatlichen Anbieters, der heutigen Deutschen Telekom AG mit ihrer für zentrale Bereiche des Endkundengeschäfts zuständigen Tochtergesellschaft Telekom Deutschland GmbH, einem chancengleichen Wettbewerb entgegen. Vor diesem Hintergrund bedurfte es besonderer staatlicher Maßnahmen, die es Wettbewerbern ermöglichten, Teile des flächendeckenden Telekommunikationsnetzes für eigene Angebote mitzunutzen.

Zwar entfalten auch punktuelle Eingriffe der für die Überwachung des Wettbewerbsgeschehens zuständigen Aufsichtsbehörde in Reaktion auf ein

15 *Gersdorf,* in: FS Schmidt-Preuß, 2018, S. 585, 590; *Jacob,* N&R 2020, 107; *Säcker,* in: Säcker, TKG, 3. A., 2013, Einl. I Rn. 23.

16 Siehe dazu oben, unter A. (S. 1 f.).

17 *Gersdorf* (Fn. 15), S. 590; *Säcker/Böcker,* in: Picot, 10 Jahre wettbewerbsorientierte Regulierung von Netzindustrien in Deutschland, 2008, S. 69, 74 f.; *Wißmann,* in: FS Schmidt, 2006, S. 632, 642 f.

missbräuchliches Ausnutzen besonderer wirtschaftlicher Macht – wie sie das allgemeine Wettbewerbsrecht vorsieht – eine gewisse Ausstrahlungs- und Steuerungswirkung. Denn alle Marktteilnehmer können davon ausgehen, dass in vergleichbaren Fällen ein neuerlicher Eingriff erfolgen wird. Der bloß reaktive Charakter des erstmaligen Eingriffs bei einem bestimmten (unzulässigen) Verhalten hat jedoch zur Folge, dass das marktmächtige bzw. -beherrschende Unternehmen einen zeitlichen Vorsprung vor entsprechenden Korrekturen hat. Das führt in einem dynamischen Sektor wie der Telekommunikation zu einem erheblichen Wettbewerbsvorteil. Darüber hinaus liegt ein Missbrauch einer marktbeherrschenden Stellung nach allgemeinem Wettbewerbsrecht nach ständiger Rechtsprechung nur vor, wenn das damit verknüpfte Unwerturteil gerechtfertigt ist.[18] Hierdurch erhält das marktbeherrschende Unternehmen einen gewissen Handlungsspielraum. Dieser ist in grundsätzlich wettbewerblich strukturierten Märkten hinnehmbar. Denn seine Ausnutzung – etwa in Form (leicht) überhöhter Preise – setzt Anreize für Wettbewerber, sich auf dem betreffenden Markt zu betätigen. In Bereichen mit dauerhaft gestörten Wettbewerbsmechanismen erlaubt ein solcher Handlungsspielraum dem dominanten Unternehmen aber eine dauerhafte Benachteiligung der Marktgegenseite und damit letzten Endes der Verbraucher. Das allgemeine Wettbewerbsrecht wird daher den besonderen Herausforderungen nicht gerecht, die sich in den strukturell vermachteten Bereichen des Telekommunikationssektors stellen. Stattdessen bedurfte und bedarf es einer von konkreten Machtmissbräuchen unabhängigen Regelsetzung, die vorab steuernd in das Verhalten des marktmächtigen Unternehmens eingreift. Man spricht diesbezüglich von einer Vorab- oder Ex-ante-Regulierung.

2. Marktdefinition und -analyse

Während das erste, 1996 in Kraft getretene TKG (TKG 1996) insoweit relativ weitflächige Vorgaben bereits auf Gesetzesebene enthielt, folgen sowohl das bisher geltende TKG 2004 als auch das neue TKG einem passgenaueren Ansatz. Damit wird dem Umstand Rechnung getragen, dass die fortschreitende Wettbewerbsentwicklung und Errichtung konkurrierender Netzinfrastrukturen in immer mehr Teilbereichen des Sektors zu funktionsfähigen Wettbewerbsprozessen geführt haben und auch weiter führen. Da dort das allgemeine Wettbewerbsrecht nunmehr ausreichend ist, kann (und muss) sich die marktmachtabhängige Regulierung mittlerweile auf diejenigen Bereiche konzentrieren, in denen ein grundsätzlich selbsttragender Wettbewerb (noch) nicht möglich ist. Dem eigentlichen Regulierungseingriff ist hierfür

18 Siehe hierzu und zum Folgenden BGH, N&R 2017, 184, 185 Rn. 25 (Urt. v. 24.1.2017 – Az. KZR 2/15) – *Kabelkanalanlagen;* 2012, 296, 299 Rn. 26 (Beschl. v. 15.5.2012 – Az. KVR 51/11) – *Wasserpreise Calw;* 2005, 156, 160 (Beschl. v. 28.6.2005 – Az. KVR 17/04) – *Stadtwerke Mainz.*

ein komplexes Verfahren vorgeschaltet, in dem der Bereich identifiziert wird, auf dem Maßnahmen der Vorabregulierung überhaupt notwendig und gerechtfertigt sind. Dieses Marktdefinitions- und Marktanalyseverfahren gliedert sich in mehrere Schritte, die aufeinander bezogen sind und sich inhaltlich überschneiden.

a) Marktdefinition

Zunächst werden die relevanten Produkt- und Dienstemärkte definiert. Diese Marktdefinition umfasst insbesondere eine Marktabgrenzung, wie sie auch aus dem allgemeinen Wettbewerbsrecht bekannt ist. Hierbei geht es darum, die Wettbewerbskräfte zu bestimmen, die auf Anbieter bestimmter Güter (Produkte und Dienstleistungen) einwirken. Je enger ein Markt abgegrenzt wird, desto eher lässt sich eine dominante Stellung eines Unternehmens feststellen. Bei der Marktabgrenzung wird üblicherweise zwischen der sachlichen und der räumlichen Marktabgrenzung unterschieden.[19] Es werden also Märkte anhand ihrer sachlichen und räumlichen Reichweite abgegrenzt. Man spricht insoweit von sachlich und räumlich relevanten Märkten.

Die sachliche Marktabgrenzung dient der Bestimmung derjenigen Güter, die demselben relevanten Markt zuzuordnen sind. Von zentraler Bedeutung sind dabei die nachfrage- und die angebotsseitige Substituierbarkeit.[20] Erstere fragt danach, welche Güter aus Sicht der Nachfrager hinreichend substituierbar sind. Das wird im deutschen Wettbewerbsrecht typischerweise anhand des sog. Bedarfsmarktkonzepts beantwortet. Auf seiner Grundlage kommt es darauf an, welche Güter aus Sicht der Nachfrager nach Eigenschaft, Verwendungszweck und Preis zur Deckung eines bestimmten Bedarfs austauschbar sind. Sind Güter aus Nachfragersicht austauschbar, kann der Anbieter des einen Gutes dessen Preis nicht erhöhen,[21] ohne befürchten zu müssen, dass die Kunden stattdessen das andere Gut erwerben. Er kann insoweit also keine Marktmacht ausüben. Bei der angebotsseitigen Substituierbarkeit geht es demgegenüber darum, ob andere Anbieter als die der unmittelbar marktzugehörigen Güter ihre Produktion unmittelbar oder kurzfristig umstellen bzw. die relevanten Güter anbieten können, ohne dass ihnen erhebliche Zusatzkosten entstehen.[22] Hier muss der Anbieter eines

---

19 Das allgemeine Wettbewerbsrecht kennt auch noch eine zeitliche Marktabgrenzung, die für die marktmachtabhängige Regulierung im Telekommunikationsrecht jedoch keine spezifische Bedeutung hat.

20 Ziff. 27 der SMP-Leitlinien 2018/C 159/01.

21 Die Preiserhöhung wird hier nur als besonders illustrativ herausgegriffen. Entsprechendes gilt beispielsweise für die Gestaltung der Produktmerkmale selbst bzw. die Weiterentwicklung des Produkts. Qualitätsverschlechterungen und Innovationsverzicht wirken insoweit wie Preiserhöhungen.

22 Siehe Ziff. 28 der SMP-Leitlinien 2018/C 159/01.

Gutes bei einer Preiserhöhung damit rechnen, dass jetzt andere Anbieter dasselbe Gut herstellen, da dessen Produktion nun lukrativer geworden ist. Auch hierdurch wird eine etwaige Marktmacht begrenzt.

Insbesondere im EU-Wettbewerbsrecht wird sowohl für die Nachfrage- als auch für die Angebotssubstituierbarkeit oftmals auf den sog. „hypothetischen Monopolistentest" zurückgegriffen.[23] Er unterstellt eine kleine, aber signifikante und dauerhafte Preiserhöhung[24] bei einem bestimmten Gut (etwa im Bereich von 5 bis 10 % des Preises). Würden die Nachfrager bei einer solchen Preiserhöhung das Gut (z. B. einen VDSL-Anschluss) ohne weiteres durch ein anderes Gut (z. B. einen Kabelnetzanschluss) ersetzen, spräche das dafür, dass beide Güter demselben sachlich relevanten Markt zuzurechnen sind.[25] Entsprechendes gilt für die Angebotsseite: Hätte eine kleine, aber signifikante und dauerhafte Preiserhöhung bei einem Gut zur Folge, dass Anbieter eines anderen Gutes kurzfristig in den Markt eintreten würden, spricht dies dafür, diesen Anbieter bei der Abgrenzung des sachlich relevanten Marktes zu berücksichtigen.[26] Ein gravierendes Problem des hypothetischen Monopolistentests liegt allerdings in der zentralen Bedeutung des Preises für das ursprünglich betrachtete Gut. Sofern dieser überhöht sein sollte, führt der hypothetische Monopolistentest tendenziell zu einer zu weiten sachlichen Marktabgrenzung, in deren Folge Wettbewerbsdefizite als solche nicht erkannt werden (sog. „Cellophane Fallacy").[27]

Auch die räumliche Marktabgrenzung erfolgt grundsätzlich anhand der Nachfrage- und Angebotssubstituierbarkeit.[28] Gerade die nachfrageseitige Austauschbarkeit ist bei netzgebundenen Gütern jedoch räumlich naturgemäß begrenzt: Wer in Bonn wohnt, kann seinen privaten Festnetzanschluss nicht durch einen Anschluss in Köln ersetzen. In erster Linie geht es bei der räumlichen Marktabgrenzung daher darum, solche Gebiete zu identifizieren, in denen die Wettbewerbsbedingungen hinreichend homogen sind und von Nachbargebieten unterschieden werden können, in denen erheblich andere Wettbewerbsbedingungen herrschen.[29]

Bei der Abgrenzung der Märkte, die für eine telekommunikationsrechtliche Vorabregulierung in Betracht kommen, ist der vom allgemeinen Wettbewerbsrecht abweichende Regulierungsansatz zu beachten. Dieser beruht

---

23 Ziff. 29 der SMP-Leitlinien 2018/C 159/01.

24 „Small but Significant Non transitory Increase in Price"; man bezeichnet den hypothetischen Monopolistentest daher auch als „SSNIP-Test".

25 Ziff. 38 der SMP-Leitlinien 2018/C 159/01.

26 Ziff. 41 der SMP-Leitlinien 2018/C 159/01.

27 Siehe deshalb selbst zum allgemeinen Wettbewerbsrecht zurückhaltend BGH, BB 2008, 970, 971 Rn. 19 (Beschl. v. 4.3.2008 – Az. KVR 21/07) – *Soda-Club II.*

28 Ziff. 47 der SMP-Leitlinien 2018/C 159/01.

29 Ziff. 48 der SMP-Leitlinien 2018/C 159/01.

weit stärker auf einer vorausschauenden Analyse der erwarteten Marktentwicklung, als dies im allgemeinen Wettbewerbsrecht – jedenfalls im Bereich der Missbrauchskontrolle – üblich ist. Auch wenn die telekommunikationsrechtliche Marktabgrenzung also auf denselben Grundsätzen beruht wie die Marktabgrenzung nach allgemeinem Wettbewerbsrecht, kann sie im Einzelfall zur Abgrenzung anderer relevanter Märkte führen.[30]

Darüber hinaus ist bei der Bestimmung derjenigen Märkte, die für eine telekommunikationsrechtliche Vorabregulierung in Betracht kommen, die Unterscheidung von Vorleistungs- und Endkundenmärkten von zentraler Bedeutung. Endkundenmärkte sind diejenigen relevanten Märkte, auf denen Unternehmen oder Personen als Nachfrager Güter auf dem Bereich der Telekommunikation (Anschlüsse, Verbindungsleistungen usw.) beziehen, die sie selbst nicht für entsprechende Angebote an Dritte verwenden, sondern für andere (private oder berufliche) Zwecke nutzen. Vorleistungsmärkte sind demgegenüber solche Märkte, auf denen Telekommunikationsunternehmen (Netzbetreiber oder Diensteanbieter) von anderen Telekommunikationsunternehmen Güter auf dem Bereich der Telekommunikation beziehen, die sie dazu verwenden, um selbst Dritten andere Güter auf dem Bereich der Telekommunikation anzubieten. Solche Vorleistungen werden beispielsweise von Netzbetreibern in Anspruch genommen, die für ihre Endkundenangebote Leitungen oder Übertragungsleistungen der Telekom Deutschland GmbH nutzen.

Da die telekommunikationsrechtliche Vorabregulierung dauerhafte Wettbewerbsdefizite kompensieren soll, wird es – jedenfalls in der Theorie – in aller Regel ausreichen, die Vorleistungsebene zu regulieren. Denn wenn dort durch die Vorabregulierung wettbewerbsanaloge Bedingungen hergestellt werden, sollte es damit konkurrierenden Anbietern möglich sein, zu wettbewerblichen Bedingungen in den nachgelagerten Endnutzermärkten tätig zu sein. Die Regulierung der Vorleistungsebene soll insoweit regulatorische Eingriffe auf Endkundenebene entbehrlich machen.[31] Die entsprechenden Endkundenmärkte bilden daher (lediglich) den Ausgangspunkt der wettbewerblichen Untersuchung der Telekommunikationsmärkte:[32] Von den tatsächlich den Endkunden angebotenen Gütern ausgehend werden die zu ihrer Bereitstellung benötigten Vorleistungen identifiziert. Um diese herum können dann die jeweiligen sachlich und räumlich relevanten Vorleistungsmärkte abgegrenzt werden. Hierbei kann es sich angesichts des Ziels der Marktöffnung auch um rein „fiktive“ Märkte handeln, auf denen mangels entsprechender freiwilliger Angebote (noch) kein tatsächliches Marktgeschehen stattfindet.[33]

---

30 Ziff. 9 f. der SMP-Leitlinien 2018/C 159/01.

31 Ziff. 21 der SMP-Leitlinien 2018/C 159/01.

32 Erwägungsgrund 6 S. 2 der Märkteempfehlung (EU) 2020/2245.

33 BVerwG, N&R 2009, 130, 131 Rn. 19 (Urt. v. 28.1.2009 – Az. 6 C 39.07).

Dieser gesamte Vorgang wird jedoch unionsrechtlich überformt. Maßgeblich ist dabei die sog. Märkteempfehlung der Kommission.[34] In dieser Empfehlung definiert die Kommission diejenigen Märkte für elektronische Kommunikationsprodukte und -dienste, deren Merkmale eine marktmachtabhängige Vorabregulierung rechtfertigen können.[35] Hinter dieser Formulierung steht das Bemühen, über eine bloße Marktabgrenzung im dargestellten Sinne hinaus gerade diejenigen Märkte des Telekommunikationssektors zu identifizieren, deren Charakteristika eine sektorspezifische Wettbewerbsförderung notwendig machen können. Dies erfolgt anhand dreier Kriterien, die kumulativ erfüllt sein müssen, damit ein Markt für eine Vorabregulierung in Betracht kommt (sog. Drei-Kriterien-Test):

1. *Beträchtliche und anhaltende Marktzutrittsschranken:* Es kommen nur solche Märkte für eine marktmachtabhängige Vorabregulierung in Betracht, bei denen ein wettbewerblicher Marktzutritt auf absehbare Zeit nur unter erheblichen Schwierigkeiten möglich ist. Die Gründe hierfür können struktureller, rechtlicher oder regulatorischer Natur sein. Dabei sind strukturelle Gründe insbesondere solche, die aus den oben (unter A.) geschilderten ökonomischen Besonderheiten des Sektors folgen. Sie ergeben sich aus der Ausgangssituation im Bereich der Kosten und der Nachfrage, die zu einem Ungleichgewicht zwischen etablierten Betreibern und Markteinsteigern führt, deren Marktzutritt erschwert oder verhindert wird.[36] Rechtliche und regulatorische Gründe können demgegenüber aus legislativen, administrativen oder sonstigen (staatlichen) Maßnahmen resultieren, die sich unmittelbar auf die Zutrittsbedingungen und/oder die Stellung von Betreibern auf dem relevanten Markt auswirken.[37] Das ist beispielsweise der Fall, wenn die Betätigung auf dem betreffenden Markt die Einräumung bestimmter Rechtspositionen – wie vor allem Frequenznutzungsrechte – voraussetzt.[38] Die Zutrittsschranken müssen überdies beträchtlich und anhaltend sein, einen Marktzutritt also erheblich und für längere Zeit erschweren.
2. *Keine Tendenz zu wirksamem Wettbewerb:* Selbst wenn ein Marktzutritt dauerhaft nicht oder nur unter beträchtlichen Schwierigkeiten möglich ist, bedarf es keiner telekommunikationsrechtlichen Vorabregulierung, wenn zu erwarten ist, dass der Wettbewerb innerhalb der Marktzutrittsschranken jedenfalls in absehbarer Zeit funktionieren wird. Das richtet sich insbesondere nach dem Stand des infrastrukturbasierten Wettbewerbs. Verfügen mehrere Betreiber über die zur Versorgung der Nachfrager notwendige Infrastruktur, kann sich hieraus eine hinreichende

34 Aktuell ist die Märkteempfehlung (EU) 2020/2245, ABl. EU 2020 L 439, 23.
35 Vgl. Art. 64 Abs. 1 UAbs. 1 S. 2 des Kommunikationskodex.
36 Erwägungsgrund 9 S. 1 der Märkteempfehlung (EU) 2020/2245.
37 Erwägungsgrund 10 S. 1 der Märkteempfehlung (EU) 2020/2245.
38 Erwägungsgrund 10 S. 2 der Märkteempfehlung (EU) 2020/2245.

Wettbewerbsdynamik ergeben. Aber auch weitere Aspekte können für die nötige Tendenz zu wirksamem Wettbewerb sorgen, etwa eine preiselastische Nachfrage, durch die der Verhaltensspielraum auch der dominanten Anbieter beschränkt wird.

3. *Insuffizienz des allgemeinen Wettbewerbsrechts:* Zu guter Letzt bedürfen selbst solche Märkte, die durch Marktzutrittsschranken i. S. d. ersten Kriteriums gekennzeichnet sind und auch keine Tendenz zu wirksamem Wettbewerb i. S. d. zweiten Kriteriums aufweisen, u. U. keiner telekommunikationsrechtlichen Vorabregulierung. Das ist nämlich dann der Fall, wenn die Anwendung des allgemeinen Wettbewerbsrecht ausreicht, um dem festgestellten Marktversagen entgegenzuwirken. Davon ist insbesondere nicht auszugehen, wenn angesichts der festgestellten Wettbewerbsdefizite häufig und/oder schnell eingegriffen werden muss.[39] Insoweit ist das erhebliche Ausmaß dieser Defizite zu berücksichtigen, das in den beiden ersten Kriterien vorausgesetzt wird: Vor diesem Hintergrund wird in aller Regel nicht angenommen werden können, dass das allgemeine Wettbewerbsrecht alleine ausreicht, um in einem Markt wettbewerbswidriges Verhalten zu verhindern, in dem der Wettbewerb keine Dynamik aufweist und Marktzutritte unwahrscheinlich sind. In besonderen Konstellationen kann allerdings z. B. eine freiwillige Selbstverpflichtung des (potentiell) marktmächtigen Unternehmens den betreffenden Markt hinreichend stützen, um die Notwendigkeit einer sektorspezifischen Regulierung entfallen zu lassen.[40] Hierfür muss auf Grundlage der Selbstverpflichtung eine wettbewerbskonforme Leistungserbringung hinreichend sicher erscheinen.

Tabelle 2: Entwicklung der Märkte in den Märkteempfehlungen der Kommission

<table>
<tr><th>2003</th><th>2007</th><th>2014</th><th>2020</th></tr>
<tr><th colspan="4">Endkundenmärkte</th></tr>
<tr><td>Markt Nr. 1: Zugang von Privatkunden zum öffentlichen Telefonnetz an festen Standorten</td><td rowspan="2">Markt Nr. 1: Zugang von Privat- und Geschäftskunden zum öffentlichen Telefonnetz an festen Standorten</td><td rowspan="2">entfallen</td><td rowspan="2">entfallen</td></tr>
<tr><td>Markt Nr. 2: Zugang anderer Kunden zum öffentlichen Telefonnetz an festen Standorten</td></tr>
</table>

39 Erwägungsgrund 17 S. 3 der Märkteempfehlung (EU) 2020/2245.

40 Siehe Bundesnetzagentur, Notifizierungsentwurf v. 19.1.2021 – Az. BK 1-20/002, S. 160 f. – *Marktdefinition und -analyse Verbindungsaufbau im öffentlichen Telefonnetz an festen Standorten (Markt Nr. 2 [2007]).*

2003	2007	2014	2020
Markt Nr. 3: Öffentliche Orts- und/oder Inlandstelefonverbindungen für Privatkunden an festen Standorten	*entfallen*	*entfallen*	*entfallen*
Markt Nr. 4: Öffentliche Auslandstelefonverbindungen für Privatkunden an festen Standorten	*entfallen*	*entfallen*	*entfallen*
Markt Nr. 5: Öffentliche Orts- und/oder Inlandstelefonverbindungen für andere Kunden an festen Standorten	*entfallen*	*entfallen*	*entfallen*
Markt Nr. 6: Öffentliche Auslandstelefonverbindungen für andere Kunden an festen Standorten	*entfallen*	*entfallen*	*entfallen*
Markt Nr. 7: Mindestangebot an Mietleitungen	*entfallen*	*entfallen*	*entfallen*
Vorleistungsmärkte			
Markt Nr. 8: Verbindungsaufbau im öffentlichen Telefonnetz an festen Standorten	**Markt Nr. 2:** Verbindungsaufbau im öffentlichen Telefonnetz an festen Standorten	*entfallen*	*entfallen*
Markt Nr. 9: Anrufzustellung in einzelnen öffentlichen Telefonnetzen an festen Standorten	**Markt Nr. 3:** Anrufzustellung in einzelnen öffentlichen Telefonnetzen an festen Standorten	**Markt Nr. 1:** Anrufzustellung auf der Vorleistungsebene in einzelnen öffentlichen Telefonnetzen an festen Standorten	*entfallen*
Markt Nr. 10: Transitdienste im öffentlichen Festtelefonnetz	*entfallen*	*entfallen*	*entfallen*

2003	2007	2014	2020
Markt Nr. 11: Entbündelter Großkunden-Zugang zu Drahtleitungen und Teilleitungen für die Erbringung von Breitband- und Sprachdiensten	**Markt Nr. 4:** Vorleistungsmarkt für den (physischen) Zugang zu Netzinfrastrukturen an festen Standorten	**Markt Nr. 3:** a) Auf der Vorleistungsebene an festen Standorten lokal bereitgestellter Zugang zu Teilnehmeranschlüssen	**Markt Nr. 1:** Vorleistungsmarkt für den an festen Standorten lokal bereitgestellten Zugang
Markt Nr. 12: Breitbandzugang für Großkunden	**Markt Nr. 5:** Breitbandzugang für Großkunden	b) Für Massenprodukte auf der Vorleistungsebene an festen Standorten zentral bereitgestellter Zugang zu Teilnehmeranschlüssen	*entfallen*
Markt Nr. 13: Abschluss-Segmente von Mietleitungen für Großkunden	**Markt Nr. 6:** Abschluss-Segmente von Mietleitungen für Großkunden	**Markt Nr. 4:** Auf der Vorleistungsebene an festen Standorten bereitgestellter Zugang zu Teilnehmeranschlüssen von hoher Qualität	**Markt Nr. 2:** Vorleistungsmarkt für dedizierte Kapazitäten
Markt Nr. 14: Fernübertragungs-Segmente von Mietleitungen für Großkunden	*entfallen*	*entfallen*	*entfallen*
Markt Nr. 15: Zugang und Verbindungsaufbau in öffentlichen Mobiltelefonnetzen	*entfallen*	*entfallen*	*entfallen*
Markt Nr. 16: Anrufzustellung in einzelnen Mobiltelefonnetzen	**Markt Nr. 7:** Anrufzustellung in einzelnen Mobilfunknetzen	**Markt Nr. 2:** Anrufzustellung auf der Vorleistungsebene in einzelnen Mobilfunknetzen	*entfallen*
Markt Nr. 17: Nationaler Großkundenmarkt für Auslands-Roaming in öffentlichen Mobiltelefonnetzen	*entfallen*	*entfallen*	*entfallen*

2003	2007	2014	2020
Markt Nr. 18: Rundfunk-Übertragungsdienste zur Bereitstellung von Sendeinhalten für Endnutzer	*entfallen*	*entfallen*	*entfallen*

Quelle: Anhänge der Märkteempfehlung 2003/311/EG, der Märkteempfehlung 2007/879/EG, der Märkteempfehlung 2014/710/EU sowie der Märkteempfehlung (EU) 2020/2245

Die von der Kommission in der Märkteempfehlung anhand dieser drei Kriterien festgelegten Märkte beruhen auf einer unionsweiten Betrachtung.[41] Die Umsetzung in konkrete Maßnahmen auf nationaler Ebene setzt deshalb einen Transformationsschritt voraus. Dieser wird durch die nationalen Regulierungsbehörden vollzogen, also durch die auf Ebene der einzelnen Mitgliedstaaten spezifisch zur Regulierung des Telekommunikationssektors eingesetzten Verwaltungsinstanzen. In Deutschland handelt es sich hierbei um die Bundesnetzagentur. Diese legt im Rahmen des Marktdefinitionsverfahrens diejenigen Märkte fest, die hierzulande für eine telekommunikationsrechtliche Vorabregulierung in Betracht kommen (§ 10 Abs. 1 TKG). Dabei muss sie weitestgehend die jeweils geltende Märkteempfehlung der Kommission berücksichtigen (§ 10 Abs. 2 Nr. 1 TKG). Aus dieser Vorgabe ergibt sich eine gesetzliche Vermutungswirkung.

Diese Vermutungswirkung bezieht sich gerade auch auf die Marktabgrenzung. Die Bundesnetzagentur muss also die Marktdefinitionen in der Märkteempfehlung anhand der Marktabgrenzungskriterien des (EU-) Wettbewerbsrechts nachvollziehend bewerten.[42] Hierbei hat sie einerseits die von der Vermutungswirkung ausgehende Vorprägung der Entscheidung durch die Festlegung der Kommission, andererseits aber auch und insbesondere etwaige vom europäischen Standard abweichende nationale Besonderheiten angemessen zu berücksichtigen. Damit wird die Bundesnetzagentur zwar in aller Regel der Märkteempfehlung der Kommission folgen müssen. Sie kann aber mit entsprechender Begründung auch Märkte anders abgrenzen, als in der Empfehlung vorgesehen. Die von der Kommission auf Unionsebene betrachteten Märkte können also auf nationaler Ebene angesichts besonderer Umstände (etwa marktstruktureller Art) in sachlicher Hinsicht enger oder weiter abgegrenzt werden, als in der Kommissionsempfehlung vorgesehen.

41 Siehe auch Art. 64 Abs. 1 UAbs. 2 des Kommunikationskodex.

42 Hierzu und zum Folgenden BVerwGE 131, 41, 50 Rn. 25 (Urt. v. 2.4.2008 – Az. 6 C 15.07); BVerwG, Buchholz 442.066 § 10 TKG Nr. 4 Rn. 19 (Urt. v. 1.9.2010 – Az. 6 C 13.09); N&R 2009, 130, 131 Rn. 16 (Urt. v. 28.1.2009 – Az. 6 C 39.07).

Darüber hinaus kann die Bundesnetzagentur auch Märkte abgrenzen, die in der Empfehlung überhaupt nicht enthalten sind.[43] Größerer Spielraum besteht überdies bei der räumlichen Marktabgrenzung, da hier nationale Besonderheiten stärker zur Geltung kommen und die Vorsteuerungswirkung der Empfehlung geringer ist.[44]

Unionsrechtlich wird die Marktdefinition durch die Bundesnetzagentur weiter dadurch überformt, dass sie bereits auf dieser Ebene auch einem weiteren Rechtsakt der Kommission weitestgehend Rechnung tragen muss (§ 10 Abs. 2 S. 1 Nr. 2 TKG), nämlich den sog. SMP-Leitlinien.[45]

b) Prüfung der potentiellen Regulierungsbedürftigkeit (erste Stufe der Marktanalyse)

Als nationale Regulierungsbehörde ist die Bundesnetzagentur aber nicht auf die Abgrenzung der Märkte beschränkt. Sie hat auch zu prüfen, ob die Märkte für eine telekommunikationsrechtliche Vorabregulierung in Betracht kommen. Diese Prüfung erfolgt anhand des bereits dargestellten Drei-Kriterien-Tests, auf den sich auch die Kommission bei der Ausgestaltung der Märkteempfehlung stützt.

Dieser Prüfschritt ist im neuen TKG nicht mehr – wie noch nach § 10 Abs. 1, Abs. 2 S. 1 TKG 2004 – auf Ebene der Marktdefinition[46] angesiedelt. Der Kommunikationskodex hat diesen Test vielmehr auf die Ebene des Marktanalyseverfahrens verlagert (§ 11 Abs. 1 S. 1, Abs. 2 TKG). Das lässt sich dadurch rechtfertigen, dass die wichtigsten Indikatoren, die bei der Prüfung der ersten beiden Kriterien zu berücksichtigen sind, mit denen vergleichbar sind, die bei der Untersuchung beträchtlicher Marktmacht herangezogen werden.[47] Diese Untersuchung wiederum bildet im Weiteren den materiellen Kerngehalt der Marktanalyse. Damit bildet die Durchführung des Drei-Kriterien-Tests durch die Bundesnetzagentur als nationale Regulierungsbehörde nunmehr gewissermaßen die erste Stufe der Marktanalyse.

---

43 Erwägungsgrund 22 S. 2 der Märkteempfehlung (EU) 2020/2245.

44 Vgl. auch den expliziten Hinweis auf die Abgrenzung relevanter geographischer Märkte durch die nationalen Regulierungsbehörden in Art. 64 Abs. 3 S. 1 des Kommunikationskodex und Erwägungsgrund 7 S. 3 der Märkteempfehlung (EU) 2020/2245.

45 Die Leitlinien zur Marktanalyse und zur Bewertung beträchtlicher Marktmacht werden insoweit auch in der deutschen Sprachfassung des Kommunikationskodex mittels der englischsprachigen Abkürzung für beträchtliche Marktmacht („Significant Market Power“, SMP) abgekürzt, siehe Art. 64 Abs. 2 S. 1 des Kommunikationskodex. Die aktuelle Fassung der SMP-Leitlinien stammt aus dem Jahr 2018: Kommission, Mitteilung 2018/C 159/01, ABl. EU 2018 C 159, 1.

46 Das war insoweit folgerichtig, als auch die Marktdefinition auf EU-Ebene durch die Kommission nach Maßgabe des Drei-Kriterien-Tests erfolgt.

47 Erwägungsgrund 11 S. 7 der Märkteempfehlung 2014/710/EU.

Sofern es sich um einen Markt handelt, der auch in der Märkteempfehlung der Kommission enthalten ist, bezieht sich die von dieser Empfehlung ausgehende Vermutungswirkung auch auf die Erfüllung der drei Kriterien (§ 11 Abs. 7 i. V. m. § 10 Abs. 2 S. 1 Nr. 1 TKG). Das ergibt sich mittlerweile überdies ausdrücklich aus Art. 67 Abs. 1 UAbs. 3 des Kommunikationskodex.[48] Es besteht demzufolge eine Vermutung, dass die in der Märkteempfehlung aufgeführten Märkte auch in Deutschland potentiell – also vorbehaltlich der weiteren Verfahrensschritte – regulierungsbedürftig sind.[49] Nur wenn die Bundesnetzagentur positiv feststellen kann, dass eines oder mehrere der drei Kriterien unter den besonderen nationalen Gegebenheiten nicht erfüllt sind, kann sie die potentielle Regulierungsbedürftigkeit dieses Marktes verneinen.[50]

Unabhängig davon, ob sich die Prüfung der potentiellen Regulierungsbedürftigkeit auf einen Markt bezieht, der in der Märkteempfehlung enthalten ist, oder ob die Bundesnetzagentur (ausnahmsweise) einen zusätzlichen Markt untersucht, muss sie überdies auch auf dieser Ebene den SMP-Leitlinien weitestmöglich Rechnung tragen (§ 11 Abs. 7 i. V. m. § 10 Abs. 2 S. 1 Nr. 1 TKG).

c) Ermittlung beträchtlicher Marktmacht (zweite Stufe der Marktanalyse)

Hat die Bundesnetzagentur die potentielle Regulierungsbedürftigkeit eines Marktes (auf Grundlage des Drei-Kriterien-Tests) bejaht, ermittelt sie schließlich auf der zweiten Stufe der Marktanalyse, ob und welche Unternehmen auf diesem Markt allein oder gemeinsam über eine dominante Position in Form beträchtlicher Marktmacht verfügen (§ 11 Abs. 1 S. 2, Abs. 4 TKG). Die beträchtliche Marktmacht erweist sich insoweit als Anknüpfungspunkt für die Auferlegung regulatorischer Vorabverpflichtungen, mit denen das festgestellte Marktversagen kompensiert werden soll, das im Drei-Kriterien-Test vertypt ist.

Ob ein Unternehmen über beträchtliche Marktmacht verfügt, richtet sich nach § 11 Abs. 4 S. 2 TKG. Danach gilt ein Unternehmen als ein Unternehmen mit beträchtlicher Marktmacht, „wenn es entweder allein oder gemeinsam mit anderen eine der Beherrschung gleichkommende Stellung einnimmt, das heißt, eine wirtschaftlich starke Stellung, die es ihm

48 Die deutsche Sprachfassung, die davon spricht, dass die Regulierungsbehörden bei einem solchen Markt „prüfen“, „ob“ die Kriterien zutreffen, ist allerdings irreführend. Das Gemeinte kommt deutlicher in den anderen Sprachfassungen zum Ausdruck, etwa wenn es in der englischen Richtlinienfassung heißt: „shall consider that points (a), (b) and (c) … have been met“.

49 BVerwGE 131, 41, 53 Rn. 30 (Urt. v. 2.4.2008 – Az. 6 C 15.07); BVerwG, Buchholz 442.066 § 10 TKG Nr. 4 Rn. 19 (Urt. v. 1.9.2010 – Az. 6 C 13.09); N&R 2009, 130, 131 Rn. 16 (Urt. v. 28.1.2009 – Az. 6 C 39.07).

50 Siehe nun auch Art. 67 Abs. 1 UAbs. 3 des Kommunikationskodex.

gestattet, sich in beträchtlichem Umfang unabhängig von Wettbewerbern, Kunden und Endnutzern zu verhalten". Diese Begriffsbestimmung entspricht letzten Endes der Definition einer beherrschenden Stellung i. S. v. Art. 102 AEUV in der Rechtsprechung des EuGH.[51] Auch insoweit sind jedoch die unterschiedlichen Regulierungsansätze des allgemeinen Wettbewerbsrechts und der telekommunikationsrechtlichen Vorabregulierung zu berücksichtigen. Es kann also nicht ohne weiteres von beträchtlicher Marktmacht i. S. d. Telekommunikationsrechts auf eine marktbeherrschende Stellung i. S. d. allgemeinen Wettbewerbsrechts geschlossen werden[52] (und umgekehrt).

Ausgangspunkt der Prüfung, ob ein Unternehmen über beträchtliche Marktmacht verfügt, ist dabei in aller Regel sein Marktanteil. Ein besonders hoher Marktanteil, der über einen längeren Zeitraum stabil bleibt, kann bereits ein wichtiges und ggf. sogar schon ausreichendes Anzeichen für beträchtliche Marktmacht sein.[53] Darüber hinaus kann sich die Analyse, ob ein Unternehmen über beträchtliche Marktmacht verfügt, auf verschiedene Kriterien stützen, insbesondere (aber nicht ausschließlich):[54]

- Marktzutrittsschranken,
- Expansionshemmnisse,
- absolute und relative Größe des Unternehmens,
- Kontrolle über nicht leicht zu duplizierende Infrastruktur,
- technologische und wirtschaftliche Vorteile oder Überlegenheit,
- fehlende oder geringe ausgleichende Nachfragemacht,
- leichter oder privilegierter Zugang zu Kapitalmärkten/finanziellen Ressourcen,
- Diversifizierung von Produkten/Dienstleistungen (z. B. Bündelung von Produkten und Dienstleistungen),
- Größen- und Verbundvorteile,
- direkte und indirekte Netzeffekte,
- vertikale Integration,
- hochentwickeltes Vertriebs- und Verkaufsnetz,
- Abschluss langfristiger und nachhaltiger Zugangsvereinbarungen,
- potentiell marktabschottende Vertragsbeziehungen,
- Fehlen eines potentiellen Wettbewerbs.

Darüber hinaus kann ein Unternehmen zwar nicht allein, aber zusammen mit einem oder mehreren anderen Unternehmen über beträchtliche Marktmacht verfügen. Eine solche gemeinsame beträchtliche Marktmacht liegt vor, wenn aufgrund der Merkmale des relevanten Marktes die betreffenden Unternehmen in Wahrnehmung der gemeinsamen Interessen es für möglich,

51 Siehe Ziff. 52 Fn. 47 der SMP-Leitlinien 2018/C 159/01.
52 Ziff. 11 der SMP-Leitlinien 2018/C 159/01.
53 Ziff. 55 der SMP-Leitlinien 2018/C 159/01.
54 Hierzu und zum Folgenden Ziff. 58 der SMP-Leitlinien 2018/C 159/01.

wirtschaftlich vernünftig und daher ratsam halten, dauerhaft einheitlich auf dem Markt vorzugehen, um zu höheren als den Wettbewerbspreisen zu verkaufen.[55] Nicht erforderlich ist, dass sie hierzu eine Vereinbarung treffen oder auf eine abgestimmte Verhaltensweise i. S. d. Kartellverbots (Art. 101 AEUV) zurückgreifen. Es reicht vielmehr aus, dass tatsächliche oder potentielle Wettbewerber bzw. die Kunden und Endnutzer nicht wirksam auf das einheitliche Verhalten reagieren können. Die Möglichkeit einer solchen stillschweigenden Kollusion ist in den letzten Jahren stärker in den Fokus gerückt. Denn durch die marktlichen und technologischen Entwicklungen gibt es immer mehr Gebiete, in denen jeweils zwei Infrastrukturen (etwa DSL- und Kabelfernsehnetz oder Glasfaser- und Kabelfernsehnetz) eine starke Position innehaben. Eine solche Koordinierung nachzuweisen,[56] hat sich bisher als rechtlich überaus anspruchsvoll erwiesen.

d) Verfahren

Wie die vorstehenden Ausführungen gezeigt haben, handelt es sich bei Marktdefinition und Marktanalyse um sehr komplexe, unionsrechtlich überformte Untersuchungen. Das Telekommunikationsrecht trägt dem u. a. durch eine ebenfalls komplexe verfahrensrechtliche Ausgestaltung Rechnung. Dabei ist im Ausgangspunkt zwischen zwei Verfahrensschritten zu unterscheiden: dem nationalen Konsultationsverfahren und dem europäischen Konsolidierungsverfahren.[57]

aa) Konsultationsverfahren

Im Konsultationsverfahren ist den interessierten Parteien Gelegenheit zu geben, innerhalb einer bestimmten Frist Stellungnahmen zu den Entwürfen von Marktdefinition und -analyse abzugeben (§ 12 Abs. 1 S. 1 TKG). Diese Konsultation dient der Herstellung umfassender Transparenz gegenüber der interessierten Fachöffentlichkeit.[58] Sie wird in aller Regel schriftlich durchgeführt.[59] Um seine Transparenzfunktion zu erfüllen, muss sich das Konsultationsverfahren einerseits auf die entscheidungserheblichen tatsächlichen

---

55 Hierzu und zum Folgenden Ziff. 66 der SMP-Leitlinien 2018/C 159/01.

56 Zu den rechtlichen Parametern einer solchen Analyse siehe Ziff. 67 ff. der SMP-Leitlinien 2018/C 159/01.

57 Auf beide Verfahrensschritte kann in außergewöhnlichen Situationen, die dringendes Handeln erfordern, vorläufig verzichtet werden, siehe § 12 Abs. 7 TKG.

58 BVerwG, N&R 2019, 113, 114 Rn. 35 (Urt. v. 21.9.2018 – Az. 6 C 8.17); Buchholz 442.066 § 10 TKG Nr. 2 Rn. 40 (Urt. v. 29.10.2008 – Az. 6 C 38.07).

59 Einer öffentlichen mündlichen Verhandlung nach § 215 Abs. 3 S. 1 TKG bedarf es nicht, siehe BVerwG, Buchholz 442.066 § 10 TKG Nr. 2 Rn. 20 (Urt. v. 29.10.2008 – Az. 6 C 38.07).

Feststellungen und rechtlichen Erwägungen erstrecken.[60] Andererseits ist es geradezu Sinn und Zweck des Verfahrens, dass sich auf seiner Grundlage Änderungen des Konsultationsentwurfs ergeben. Soweit sich nachfolgende Änderungen an den zur Konsultation gestellten Entwürfen in dem damit abgesteckten Rahmen halten, bedarf es deshalb keiner erneuten Konsultation.

bb) Konsolidierungsverfahren

Das europäische Konsolidierungsverfahren soll demgegenüber bewirken, dass die nationalen Regulierungsbehörden miteinander und mit der Kommission auf transparente Weise kooperieren, um so in allen Mitgliedstaaten eine kohärente Anwendung des unionsrechtlichen Rahmens der telekommunikationsrechtlichen Regulierung zu gewährleisten.[61] Es ist für Marktdefinition und -analyse dann durchzuführen, wenn diese Auswirkungen auf den Handel zwischen Mitgliedstaaten haben (§ 12 Abs. 2 S. 1 TKG). Dieses Erfordernis wird in Anlehnung an die richtlinienrechtlichen Vorgaben[62] grundsätzlich weit verstanden und ist in der Praxis in aller Regel erfüllt.

Soweit eine Pflicht zur Durchführung des Konsolidierungsverfahrens besteht, stellt die Bundesnetzagentur nach Durchführung des nationalen Konsultationsverfahrens den (ggf. überarbeiteten) Entwurf der Ergebnisse von Marktdefinition und -analyse gleichzeitig der Kommission, den nationalen Regulierungsbehörden der anderen Mitgliedstaaten und dem Gremium Europäischer Regulierungsstellen für elektronische Kommunikation (GEREK) zur Verfügung (§ 12 Abs. 2 Nr. 1 TKG), einem Koordinierungsgremium der Regulierungsbehörden auf EU-Ebene. Man spricht insoweit auch von einer „Notifizierung“. Diese Institutionen haben nun einen Monat Zeit, eine Stellungnahme zu dem notifizierten Entwurf abzugeben. In der Praxis nimmt vor allem die Kommission diese Möglichkeit wahr, wohingegen Stellungnahmen anderer nationaler Regulierungsbehörden eine Ausnahme bilden. Soweit Stellungnahmen zu einem Entwurf abgegeben werden, hat die Bundesnetzagentur diesen weitestgehend Rechnung zu tragen (§ 12 Abs. 3 TKG). Sie sind damit zwar nicht verbindlich.[63] Nach der Rechtsprechung des Bundesverwaltungsgerichts muss die Bundesnetzagentur jedoch den Belangen, die in solchen Stellungnahmen geltend gemacht werden, in aller Regel entsprechen.[64] Die im Konsolidierungsverfahren geltend gemachten Belange können dieser Rechtsprechung zufolge nur überwunden werden,

---

60 Hierzu und zum Folgenden BVerwG, N&R 2019, 113, 114 f. Rn. 35 (Urt. v. 21.9.2018 – Az. 6 C 8.17).

61 BVerwG, N&R 2019, 113, 115 Rn. 36 (Urt. v. 21.9.2018 – Az. 6 C 8.17).

62 Siehe Erwägungsgrund 87 des Kommunikationskodex.

63 BVerwG, Buchholz 442.066 § 10 TKG Nr. 4 Rn. 22 (Urt. v. 1.9.2010 – Az. 6 C 13.09).

64 BVerwG, N&R 2014, 305, 308 Rn. 32 (Beschl. v. 25.6.2014 – Az. 6 C 10.13).

wenn vom europäischen Standard abweichende nationale Besonderheiten vorliegen oder wenn gegenläufige Belange zu berücksichtigen sind, denen im konkreten Einzelfall ein so hohes Gewicht zukommt, dass ihr Zurücktreten nicht gerechtfertigt erscheint.

cc) Kontroll- bzw. Vetoverfahren

In zwei Fällen erhält die unionale Ebene aber sogar noch weitergehende Einflussnahmemöglichkeiten. Das ist zum einen der Fall, wenn der Maßnahmenentwurf auf die Definition eines relevanten Marktes zielt, der sich von den Märkten unterscheidet, die in der Märkteempfehlung definiert wurden. Zum anderen betrifft es Entscheidungsentwürfe, die auf die Feststellung der beträchtlichen Marktmacht eines Unternehmens zielen, was typischer Gegenstand einer Marktanalyse ist. In diesen beiden Fällen sieht das Telekommunikationsrecht ein besonderes Verfahren vor, das sog. Kontroll- oder Vetoverfahren (§ 12 Abs. 4 TKG).

Dieses Verfahren wird eingeleitet, wenn die Kommission innerhalb der allgemeinen Stellungnahmefrist erklärt, der betreffende Konsolidierungsentwurf schaffe ein Hemmnis für den Binnenmarkt oder sie habe ernsthafte Zweifel an seiner EU-Rechtskonformität. Die Bundesnetzagentur darf die Marktdefinition bzw. -analyse dann innerhalb weiterer zwei Monate nicht endgültig festlegen. Innerhalb dieses Zeitraums kann nun die Kommission beschließen, ihre Vorbehalte zurückzuziehen,[65] etwa nach entsprechender Überzeugungsarbeit durch die Bundesnetzagentur. Aber auch die Bundesnetzagentur kann ihren Entwurf zurückziehen (§ 12 Abs. 8 TKG), ihn eigenverantwortlich überarbeiten und erneut notifizieren.[66]

Ziehen weder die Kommission ihre Vorbehalte noch die Bundesnetzagentur ihren Entwurf zurück, fordert die Kommission die Bundesnetzagentur auf, den Entwurf zurückzuziehen. Bei einer solchen Vetoentscheidung handelt es sich um eine förmliche Entscheidung i. S. v. Art. 288 Abs. 4 AEUV. Sie kann zwar durch den EuGH im Rahmen einer Nichtigkeitsklage rechtlich überprüft werden (Art. 263 AEUV), ist aber für die Bundesnetzagentur zunächst verbindlich.[67] Diese muss daher den Entwurf entweder zurückziehen oder auf Grundlage entsprechender Vorschläge der Kommission ändern (§ 12 Abs. 5 S. 1 TKG). Im letztgenannten Fall ist für den geänderten Entwurf erneut ein Konsultations- und Konsolidierungsverfahren[68] durchzuführen (§ 12 Abs. 5 S. 2 TKG).

---

65 Siehe Art. 32 Abs. 6 UAbs. 1 lit. b des Kommunikationskodex.

66 BVerwG, N&R 2019, 113, 115 Rn. 36 (Urt. v. 21.9.2018 – Az. 6 C 8.17); *Neumann/Koch,* Telekommunikationsrecht, 2. A., 2013, Kap. 3 Rn. 111 (S. 142).

67 BVerwG, Buchholz 442.066 § 10 TKG Nr. 4 Rn. 22 (Urt. v. 1.9.2010 – Az. 6 C 13.09).

68 Dieses ist dann jedoch auf eine Einbindung der Kommission beschränkt.

Abbildung 2: Übersicht Konsultations- und Konsolidierungsverfahren

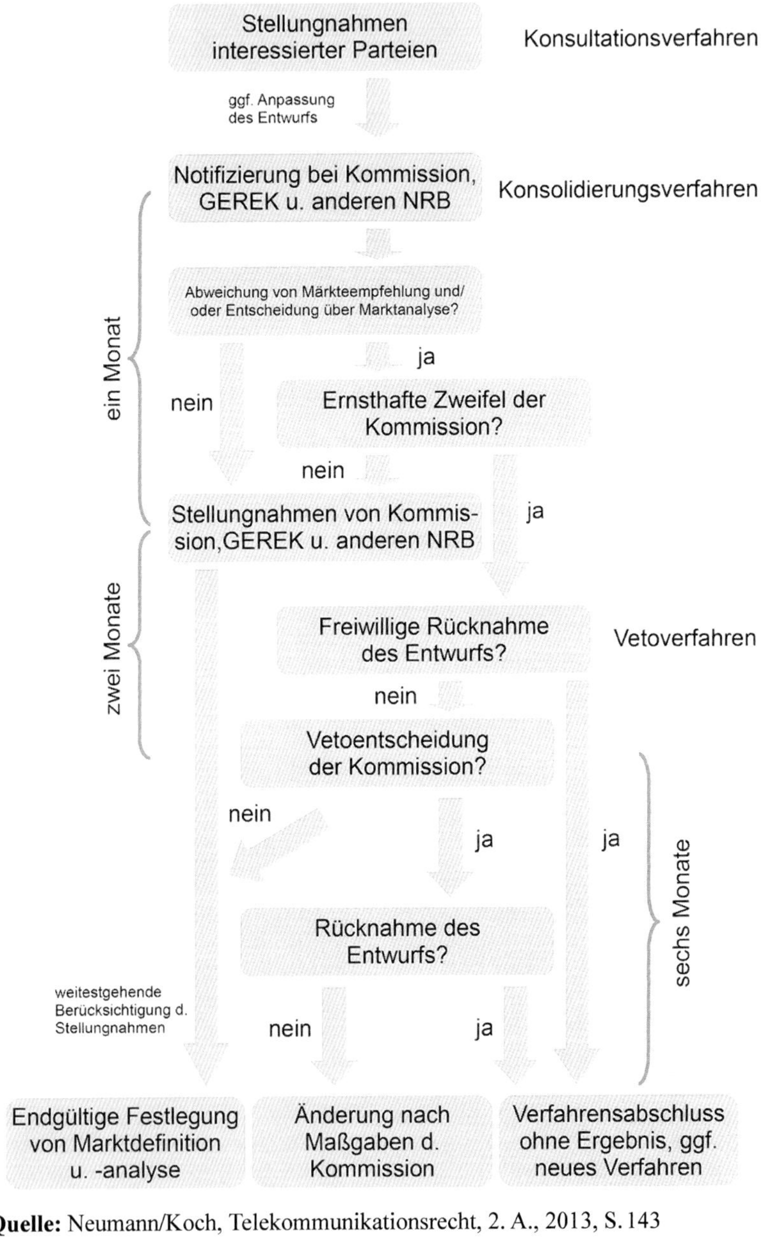

Quelle: Neumann/Koch, Telekommunikationsrecht, 2. A., 2013, S. 143

e) Rechtsschutz

Nach § 13 Abs. 7 TKG ergehen die Ergebnisse der Marktdefinitions- und Marktanalyseverfahren mit den Regulierungsentscheidungen auf Maßnahmenebene, die in einer sog. „Regulierungsverfügung“[69] erfolgen, „als einheitlicher Verwaltungsakt“. Hieraus ergibt sich, dass allein diese Regulierungsverfügung Regelungscharakter mit Außenwirkung i. S. v. § 35 S. 1 VwVfG hat.[70] Die Festlegungen zur Marktdefinition und Marktanalyse können daher nicht isoliert, sondern nur inzident im Rahmen von Klagen gegen die Regulierungsverfügung zur gerichtlichen Überprüfung gestellt werden.[71]

Bezogen auf die gerichtliche Kontrolle steht der Bundesnetzagentur nach der Rechtsprechung des Bundesverwaltungsgerichts ein nur eingeschränkt überprüfbarer Beurteilungsspielraum in Bezug auf die von ihr zu verantwortende Marktdefinition und -analyse zu.[72] Dieser sei normativ in § 10 Abs. 1 TKG ausdrücklich angelegt. Er folge dabei einerseits aus dem wertend-prognostischen Charakter, der sich aus dem zukunftsgerichteten Regulierungsansatz der Vorabregulierung ergibt.[73] Andererseits beruhe er auf der Notwendigkeit, die Durchlässigkeit nationaler Entscheidungen für transnationale Interessen durch das unionsweite Konsolidierungsverfahren nicht durch einseitige nationale Zugriffsbefugnisse auf Ebene der gerichtlichen Kontrolle zu gefährden.[74] Diese Rechtsprechung wird zwar im Schrifttum kritisiert. Sie ist jedoch vom Bundesverfassungsgericht nicht beanstandet worden[75] und verdient auch in der Sache Zustimmung. Gerade die Ausgestaltung als entscheidungsähnliche Festlegung hebt Marktdefinition und -analyse von der normalen Prüfung von Tatbestandsmerkmalen ab und nähert sie der Rechtsfolgenseite an, auf der gestaltende (Ermessens-) Spielräume weithin anerkannt sind.

Angesichts dieses Beurteilungsspielraums müssen die Gerichte die Überprüfung einer von der Bundesnetzagentur vorgenommenen Marktdefinition und -analyse darauf erstrecken, aber auch begrenzen, ob die Behörde

---

69 Siehe hierzu sogleich, unter 3. (S. 28 ff.).

70 BVerwG, Buchholz 442.066 § 10 TKG Nr. 4 Rn. 14 (Urt. v. 1.9.2010 – Az. 6 C 13.09); Buchholz 442.066 § 10 TKG Nr. 2 Rn. 12 (Urt. v. 29.10.2008 – Az. 6 C 38.07).

71 BVerwG, N&R 2012, 102, 105 Rn. 32 (Urt. v. 14.12.2011 – Az. 6 C 36.10); Buchholz 442.066 § 10 TKG Nr. 4 Rn. 14 (Urt. v. 1.9.2010 – Az. 6 C 13.09).

72 BVerwGE 131, 41, 44 Rn. 14 (Urt. v. 2.4.2008 – Az. 6 C 15.07); BVerwG, N&R 2009, 130, 130 Rn. 14 (Urt. v. 28.1.2009 – Az. 6 C 39.07); Buchholz 442.066 § 10 TKG Nr. 2 Rn. 16 (Urt. v. 29.10.2008 – Az. 6 C 38.07); siehe auch BVerwG, Buchholz 442.066 § 10 TKG Nr. 4 Rn. 15 (Urt. v. 1.9.2010 – Az. 6 C 13.09).

73 BVerwGE 131, 41, 44 f. Rn. 16 (Urt. v. 2.4.2008 – Az. 6 C 15.07).

74 BVerwGE 131, 41, 46 Rn. 18 (Urt. v. 2.4.2008 – Az. 6 C 15.07); BVerwG, Buchholz 442.066 § 10 TKG Nr. 2 Rn. 16 f. (Urt. v. 29.10.2008 – Az. 6 C 38.07).

75 BVerfG, ZNER 2012, 65, 66 f. Rn. 27 ff. (Beschl. v. 8.12.2011 – Az. 1 BvR 1932/08).

- die gültigen Verfahrensbestimmungen eingehalten hat,
- von einem richtigen Verständnis des anzuwendenden Gesetzesbegriffs ausgegangen ist,
- den erheblichen Sachverhalt vollständig und zutreffend ermittelt hat und
- sich bei der eigentlichen Beurteilung an allgemeingültige Wertungsmaßstäbe gehalten, insbesondere das Willkürverbot nicht verletzt hat.[76]

Die Bestimmungen über das Konsultations- und das Konsolidierungsverfahren haben schließlich keinen individualschützenden Charakter.[77] Unternehmen, die nicht Adressaten einer Regulierungsentscheidung der Bundesnetzagentur auf Maßnahmenebene sind,[78] können daher keinen Anspruch auf die Verletzung in einem etwaigen Recht auf eine rechtmäßige Marktdefinition und -analyse geltend machen. Das schließt die gerichtliche Kontrolle jedoch nicht aus, soweit die verfahrensfehlerfreie Ausfüllung behördlicher Entscheidungsspielräume auf Maßnahmenebene zu überprüfen ist und hierauf ein Anspruch (ggf. auch von Drittbetroffenen) besteht.[79]

3. Regulierungsverfügung

Nachdem mit Marktdefinition und -analyse geklärt wird, in welchen Märkten eine marktmachtabhängige Vorabregulierung gerechtfertigt ist, erfolgt deren konkrete Ausgestaltung auf der Maßnahmenebene. Hier bestand nach dem früheren TKG eine zwingende Verknüpfung zwischen der Feststellung beträchtlicher Marktmacht auf einem potentiell regulierungsbedürftigen Markt und dem Erlass zumindest einer entsprechenden Regulierungsmaßnahme.[80] Nach neuem Recht besteht demgegenüber die Möglichkeit, von solchen Maßnahmen abzusehen. Denn selbst wenn die Bundesnetzagentur die potentielle Regulierungsbedürftigkeit des Marktes und beträchtliche Marktmacht (mindestens) eines Unternehmens festgestellt hat, prüft sie, ob die Auferlegung von Verpflichtungen „gerechtfertigt sein kann" (§ 11 Abs. 1 S. 2 TKG). Demzufolge erlegt sie regulatorische Verpflichtungen nur auf, „wenn sie der Ansicht ist, dass das Marktergebnis für die Endnutzer ohne

---

76 BVerwGE 131, 41, 48 Rn. 21 (Urt. v. 2.4.2008 – Az. 6 C 15.07); BVerwG, Buchholz 442.066 § 10 TKG Nr. 4 Rn. 15 (Urt. v. 1.9.2010 – Az. 6 C 13.09); N&R 2009, 130, 130 Rn. 14 (Urt. v. 28.1.2009 – Az. 6 C 39.07); Buchholz 442.066 § 10 TKG Nr. 2 Rn. 18 (Urt. v. 29.10.2008 – Az. 6 C 38.07).

77 BVerwG, N&R 2019, 113, 114 Rn. 33 (Urt. v. 21.9.2018 – Az. 6 C 8.17); 2015, 184, 188 Rn. 33 (Urt. v. 25.2.2015 – Az. 6 C 37.13).

78 Zum Anspruch des Adressaten einer Regulierungsverfügung auf Überprüfung der ihr zugrundeliegenden Marktdefinition und -analyse siehe BVerwG, Buchholz 442.066 § 10 TKG Nr. 4 Rn. 14 (Urt. v. 1.9.2010 – Az. 6 C 13.09).

79 BVerwG, N&R 2015, 184, 190 Rn. 48 (Urt. v. 25.2.2015 – Az. 6 C 37.13).

80 BVerwG, N&R 2008, 87, 89 f. Rn. 28 (Urt. v. 28.11.2007 – Az. 6 C 42.06).

diese Verpflichtungen keinen wirksamen Wettbewerb darstellen würde" (§ 13 Abs. 1 TKG).

a) Gegenstand der Regulierungsverfügung

Das Telekommunikationsrecht definiert für diesen Fall einen Katalog an möglichen Vorabverpflichtungen, aus denen die Bundesnetzagentur diejenigen auswählt, die dem (oder den) Unternehmen mit beträchtlicher Marktmacht zur Kompensation des festgestellten Marktversagens aufzuerlegen sind. Dieser regulatorische „Instrumentenkasten" ist grundsätzlich abschließend.[81] Er enthält folgende, weiter unten im Einzelnen noch näher erläuterte Vorabverpflichtungen:

Tabelle 3: Übersicht über die marktmachtabhängigen Vorabverpflichtungen

Zugangsregulierung	**Entgeltregulierung**
Zugangsverpflichtungen (§ 26 TKG)	Genehmigungspflicht (§ 38 Abs. 1 S. 1 Alt. 1 i. V. m. § 40 TKG) mit unterschiedlichen Genehmigungsmaßstäben (§ 39 TKG)
Diskriminierungsverbot (§ 24 TKG)	Nachträgliche Entgeltregulierung (§ 38 Abs. 1 S. 2 i. V. m. § 46 TKG)
Transparenzverpflichtungen (§ 25 TKG)	Nachträgliche Entgeltregulierung mit Anzeigepflicht (§ 38 Abs. 1 S. 1 Alt. 2 i. V. m. § 45 TKG)
Standardangebotsverpflichtungen (§ 29 TKG)	Neu: Besondere Regelungen für sog. Zustellungsentgelte (Art. 75 des Kommunikationskodex, § 38 Abs. 6 TKG)
Verpflichtungen zur getrennten Rechnungsführung (§ 30 TKG)	
Regulierung von Endnutzerleistungen (§ 49 TKG)	

Einige dieser Vorabverpflichtungen werden durch spezifische Umsetzungsmaßnahmen flankiert. Diese werden nachfolgend im Zusammenhang mit der jeweils zugrundeliegenden Vorabverpflichtung dargestellt.

Die Auswahl und Auferlegung der einzelnen Vorabverpflichtungen erfolgt mit der bereits erwähnten Regulierungsverfügung i. S. v. § 13 TKG. Im Rahmen einer solchen Verfügung entscheidet die Bundesnetzagentur, welche der ihr zur Verfügung stehenden Abhilfemaßnahmen sie ergreift und ggf.

81 Zur Möglichkeit, unter sehr engen Voraussetzungen ausnahmsweise andere Verpflichtungen aufzuerlegen, siehe Art. 68 Abs. 3 UAbs. 2 – 4 des Kommunikationskodex.

kombiniert.[82] Sie muss aus den in Betracht kommenden Regulierungsinstrumenten diejenigen auswählen, die nach ihrer Beurteilung am besten geeignet und erforderlich sind, den Zweck des Regulierungseingriffs zu erreichen.[83] Diese Abwägung hat die Bundesnetzagentur unter gleichrangiger Berücksichtigung der Grundsätze der Regulierung nach § 2 Abs. 3 TKG[84] an den in § 2 Abs. 2 TKG vorgegebenen Zielen der Regulierung auszurichten.[85] Überdies muss sie die Grundrechtspositionen des regulierten Unternehmens und der Zugangsnachfrager beachten.[86] Die Abwägung wird somit durch zahlreiche unbestimmte Rechtsbegriffe gesteuert und lässt sich letzten Endes nicht von einer etwa daran erst anschließenden Ermessensbetätigung trennen. Das Bundesverwaltungsgericht hat daher die Figur des insoweit übergreifenden Regulierungsermessens entwickelt.[87] Insbesondere durch den Kommunikationskodex unterliegen die Auswahl und Ausgestaltung von Vorabverpflichtungen durch die Bundesnetzagentur allerdings in bestimmten Konstellationen nunmehr einer weitergehenden gesetzlichen Vorsteuerung. Hinzu kommt, dass die Kommission Empfehlungen über die harmonisierte Anwendung des EU-Rechtsrahmens erlässt. Die Bundesnetzagentur ist verpflichtet, diesen Empfehlungen weitestgehend Rechnung zu tragen (Art. 38 des Kommunikationskodex, § 198 Abs. 4 TKG). Die Kommission hat von dieser Möglichkeit in einigen praktisch sehr bedeutsamen Bereichen Gebrauch gemacht. Beispielhaft zu nennen sind etwa

- die Terminierungsempfehlung 2009/396/EG mit Empfehlungen zur Bemessung der Anrufzustellungsentgelte in Mobilfunk- und Festnetzen, die mit Inkrafttreten des neuen Systems zur Regulierung von Terminierungsentgelten mittlerweile hinfällig geworden ist,
- die NGA-Empfehlung 2010/572/EU mit einem Konzept für die Förderung der einheitlichen Anwendung von Abhilfemaßnahmen in Bezug auf Anschlussnetze der nächsten Generation („Next Generation Access“, NGA),

---

82 BVerwG, N&R 2008, 87, 90 Rn. 28 (Urt. v. 28.11.2007 – Az. 6 C 42.06).

83 Vgl. BVerwG, N&R 2012, 102, 104 Rn. 26 (Urt. v. 14.12.2011 – Az. 6 C 36.10). Zu den materiellen Anforderungen siehe auch Art. 68 Abs. 4 des Kommunikationskodex.

84 BVerwG, N&R 2019, 113, 115 Rn. 41 (Urt. v. 21.9.2018 – Az. 6 C 8.17).

85 BVerwG, N&R 2019, 113, 115 Rn. 41 (Urt. v. 21.9.2018 – Az. 6 C 8.17); 2008, 87, 90 Rn. 28 (Urt. v. 28.11.2007 – Az. 6 C 42.06).

86 BVerwG, N&R 2019, 113, 115 Rn. 41 (Urt. v. 21.9.2018 – Az. 6 C 8.17).

87 BVerwG, N&R 2019, 113, 116 Rn. 44 (Urt. v. 21.9.2018 – Az. 6 C 8.17); 2008, 87, 90 Rn. 29 (Urt. v. 28.11.2007 – Az. 6 C 42.06). Bisweilen hat das Gericht darauf hingewiesen, dass diese Rechtsfigur „an das Planungsermessen“ angelehnt sei, siehe BVerwG, Buchholz 442.066 § 21 TKG Nr. 1 Rn. 16 (Urt. v. 27.1.2010 – Az. 6 C 22.08), bzw. das Regulierungsermessen „in Anlehnung an das Planungsermessen behandelt“, BVerwG, Buchholz 442.066 § 25 TKG Nr. 2 Rn. 9 (Beschl. v. 5.5.2014 – Az. 6 B 46.13). An anderer Stelle formuliert es jedoch einfach, das Regulierungsermessen folge aus „zweckentsprechender Auslegung des Gesetzes“.

insbesondere hinsichtlich der aufzuerlegenden Zugangsverpflichtungen und ihrer Ausgestaltung, sowie
- die Nichtdiskriminierungsempfehlung 2013/466/EU mit einem Konzept für die Förderung der einheitlichen und wirksamen Umsetzung von Vorabverpflichtungen in Bezug auf Breitbandnetze.

Durch diese Empfehlungen wird das weite Regulierungsermessen, das der Bundesnetzagentur dem Grunde nach zusteht, unionsrechtlich in erheblichem Umfang überformt.

b) *Verfahren*

Das Verfahren, in dem die Bundesnetzagentur eine Regulierungsverfügung erlässt, entspricht im Grundsatz den Verfahrensvorgaben für Marktdefinition und -analyse.[88] Der Entwurf einer solchen Verfügung ist daher zunächst grundsätzlich auf nationaler Ebene zur Konsultation zu stellen (§ 14 Abs. 2 i. V. m. § 12 Abs. 1 TKG). Im Anschluss ist bei Auswirkungen auf den Handel zwischen Mitgliedstaaten der sich daraus ergebende Entwurf gegenüber der Kommission, dem GEREK und den Regulierungsbehörden der anderen Mitgliedstaaten zu notifizieren (§ 14 Abs. 3 S. 1 i. V. m. § 12 Abs. 2 S. 1 TKG). Den daraufhin binnen eines Monats ggf. eingehenden Stellungnahmen hat die Bundesnetzagentur dann weitestgehend Rechnung zu tragen (§ 14 Abs. 3 S. 1 i. V. m. § 12 Abs. 3 TKG).

Eine Besonderheit greift jedoch, wenn die Kommission Zweifel an der Binnenmarkts- oder Unionsrechtskompatibilität der geplanten Maßnahme hat. Anders als auf Ebene von Marktdefinition und -analyse verfügt die Kommission hier grundsätzlich über kein Vetorecht.[89] Stattdessen ist für die sog. „Phase II", die durch eine entsprechende Mitteilung der Kommission ausgelöst wird, ein komplexes Koordinierungsverfahren geregelt. Dieses Verfahren sieht im Wesentlichen vor, dass die Bundesnetzagentur innerhalb einer Dreimonatsfrist eng mit der Kommission und dem GEREK zusammenarbeitet, um die am besten geeignete und wirksamste Maßnahme zu ermitteln (§ 14 Abs. 5 S. 1 TKG). Die Bundesnetzagentur kann den Entwurf zurückziehen (§ 14 Abs. 9 TKG) oder noch vor Ablauf der Dreimonatsfrist ändern, mit der Folge, dass die Kommission nun den geänderten Entwurf prüft (§ 14 Abs. 6 TKG). Hält die Bundesnetzagentur an ihrem Entwurf fest, gibt sie

---

88 Siehe zu diesen oben, unter 2. d) (S. 23 ff.). Das umfasst auch die Möglichkeit, in Ausnahmefällen vorläufige Maßnahmen ohne Durchführung eines Konsultations- und Konsolidierungsverfahrens zu erlassen (§ 14 Abs. 2 i. V. m. § 12 Abs. 7 TKG).

89 Ausnahmen gelten gemäß § 14 Abs. 7 S. 2 TKG für Replizierbarkeitsverpflichtungen nach § 22 TKG und für die Behandlung von Verpflichtungszusagen in Bezug auf Ko-Investitionsangebote für die Errichtung von glasfaserbasierten Netzen mit sehr hoher Kapazität nach § 13 Abs. 4 S. 3 f. TKG.

nach Ablauf der drei Monate der Kommission einen weiteren Monat Zeit, um eine Empfehlung abzugeben (§ 14 Abs. 7 S. 1 TKG). Gibt die Kommission eine solche Empfehlung ab, hat die Bundesnetzagentur einen Monat Zeit, der Empfehlung zu folgen und den Entwurf zu ändern[90] oder ihn zurückzuziehen. Sie kann aber auch entscheiden, der Empfehlung der Kommission mit entsprechender Begründung nicht zu folgen (§ 14 Abs. 8 S. 2 TKG) und die Regulierungsverfügung wie beabsichtigt zu erlassen. Der Kommission bleibt dann nur die Einleitung eines Vertragsverletzungsverfahrens gegen die Bundesrepublik Deutschland, um ihre Rechtsansicht durchzusetzen.

Konsultations- und Konsolidierungsverfahren gelten unmittelbar nur für Verpflichtungen, die im Rahmen einer Regulierungsverfügung auferlegt werden. Der EuGH und das Bundesverwaltungsgericht legen die unionsrechtlichen Grundlagen beider Verfahrensschritte jedoch weit aus, so dass sie grundsätzlich auch für Umsetzungsmaßnahmen zu durchlaufen sind. Während für das Konsultationsverfahren insoweit auf die Auffangvorschrift des § 16 TKG zurückzugreifen ist,[91] sind Umsetzungsmaßnahmen ggf. in richtlinienkonformer Rechtsfortbildung durch analoge Anwendung von § 14 Abs. 3 TKG auf Unionsebene zu konsolidieren.[92] Für die besonders bedeutsame Umsetzungsmaßnahme der Entgeltgenehmigung ordnet § 40 Abs. 5 S. 2 TKG die entsprechende Geltung der Verfahrensvorgaben mittlerweile ausdrücklich an.

c) *Rechtsschutz*

Der Umfang der gerichtlichen Kontrolle einer Regulierungsverfügung wird durch die Anerkennung des Regulierungsermessens als einheitliches regulierungsbehördliches Letztentscheidungsrecht bestimmt. Seine Ausübung kann vom Gericht nur auf Abwägungsfehler kontrolliert werden:[93] Das Regulierungsermessen wird fehlerhaft ausgeübt,

- wenn eine Abwägung überhaupt nicht stattgefunden hat (Abwägungsausfall),
- in die Abwägung nicht an Belangen eingestellt worden ist, was nach Lage der Dinge in sie eingestellt werden musste (Abwägungsdefizit),
- die Bedeutung der betroffenen Belange verkannt worden ist (Abwägungsfehleinschätzung) oder

---

90 Ist in diesem Fall eine neuerliche Konsultation erforderlich, verlängert sich die Monatsfrist entsprechend (§ 14 Abs. 8 S. 3 TKG).

91 BVerwG, N&R 2017, 174, 175 Rn. 20 (Urt. v. 31.1.2017 – Az. 6 C 2.16).

92 BVerwG, N&R 2017, 174, 176 ff. Rn. 26 ff. (Urt. v. 31.1.2017 – Az. 6 C 2.16); zur Kritik *Neumann,* N&R 2016, 146.

93 Hierzu und zum Folgenden BVerwGE 131, 41, 62 Rn. 47 (Urt. v. 2.4.2008 – Az. 6 C 15.07); BVerwG, N&R 2019, 113, 116 Rn. 45 (Urt. v. 21.9.2018 – Az. 6 C 8.17); 2012, 102, 104 Rn. 25 (Urt. v. 14.12.2011 – Az. 6 C 36.10).

– der Ausgleich zwischen ihnen in einer Weise vorgenommen worden ist, der zur objektiven Gewichtigkeit einzelner Belange außer Verhältnis steht (Abwägungsdisproportionalität).

Dabei ist die gerichtliche Kontrolle des Regulierungsermessens grundsätzlich auf diejenigen Erwägungen zu erstrecken und zu beschränken, welche die Behörde zur Begründung ihrer Entscheidung dargelegt hat.[94] Die Bundesnetzagentur muss sich allerdings nicht mit allen denkbaren Belangen ausdrücklich auseinandersetzen. Sie muss sich vielmehr nur explizit mit den Belangen befassen, die für sie als abwägungserheblich erkennbar sind, insbesondere weil sie vorgetragen wurden und sich aufdrängen.[95]

Obwohl die in der Regulierungsverfügung in Ausübung des Regulierungsermessens auferlegten Vorabverpflichtungen auf einem regulatorischen Gesamtkonzept beruhen, bleiben sie nach der Rechtsprechung des Bundesverwaltungsgerichts als Einzelentscheidungen über Abhilfemaßnahmen fassbar und werden nicht ihrerseits zu einem untrennbaren Zusammenhang verklammert.[96] Auf Grundlage dieser Rechtsprechung ist es daher regelmäßig möglich, eine Regulierungsverfügung nur in Bezug auf einzelne der durch sie auferlegten Verpflichtungen anzufechten.[97] Selbst einzelne Bestandteile einer auferlegten Regulierungsverpflichtung sind danach separat angreifbar, wenn sie für sich genommen auf einer gesonderten Abwägung beruhen.[98]

Soweit es um den Rechtsschutz Dritter – insbesondere also von Zugangsnachfragern – geht, ist § 13 TKG als Vorschrift über die Regulierungsverfügung für sich genommen nicht drittschützend.[99] Inwieweit Dritte Rechtsschutz gegen eine Regulierungsverfügung erlangen können, richtet sich vielmehr nach der spezifischen Rechtsgrundlage für die jeweils in Rede stehende Vorabverpflichtung. Das betrifft zum einen die Frage, ob im Rahmen einer Verpflichtungsklage ein Anspruch darauf geltend gemacht werden kann, dass dem marktmächtigen Unternehmen (zusätzliche oder weitergehende) Regulierungsverpflichtungen auferlegt werden.[100] Es gilt aber zum anderen auch für die Möglichkeit, durch eine Anfechtungsklage die Bedingungen des von dem Dritten genutzten Zugangs zum Netz des

94 BVerwG, N&R 2019, 113, 116 Rn. 45 (Urt. v. 21.9.2018 – Az. 6 C 8.17); 2015, 173, 177 Rn. 43 (Beschl. v. 10.12.2014 – Az. 6 C 16.13).

95 Hierzu und zum Vorstehenden BVerwG, Buchholz 442.066 §21 TKG Nr. 5 Rn. 52 (Urt. v. 11.12.2013 – Az. 6 C 24.12).

96 BVerwG, N&R 2019, 113, 113 f. Rn. 26 (Urt. v. 21.9.2018 – Az. 6 C 8.17); 2012, 102, 105 Rn. 33 (Urt. v. 14.12.2011 – Az. 6 C 36.10).

97 BVerwG, N&R 2019, 113, 113 Rn. 26 (Urt. v. 21.9.2018 – Az. 6 C 8.17).

98 BVerwG, N&R 2019, 113, 114 Rn. 27 (Urt. v. 21.9.2018 – Az. 6 C 8.17).

99 BVerwG, N&R 2019, 113, 114 Rn. 31 (Urt. v. 21.9.2018 – Az. 6 C 8.17).

100 BVerwG, N&R 2019, 113, 114 Rn. 31 (Urt. v. 21.9.2018 – Az. 6 C 8.17).

marktmächtigen Unternehmens zu verbessern,[101] etwa durch Aufhebung eines (teilweisen) Widerrufs der zuvor auferlegten Verpflichtungen. Einen solchen drittschützenden Charakter hat das Bundesverwaltungsgericht durchgängig für die Rechtsgrundlagen aller bisher insoweit zur Überprüfung gestellten Regulierungsverpflichtungen bejaht.[102]

d) Katalog der Vorabverpflichtungen

Vor dem Hintergrund dieser allgemeinen Ausführungen zur Regulierungsverfügung soll nun anschließend noch der Katalog der einzelnen Vorabverpflichtungen dargestellt werden. Das TKG unterscheidet hier – anders als das Unionsrecht – zwischen der „Zugangsregulierung" (§§20ff. TKG) und der „Entgeltregulierung" (§§37ff. TKG). Diese Unterteilung trägt der besonderen Bedeutung Rechnung, die den Entgelten für eine Nutzung fremder Infrastruktur und Dienstleistungen zukommt. Sie darf jedoch nicht darüber hinwegtäuschen, dass die Grenzen zwischen entgeltbezogenen und sonstigen Bedingungen des Zugangs nicht immer eindeutig gezogen sind und es vor allem Wechselwirkungen zwischen beiden Aspekten gibt.

aa) Zugangsverpflichtungen (§26 TKG)

Zugangsverpflichtungen nach §26 TKG[103] bilden den Kern der Zugangsregulierung.

---

101 BVerwG, N&R 2019, 113, 114 Rn. 31 (Urt. v. 21.9.2018 – Az. 6 C 8.17). Nicht ausreichend ist es demgegenüber, wenn der Dritte durch die Anfechtung lediglich mittelbare Nachteile für eine von diesem Zugang unabhängige Wettbewerbsposition abwehren will, siehe BVerwG, N&R 2019, 113, 114 Rn. 31 (Urt. v. 21.9.2018 – Az. 6 C 8.17); Buchholz 442.066 §21 TKG Nr. 5 Rn. 29ff. (Urt. v. 11.12.2013 – Az. 6 C 24.12).

102 Für Zugangsverpflichtungen nach §26 TKG: BVerwG, N&R 2019, 113, 114 Rn. 31 (Urt. v. 21.9.2018 – Az. 6 C 8.17); 2008, 87, 88 Rn. 13ff. (Urt. v. 28.11.2007 – Az. 6 C 42.06); für Gleichbehandlungsverpflichtungen nach §24 TKG: BVerwG, Buchholz 442.066 §21 TKG Nr. 5 Rn. 25ff. (Urt. v. 11.12.2013 – Az. 6 C 24.12); N&R 2008, 87, 88 Rn. 17 (Urt. v. 28.11.2007 – Az. 6 C 42.06); für Transparenzverpflichtungen nach §25 TKG: BVerwG, N&R 2008, 87, 88 Rn. 17 (Urt. v. 28.11.2007 – Az. 6 C 42.06); für Standardangebotsverpflichtungen nach §29 Abs. 1 TKG: BVerwG, N&R 2016, 180, 183 Rn. 23 (Urt. v. 24.2.2016 – Az. 6 C 62.14); für Verpflichtungen zur getrennten Rechnungsführung nach §30 TKG: BVerwG, Buchholz 442.066 §21 TKG Nr. 5 Rn. 25 (Urt. v. 11.12.2013 – Az. 6 C 24.12); N&R 2008, 87, 88 Rn. 17 (Urt. v. 28.11.2007 – Az. 6 C 42.06); offenlassend jedoch für die Auferlegung einer Entgeltgenehmigungspflicht nach §38 Abs. 1 S. 1 Alt. 1 TKG: BVerwG, Buchholz 442.066 §21 TKG Nr. 5 Rn. 36 (Urt. v. 11.12.2013 – Az. 6 C 24.12).

103 Die bislang in §21 Abs. 2 Nr. 7 TKG 2004 enthaltene Verpflichtung zur Bereitstellung bestimmter Fakturierungs- und Inkassoleistungen ist künftig gesondert in §27 TKG geregelt. Sie dient bisher und voraussichtlich auch künftig aber ohnehin nur als normative Blaupause für eine freiwillige Einigung der Marktteilnehmer.

aaa) Vorabverpflichtung

Wie der Name schon deutlich macht, kann die Bundesnetzagentur mit der Auferlegung einer Zugangsverpflichtung das marktmächtige Unternehmen verpflichten, anderen Unternehmen Zugang zu gewähren. Die Vorschrift ist auf Rechtsfolgenseite weit gefasst.[104] So kann das marktmächtige Unternehmen allgemein verpflichtet werden, den Zugangsnachfragern Einrichtungen und/oder Dienste zur Erbringung von Telekommunikationsdiensten bereitzustellen. Hierzu zählen u. a. Netzkomponenten und zugehörige Einrichtungen.[105] Letzteres sind Einrichtungen, die nicht selbst Bestandteil des Netzes sind, die jedoch die Bereitstellung von Diensten über das Netz ermöglichen oder unterstützen (können), wie z. B. Gebäude, Antennen, Türme und Masten, Leitungs- und Leerrohre oder Verteilerkästen.[106] Aber auch die Bereitstellung informationstechnischer Systeme oder Datenbanken für Vorbestellung, Bereitstellung, Auftragserteilung, Anforderung von Wartungs- und Instandsetzungsarbeiten sowie Abrechnung kann Gegenstand einer Zugangsverpflichtung sein.[107] Es ist noch nicht einmal erforderlich, dass die bereitzustellenden Einrichtungen oder Dienste dem betreffenden Markt zugehören. Ausreichend, aber auch erforderlich ist lediglich ein enger funktionaler Zusammenhang zwischen dem (potentiellen) Zugangsobjekt und dem regulierungsbedürftigen Markt.[108]

Diese weite Regelungsbefugnis wird durch die Nennung einiger praktisch besonders bedeutsamer Zugangsformen in §26 Abs. 3 TKG weiter konkretisiert. Zu diesen zählen u. a. die Verpflichtung zur Zusammenschaltung von Netzen, die Verpflichtung, bereits gewährten Zugang zu Einrichtungen nicht nachträglich zu verweigern, und die Verpflichtung, eine Kollokation zu ermöglichen, also die Mitnutzung von Ressourcen (wie Stellflächen und die Stromversorgung) am Standort zugangsrelevanter Einrichtungen des marktmächtigen Unternehmens. Die bisherige Unterteilung in bloße „Kann"-Verpflichtungen nach §21 Abs. 2 TKG 2004 und „Soll"-Verpflichtungen in §21 Abs. 3 TKG 2004 ist damit entfallen. Sie war nach der Rechtsprechung des Bundesverwaltungsgerichts angesichts der richtlinienrechtlich gebotenen Entscheidungsspielräume der Bundesnetzagentur ohnehin obsolet.[109]

Beispiel für eine Zugangsverpflichtung: „Die Betroffene wird verpflichtet, anderen Unternehmen vollständig entbündelten Zugang zum

---

104 Siehe zum weiten Zugangsbegriff bereits oben, unter I. (S. 8).

105 Siehe §3 Nr. 74 lit. a TKG.

106 Siehe §3 Nr. 78 TKG.

107 Siehe §3 Nr. 74 lit. d TKG.

108 BVerwG, Buchholz 442.066 §21 TKG Nr. 1 Rn. 30 (Urt. v. 27.1.2010 – Az. 6 C 22.08).

109 Hierzu und zum Folgenden BVerwG, N&R 2019, 113, 116 Rn. 46 (Urt. v. 21.9.2018 – Az. 6 C 8.17); Buchholz 442.066 §21 TKG Nr. 1 Rn. 15 (Urt. v. 27.1.2010 – Az. 6 C 22.08).

Teilnehmeranschluss am Hauptverteiler oder an einem näher an der Teilnehmeranschlusseinheit als dem Hauptverteiler gelegenen Punkt (insbesondere Kabel- bzw. Endverzweiger – APL) zu gewähren."

Die Nennung bestimmter Zugangsformen in § 26 Abs. 3 TKG hat nicht zur Folge, dass die Bundesnetzagentur andere Zugangsverpflichtungen nicht auferlegen dürfte. Sie ist vielmehr nur beispielhaft („unter anderem"). Nach der Rechtsprechung des Bundesverwaltungsgerichts besteht noch nicht einmal ein Typenzwang im Sinne einer Bindung an spezifische Voraussetzungen und Beschränkungen, die sich in § 26 Abs. 3 Nr. 1 bis 10 TKG z. T. finden.[110] Obwohl § 26 Abs. 3 Nr. 7 TKG nur die Zusammenschaltung *öffentlicher* Telekommunikationsnetze erfasst, bleibt damit beispielsweise eine Verpflichtung zur Zusammenschaltung mit einem nicht öffentlichen Netz möglich. Möchte die Bundesnetzagentur Zugangsverpflichtungen auferlegen, die nicht im Katalog des § 26 Abs. 3 TKG enthalten sind, muss sie sich aber an der Eingriffsintensität der dort vorgesehenen Zugangsverpflichtungen orientieren.[111] Bei einer Abweichung von spezifischen Voraussetzungen und Beschränkungen einer Beispielsverpflichtung muss sie überdies dem sich hieraus ggf. ergebenden Regel-Ausnahme-Verhältnis gerecht werden.[112]

Bei der Frage, ob und welche Zugangsverpflichtungen die Bundesnetzagentur auferlegt, hat sie neben den ohnehin allgemein relevanten Kriterien (wie insbesondere den Zielen der Regulierung) einen weiten Katalog zusätzlicher Faktoren besonders zu berücksichtigen (§ 26 Abs. 2 S. 2 TKG). In der Regulierungspraxis werden diese Kriterien vier „Grundzielen" zugeordnet und auf diese Weise abgeschichtet: dem Ziel der Sicherstellung der Konnektivität von Netzen mit sehr hoher Kapazität, dem Ziel der Wettbewerbsförderung, dem Ziel der Wahrung der Nutzerinteressen und dem Ziel der Förderung der Entwicklung des EU-Binnenmarkts.[113]

Mit Umsetzung des Kommunikationskodex wurde die Verhältnismäßigkeitsprüfung darüber hinaus durch einen eigenständigen „Suffizienztest" angereichert: Nach § 26 Abs. 2 S. 1 TKG muss die Bundesnetzagentur bei der Prüfung, ob und welche Zugangsverpflichtungen problementsprechend

110 BVerwG, Buchholz 442.066 § 21 TKG Nr. 5 Rn. 86 (Urt. v. 11.12.2013 – Az. 6 C 24.12); N&R 2013, 272, 274 Rn. 40 (Urt. v. 12.6.2013 – Az. 6 C 11.12).

111 BVerwG, Buchholz 442.066 § 21 TKG Nr. 5 Rn. 48 (Urt. v. 11.12.2013 – Az. 6 C 24.12); Buchholz 442.066 § 21 TKG Nr. 4 Rn. 29, 89 (Urt. v. 11.12.2013 – Az. 6 C 23.12).

112 BVerwG, N&R 2013, 272, 277 Rn. 43 (Urt. v. 12.6.2013 – Az. 6 C 11.12).

113 Bundesnetzagentur, Konsultationsentwurf v. 12.10.2021 – Az. BK3i-19/020, S. 54 f.; zum TKG 2004 etwa Bundesnetzagentur, Beschl. v. 29.9.2020 – Az. BK3a-20/025, S. 12 f. Die Rechtsprechung billigt diese Vorgehensweise: BVerwG, N&R 2019, 113, 116 Rn. 50 (Urt. v. 21.9.2018 – Az. 6 C 8.17); 97, 102 Rn. 48 (Urt. v. 21.9.2018 – Az. 6 C 50.16).

und gerechtfertigt sind, untersuchen, ob alternative Zugangsmöglichkeiten oder die bloße Auferlegung von Verpflichtungen in Bezug auf den Zugang zu baulichen Anlagen ausreichen. Es handelt sich hierbei nicht um ein materielles Nachrangverhältnis, sondern um einen qualifizierten Prüfauftrag.[114] Die Bundesnetzagentur soll sich bei ihrer Ermessensausübung bewusst machen, ob ggf. weniger eingriffsintensive Möglichkeiten zur Sicherstellung der Ziele nach § 2 TKG bestehen. Bejahendenfalls muss sie diesen Umstand dann bei ihrer Abwägung mit dem ihm zukommenden – durchaus erheblichen – Gewicht berücksichtigen, bevor sie weitergehende Maßnahmen ergreift.[115]

Der erste Aspekt, den die Behörde in diesem Rahmen berücksichtigen muss, betrifft die Frage, ob statt einer Verpflichtung zur Gewährung des Zugangs andere Zugangsmöglichkeiten ausreichen, die bereits bestehen oder zumindest absehbar sind. Als solche kommen zum einen andere Verpflichtungen aus dem Bereich der Marktregulierung, wie etwa ein Diskriminierungsverbot, und zum anderen kommerzielle Vereinbarungen in Betracht.

Innerhalb des Katalogs der Zugangsverpflichtungen nach § 26 TKG verbleibt demgegenüber der zweite Aspekt, der im Rahmen des Suffizienztests zu prüfen ist. Er greift einen bestimmten Zugangsgegenstand auf, der mit der Umsetzung des Kommunikationskodex ausdrücklich in das Telekommunikationsrecht aufgenommen wurde, nämlich die sog. baulichen Anlagen (§ 26 Abs. 3 Nr. 10 TKG). Die Vorschrift nennt beispielhaft solche Anlagen, die sich inhaltlich weitgehend mit den zugehörigen Einrichtungen decken (Gebäude, Antennen, Türme, Leitungs- und Leerrohre usw.). Die Verpflichtung, Zugang zu solchen Anlagen zu gewähren, ist, wie gezeigt, bereits auf Grundlage der bereits bestehenden Ermächtigungsgrundlage für Zugangsverpflichtungen möglich. Die Schaffung einer eigenen Vorschrift hat deshalb keine relevante Erweiterung des Kreises der möglichen Zugangsobjekte zur Folge. Sie wirkt sich vielmehr auf die Rechtfertigungslast der Bundesnetzagentur aus: Art. 72 des Kommunikationskodex sieht keine Verhältnismäßigkeitsprüfung anhand eines umfassenden Kriterienkatalogs vor, wie er für Zugangsverpflichtungen ansonsten gilt.[116] Umgekehrt wird die Bundesnetzagentur künftig bei der Auferlegung einer sonstigen Zugangsverpflichtung im Rahmen des Suffizienztests ausdrücklich prüfen müssen, ob die bloße Auferlegung einer Verpflichtung, Zugang zu baulichen Anlagen zu

114 Vgl. hinsichtlich der Verpflichtung zur Gewährung des Zugangs zu baulichen Anlagen auch den Bericht des Ausschusses für Wirtschaft und Energie, BT-Drs. 19/28865, 370, 387 (zu § 26 Abs. 2).

115 Siehe hinsichtlich des Zugangs zu baulichen Anlagen Erwägungsgrund 187 S. 3 des Kommunikationskodex: „vor der Prüfung der Erforderlichkeit etwaiger anderer Abhilfemaßnahmen zuerst zu erwägen“.

116 Das TKG spiegelt diese Erleichterung allerdings nicht ausdrücklich wider.

gewähren, unter Verhältnismäßigkeitsgesichtspunkten ausreichend wäre. Hinter diesen besonderen Vorgaben für die Verhältnismäßigkeitsprüfung steht die Überlegung des Richtliniengesetzgebers, dass die Verpflichtung, Zugang zur baulichen Infrastruktur zu gewähren, in der Regel eher zu nachhaltigem Wettbewerb (einschließlich Infrastrukturwettbewerb) führen werde.[117]

Unabhängig davon, ob es um Zugang zu baulichen Anlagen oder eine sonstige Form des Zugangs geht, führt die Auferlegung einer Zugangsverpflichtung unmittelbar noch nicht dazu, dass andere Unternehmen den betreffenden Zugang in Anspruch nehmen können. Vielmehr ist das Verfahren der Zugangsgewährung nach dem TKG zweistufig ausgestaltet. Das Bundesverwaltungsgericht spricht insoweit von dem gesetzlichen Konzept eines abgestuften Regulierungsinstrumentariums.[118] Dabei wird auf der ersten Stufe dem marktmächtigen Unternehmen nach § 26 TKG im Rahmen einer Regulierungsverfügung die abstrakte Verpflichtung auferlegt, Nachfragern eine bestimmte Form des Zugangs zu gewähren. Diese abstrakte Zugangsverpflichtung ist dann jedoch auf eine Konkretisierung auf einer zweiten Regelungsebene angelegt.[119] Hierzu dienen Zugangsvereinbarungen i. S. v. § 28 TKG bzw. erforderlichenfalls Zugangsanordnungen der Bundesnetzagentur gemäß § 35 TKG,[120] die jeweils ggf. noch durch ein Standardangebot nach § 29 TKG[121] vorstrukturiert werden.[122] Deshalb ist es erforderlich, aber auch ausreichend, dass die Regulierungsverfügung einen klaren Maßstab dafür vorgibt, ob eine später konkret nachgefragte Zugangsleistung von der regulatorisch auferlegten Verpflichtung abgedeckt ist.[123] Die Regelung von Detailfragen kann demgegenüber der nachfolgenden zweiten Regelungsebene überlassen bleiben.[124]

117 Erwägungsgrund 171 S. 3 des Kommunikationskodex.

118 BVerwG, N&R 2019, 113, 124 Rn. 118 (Urt. v. 21.9.2018 – Az. 6 C 8.17); Buchholz 442.066 § 21 TKG Nr. 4 Rn. 76 (Urt. v. 11.12.2013 – Az. 6 C 23.12).

119 BVerwGE 131, 41, 66 f. Rn. 54 (Urt. v. 2.4.2008 – Az. 6 C 15.07); BVerwG, N&R 2019, 113, 124 Rn. 118 (Urt. v. 21.9.2018 – Az. 6 C 8.17); Buchholz 442.066 § 21 TKG Nr. 1 Rn. 26 (Urt. v. 27.1.2010 – Az. 6 C 22.08).

120 BVerwGE 131, 41, 66 Rn. 54 (Urt. v. 2.4.2008 – Az. 6 C 15.07); BVerwG, Buchholz 442.066 § 21 TKG Nr. 4 Rn. 76 (Urt. v. 11.12.2013 – Az. 6 C 23.12); Buchholz 442.066 § 21 TKG Nr. 1 Rn. 26 (Urt. v. 27.1.2010 – Az. 6 C 22.08).

121 Dazu unten, unter dd) (S. 44 ff.).

122 BVerwG, N&R 2019, 113, 124 Rn. 118 (Urt. v. 21.9.2018 – Az. 6 C 8.17); Buchholz 442.066 § 21 TKG Nr. 4 Rn. 76 (Urt. v. 11.12.2013 – Az. 6 C 23.12).

123 BVerwG, N&R 2019, 113, 124 Rn. 118 (Urt. v. 21.9.2018 – Az. 6 C 8.17); Buchholz 442.066 § 21 TKG Nr. 1 Rn. 26 (Urt. v. 27.1.2010 – Az. 6 C 22.08).

124 BVerwG, N&R 2019, 113, 124 Rn. 118 (Urt. v. 21.9.2018 – Az. 6 C 8.17).

bbb) Umsetzungsmaßnahmen

Damit sind die beiden Umsetzungsmaßnahmen für Zugangsverpflichtungen nach § 26 TKG benannt, die das deutsche Telekommunikationsrecht vorsieht.

Nach § 28 Abs. 1 TKG ist ein marktmächtiges Unternehmen, dem eine Zugangsverpflichtung nach § 26 TKG[125] auferlegt wurde, verpflichtet, gegenüber Nachfragern nach einer solchen Zugangsleistung unverzüglich, also ohne schuldhaftes Zögern (vgl. § 121 Abs. 1 S. 1 BGB),[126] ein Angebot[127] auf einen entsprechenden Zugang abzugeben. Diese Angebotsverpflichtung bildet den Mechanismus, mit dem die abstrakte Zugangsverpflichtung nach § 26 TKG über zunächst privatautonome Verhandlungen in eine konkrete Zugangsgewährung transformiert wird. Ziel ist der Abschluss einer individuellen Zugangsvereinbarung, in der die Leistungspflicht des marktmächtigen Unternehmens aus der Zugangsleistung abgeleitet wird, die Gegenstand der Verpflichtung nach § 26 TKG ist.[128]

Das Telekommunikationsrecht verlässt sich aber nicht auf diese Verhandlungslösung. Denn trotz grundsätzlicher Zugangsverpflichtung verfügt das marktmächtige Unternehmen kraft seiner Marktstellung über Verhaltensspielräume, die es ihm erlauben, die Verhandlungen zu verzögern oder einseitige Vorteile durchzusetzen. § 35 TKG enthält daher ein besonderes Streitbeilegungsverfahren. Es erlaubt der Bundesnetzagentur, den Zugang hoheitlich anzuordnen. Nach der Rechtsprechung des Bundesverwaltungsgerichts entsteht durch eine solche Zugangsanordnung ein durch Verwaltungsakt angeordneter privatrechtlicher Vertrag zwischen dem marktmächtigen Unternehmen und dem Zugangsnachfrager.[129] Die privatrechtsgestaltende Wirkung der Anordnung hat zur Folge, dass die hoheitlich angeordneten Bedingungen im Zugangsverhältnis die vereinbarten (bzw. zu vereinbarenden) Regelungen ersetzen oder ergänzen.[130]

---

125 Oder nach § 27 TKG (Fakturierungs- und Inkassopflicht).

126 Das Gesetz sieht hier als weitere zeitliche Grenze vor, dass das Angebot „spätestens [...] drei Monate nach Auferlegung der Zugangsverpflichtung" abzugeben ist. Die Bedeutung dieser Regelung ist umstritten, siehe *Neumann/Thomaschki,* in: Säcker (Fn. 15), § 22 Rn. 13 ff.

127 Ob es sich hierbei bereits um ein annahmefähiges Angebot handeln muss oder ob eine tragfähige Grundlage für Vertragsverhandlungen, die einen zeitnahen Vertragsschluss versprechen, ausreicht, ist umstritten, siehe *Neumann/Thomaschki* (Fn. 126), § 22 Rn. 6 ff.

128 Siehe VG Köln, Urt. v. 11.10.2017 – Az. 1 K 936/16, Rn. 33 (NRWE).

129 BVerwG, N&R 2017, 40, 43 Rn. 36 (Urt. v. 17.8.2016 – Az. 6 C 24.15); zur a. A. *Kühling/Neumann,* in: Säcker (Fn. 15), § 25 Rn. 81 ff.

130 BVerwG, N&R 2017, 40, 43 Rn. 36 (Urt. v. 17.8.2016 – Az. 6 C 24.15).

Die streitbeilegende Funktion der Zugangsanordnung hat zugleich aber auch einen Vorrang der Privatautonomie zur Folge. Eine Zugangsanordnung kann deshalb nur ergehen, soweit und solange die Beteiligten keine Zugangsvereinbarung treffen (§ 35 Abs. 2 TKG). Eine Zugangsanordnung ergeht daher in der Regel auch nur auf entsprechenden Antrag („Anrufung") eines der beteiligten Unternehmen (§ 35 Abs. 1 S. 2 TKG).[131] In dem Antrag müssen der gewünschte Inhalt der Anordnung sowie die Umstände der bisherigen Verhandlungen dargelegt werden (§ 35 Abs. 3 S. 1 TKG). Hierzu zählt insbesondere auch das Scheitern bzw. Verweigern von Verhandlungen (§ 35 Abs. 3 S. 1 Nr. 3 und 4 TKG). Hierin kommt nochmals der Nachrang gegenüber einer privatautonomen Einigung zum Ausdruck.

Inhaltlich kann sich eine Zugangsanordnung auf alles erstrecken, was auch Gegenstand einer vertraglichen Vereinbarung über die Gewährung des Zugangs i. S. d. nach § 26 TKG auferlegten Zugangsverpflichtung sein kann, einschließlich der Entgelte (§ 35 Abs. 4 S. 1 TKG). Die Bundesnetzagentur darf die Anordnungen dabei mit Bedingungen in Bezug auf Chancengleichheit, Billigkeit und Rechtzeitigkeit verknüpfen (§ 35 Abs. 4 S. 2 TKG). Liegen die Voraussetzungen für eine Zugangsanordnung vor, ist die Bundesnetzagentur auf entsprechenden Antrag hin zu ihrem Erlass verpflichtet. Sie hat also insoweit kein Entschließungsermessen.[132] Ihr steht aber auf Rechtsfolgenseite ein Auswahlermessen zu, um eine dem Einzelfall angemessene und sachgerechte Zugangsregelung zu treffen, in die insbesondere auch Zweckmäßigkeits- und Billigkeitserwägungen einfließen können.[133] Es handelt sich damit nicht um einen Anwendungsfall des Regulierungsermessens, so dass die allgemeinen Maßstäbe aus § 40 VwVfG und § 114 S. 1 VwGO gelten.[134] Ein Ermessensfehler liegt damit vor, wenn die gesetzlichen Grenzen des Ermessens überschritten sind oder von dem Ermessen in einer dem Zweck der Ermächtigung nicht entsprechenden Weise Gebrauch gemacht ist.[135] Das ist u. a. der Fall, wenn die Bundesnetzagentur bei ihrer Entscheidung von in Wahrheit nicht vorliegenden Tatsachen oder rechtlichen Voraussetzungen ausgegangen ist.[136]

131 § 35 Abs. 1 S. 2 TKG erlaubt zwar auch ein Einschreiten von Amts wegen, das in der Praxis jedoch keine Relevanz erlangt hat.

132 BVerwG, N&R 2017, 40, 41 Rn. 22 (Urt. v. 17.8.2016 – Az. 6 C 24.15); Buchholz 442.066 § 25 TKG Nr. 2 Rn. 8 (Beschl. v. 5.5.2014 – Az. 6 B 46.13).

133 BVerwG, N&R 2017, 40, 41 Rn. 22 (Urt. v. 17.8.2016 – Az. 6 C 24.15); Buchholz 442.066 § 25 TKG Nr. 2 Rn. 8 (Beschl. v. 5.5.2014 – Az. 6 B 46.13).

134 BVerwG, N&R 2017, 40, 43 Rn. 33 (Urt. v. 17.8.2016 – Az. 6 C 24.15); Buchholz 442.066 § 25 TKG Nr. 2 Rn. 8 (Beschl. v. 5.5.2014 – Az. 6 B 46.13).

135 BVerwG, N&R 2017, 40, 43 Rn. 33 (Urt. v. 17.8.2016 – Az. 6 C 24.15).

136 BVerwG, N&R 2017, 40, 43 Rn. 33 (Urt. v. 17.8.2016 – Az. 6 C 24.15).

Inhaltlich hat sich die Ermessensentscheidung an den Maßstäben der Chancengleichheit, Billigkeit und Rechtzeitigkeit zu orientieren.[137] Hinsichtlich der ebenfalls festzulegenden Entgelte verweist § 35 Abs. 4 S. 3 TKG allerdings auf die Vorschriften zur Entgeltregulierung.[138] Hierbei handelt es sich um eine Rechtsgrundverweisung.[139]

Über einen Antrag auf Erlass einer Zugangsanordnung entscheidet die Bundesnetzagentur grundsätzlich innerhalb einer Frist von zehn Wochen (§ 35 Abs. 1 S. 2 TKG). Diese Frist kann in besonders zu begründenden Fällen auf höchstens vier Monate verlängert werden (§ 35 Abs. 1 S. 3 TKG). Sind sowohl die sonstigen Bedingungen einer Zugangsvereinbarung als auch die zu entrichtenden Entgelte streitig, ergehen im Regelfall zwei Teilentscheidungen (§ 35 Abs. 5 S. 1 TKG). Für diese gelten jeweils die beschriebenen Fristen (§ 35 Abs. 5 S. 2 TKG). Beide Teilentscheidungen können nur insgesamt angegriffen werden (§ 35 Abs. 5 S. 3 TKG). Diese Vorgabe gilt allerdings lediglich in zeitlicher Hinsicht.[140] Gerichtlicher Rechtsschutz ist also im Falle zweier Teilentscheidungen erst nach Erlass der zweiten Entscheidung zulässig. Ist die Zugangsanordnung nach allgemeinen Grundsätzen teilbar, steht § 35 Abs. 5 S. 3 TKG inhaltlich beschränkten Rechtsbehelfen demgegenüber nicht entgegen.[141]

bb) Diskriminierungsverbot (§ 24 TKG)

Das marktmächtige Unternehmen kann den Wettbewerb auf den Endnutzermärkten nicht nur dadurch beeinträchtigen, dass es den Zugang zu seinem Netz bzw. zu bestimmten Vorleistungen verweigert. Durch eine ungleiche Behandlung einzelner Zugangsnachfrager kann es vielmehr auch für ungleiche Wettbewerbsbedingungen sorgen und somit wesentliche Ausgangsbedingungen für eine erfolgreiche Teilnahme am Wettbewerb auf den Endnutzermärkten maßgeblich beeinflussen. Diese Gefahr besteht regelmäßig in den Fällen, in denen bereits das „Ob“ der Zugangsgewährung durch Auferlegung einer Zugangsverpflichtung nach § 26 TKG abgesichert werden muss. Sie besteht aber gerade auch dann, wenn von einer solchen Zugangsverpflichtung abgesehen wurde, weil das marktmächtige Unternehmen den Zugang freiwillig gewährt.

137 BVerwG, N&R 2017, 40, 41 Rn. 22 (Urt. v. 17.8.2016 – Az. 6 C 24.15).

138 Siehe zu diesen unten, unter ff) (S. 48ff.).

139 BVerwG, N&R 2017, 40, 41 Rn. 20 (Urt. v. 17.8.2016 – Az. 6 C 24.15); 2010, 233, 234 Rn. 20 (Urt. v. 23.6.2010 – Az. 6 C 36.08).

140 VG Köln, Urt. v. 29.9.2005 – Az. 1 K 765/05, Rn. 101 und 104 (NRWE).

141 VG Köln, CR 2006, 395, 396 (Beschl. v. 15.3.2006 – Az. 1 L 109/06); Urt. v. 29.9.2005 – Az. 1 K 765/05, Rn. 101 und 104 (NRWE).

Die Bundesnetzagentur kann daher nach § 24 Abs. 1 TKG marktmächtige Unternehmen zur Gleichbehandlung beim Abschluss von Zugangsvereinbarungen verpflichten. Damit ist nicht nur eine formale Gleichbehandlung gemeint. Erforderlich ist vielmehr, dass die Zugangsvereinbarungen „einen gleichwertigen Zugang gewähr[leist]en". Der Zugang muss also grundsätzlich für alle Zugangsnachfrager „gleich wertvoll" sein.[142]

Von besonderer Relevanz ist überdies die Regelung in § 24 Abs. 2 TKG. Sie adressiert den Umstand, dass im Telekommunikationssektor in großem Umfang vertikal integrierte Unternehmen tätig sind. Solche Unternehmen können im Vorleistungsbereich wegen der Bedeutung des von ihnen betriebenen Netzes über beträchtliche Marktmacht verfügen. Zugleich stehen sie aber auch auf den Endnutzermärkten im Wettbewerb mit anderen Unternehmen, die auf Vorleistungsebene auf den Zugang zu diesem Netz angewiesen sind. Verfügt ein solches vertikal integriertes Unternehmen über beträchtliche Marktmacht, kann es die Bedingungen des Zugangs zu seinem Netz so ausgestalten, dass die Wettbewerbsmöglichkeiten auf dem Endnutzermarkt für alle Zugangsnachfrager gleich schlecht sind. Das Verbot der Diskriminierung anderer Unternehmen bei der Zugangsgewährung (externe Gleichbehandlung) erweist sich also insoweit als unzureichend. Dem trägt § 24 Abs. 2 TKG mit der Vorgabe Rechnung, dass durch eine entsprechende Gleichbehandlungsverpflichtung ein gleichwertiger Zugang auch in Bezug auf die eigenen Produkte des marktmächtigen Unternehmens selbst sowie etwaige Tochter- und Partnerunternehmen sichergestellt werden kann (externe = interne Gleichbehandlung).

> *Beispiel für ein Diskriminierungsverbot: „Die Betroffene wird dazu verpflichtet, dass Vereinbarungen über Zugänge auf objektiven Maßstäben beruhen, nachvollziehbar sein, einen gleichwertigen Zugang gewähren, der in Bezug auf Funktionsumfang und Preis mindestens jenem vergleichbar ist, den sich die Betroffene selbst intern – wenn auch möglicherweise mit unterschiedlichen Systemen und Prozessen – bereitstellt, und den Geboten der Chancengleichheit und Billigkeit genügen müssen."*

Die Pflicht zur Gleichbehandlung gilt allerdings nicht grenzenlos. Vielmehr ist auch dem Diskriminierungsverbot nach § 24 TKG die Möglichkeit immanent, eine objektive Ungleichbehandlung durch sachliche Gründe zu rechtfertigen.[143] Ob eine solche Rechtfertigung besteht, ist im Wege einer umfassenden Abwägung der Interessen der Beteiligten unter Berücksichtigung der Regulierungsziele zu entscheiden. Damit werden insbesondere auch Anreize

---

142 Begründung zum Gesetzentwurf der Bundesregierung, BT-Drs. 15/2316, 55, 66 (zu § 20).

143 Hierzu und zum Folgenden BVerwGE 131, 41, 67 Rn. 55 (Urt. v. 2.4.2008 – Az. 6 C 15.07).

zu vorstoßendem Wettbewerb mit innovativen Produkten erhalten, die im Rahmen einer solchen Interessenabwägung zu berücksichtigen sind. Solche Anreize könnten nämlich ggf. entfallen, wenn das marktmächtige Unternehmen verpflichtet wäre, seinen Wettbewerbern durch Gewährung entsprechenden Vorleistungszugangs die zeitgleiche Einführung dieser Produkte zu ermöglichen.

cc) Transparenzverpflichtungen (§ 25 TKG)

Ein marktmächtiges Unternehmen verfügt definitionsgemäß über einen Spielraum, der es ihm erlaubt, sich in beträchtlichem Umfang unabhängig von Wettbewerbern und der Marktgegenseite zu verhalten. Zugangsnachfrager müssen daher immer damit rechnen, dass das marktmächtige Unternehmen diesen Spielraum bei Verhandlungen über einen Zugang auch ausnutzt und ihnen den Zugang nur zu unangemessenen oder diskriminierenden Bedingungen anbietet. Dieser Sorge kann durch Herstellung diesbezüglicher Transparenz begegnet werden. Hierdurch können Zugangsverhandlungen beschleunigt und Streitigkeiten vermieden werden, so dass insgesamt Hindernisse für den Zugang und damit für den Wettbewerb im Endnutzerbereich abgebaut werden.

Nach § 25 Abs. 1 TKG kann die Bundesnetzagentur deshalb ein marktmächtiges Unternehmen verpflichten, den zugangsberechtigten Unternehmen alle Informationen bereitzustellen, die für die Inanspruchnahme der entsprechenden Zugangsleistungen benötigt werden. Das umfasst insbesondere Informationen zur Buchführung, zu technischen Spezifikationen, Netzmerkmalen, Bereitstellungs- und Nutzungsbedingungen sowie über die zu zahlenden Entgelte. In den Grenzen der Verhältnismäßigkeit kann die Bundesnetzagentur dem marktmächtigen Unternehmen dabei vorschreiben, welche Informationen es in welcher Form zur Verfügung stellen muss (§ 25 Abs. 2 TKG).

> *Beispiel für eine allgemeine Transparenzverpflichtung: „Die Betroffene wird verpflichtet, Informationen zu technischen Spezifikationen, Netzmerkmalen, Bereitstellungs- und Nutzungsbedingungen einschließlich aller Bedingungen, die den Zugang zu und die Nutzung von Diensten und Anwendungen beschränken, sowie über die zu zahlenden Entgelte, welche die zum Zugang berechtigten Unternehmen für die Inanspruchnahme der Zugangsleistungen benötigen und für die eine Nachfrage besteht, zu veröffentlichen; die Angaben zu den Standorten der Zusammenschaltung bzw. der Kollokation müssen nicht veröffentlicht werden, sie müssen nur auf Nachfrage interessierten Unternehmen zugänglich gemacht werden."*

Das marktmächtige Unternehmen kann darüber hinaus verpflichtet werden, nicht nur solche allgemeinen Informationen transparent zu machen, sondern auch individuelle Zugangsvereinbarungen. Bei einer entsprechenden Verpflichtung nach § 25 Abs. 3 TKG muss das Unternehmen solche Vereinbarungen der Bundesnetzagentur in einer vertraulichen und in einer öffentlichen, also um Betriebs- und Geschäftsgeheimnisse bereinigten Fassung vorlegen.[144] Zugangsnachfrager haben dann die Möglichkeit, die öffentliche Fassung einzusehen. Das ermöglicht ihnen, Abweichungen von den allgemeinen Zugangsbedingungen in konkreten Zugangsvereinbarungen zu erkennen und deren Relevanz für das eigene Zugangsbegehren zu bewerten. Hierdurch wird das Diskriminierungspotential des marktmächtigen Unternehmens weiter eingegrenzt und das Vertrauen der Zugangsnachfrager in eine diskriminierungsfreie Leistungserbringung gestärkt.

> *Beispiel für eine Vertragsvorlageverpflichtung: „Die Betroffene wird verpflichtet, gültige Verträge über Zugangsleistungen der Bundesnetzagentur ohne gesonderte Aufforderung und in einer öffentlichen und einer vertraulichen Fassung vorzulegen, es sei denn, der jeweilige Vertrag liegt der Bundesnetzagentur bereits vor.“*

dd) Standardangebotsverpflichtung (§ 29 TKG)

In § 29 TKG enthält das TKG überdies eine besondere Transparenzverpflichtung[145] als eigenständige Vorabverpflichtung. Sie zielt auf die Veröffentlichung eines sog. Standardangebots. Hierbei handelt es sich um ein Referenzangebot für besonders bedeutsame Zugangsleistungen des marktmächtigen Unternehmens, das die hierfür geltenden Bereitstellungs- und Nutzungsbedingungen einschließlich der Entgelte enthält (vgl. § 29 Abs. 2 S. 1 TKG). Ein Standardangebot muss dabei so umfassend sein, dass es von den einzelnen Zugangsnachfragern ohne Änderungen angenommen werden kann (§ 29 Abs. 3 S. 1 TKG). Die große Bedeutung dieses Regulierungsinstruments in der Praxis zeigt sich auch daran, dass das Gesetz nicht nur (in § 29 Abs. 1 TKG) eine entsprechende Vorabverpflichtung vorsieht, sondern (in § 29 Abs. 2 ff. TKG) auch das Verfahren zur Erstellung eines solchen Standardangebots regelt.

---

144 § 28 Abs. 2 TKG sieht überdies nunmehr eine gesetzesunmittelbare Verpflichtung des marktmächtigen Unternehmens vor, Zugangsvereinbarungen über Leistungen, deren Erbringung ihnen durch Zugangsverpflichtung auferlegt wurde, der Bundesnetzagentur vorzulegen. Eine Einsichtnahmemöglichkeit Dritter ist mit dieser Verpflichtung nicht verbunden. Sie dient daher ausschließlich dazu, der Bundesnetzagentur einen Überblick über die Umsetzung der von ihr ausgesprochenen Zugangsverpflichtungen zu verschaffen.

145 Begründung zum Gesetzentwurf der Bundesregierung, BT-Drs. 17/5707, 43, 53 (zu Art. 1 Nr. 8 [§ 13]).

aaa) Vorabverpflichtung

Durch die Verpflichtung eines marktmächtigen Unternehmens zur Veröffentlichung eines Standardangebots wird die Möglichkeit geschaffen, jenseits eines konkreten Zugangsverhältnisses die Bedingungen des Zugangs vorab einer regulatorischen Kontrolle zu unterziehen. Durch diese Standardisierung der vertraglichen Ausgestaltung von Zugangsleistungen[146] wird das Vertrauen der Zugangsnachfrager in eine wettbewerbskonforme Zugangsgewährung weiter gestärkt, werden Streitigkeiten über Zugangsbedingungen weitestgehend verhindert und der Abschluss von Zugangsvereinbarungen insgesamt beschleunigt. Vor diesem Hintergrund bedarf es in aller Regel keiner allgemeinen Transparenzverpflichtung mehr, wenn dem marktmächtigen Unternehmen eine Standardangebotsverpflichtung auferlegt wird.

Beispiel für eine Standardangebotsverpflichtung: „Die Betroffene wird verpflichtet, ein Standardangebot für Zugangsleistungen, zu deren Angebot sie durch diese Regulierungsverfügung verpflichtet worden ist [und für die eine allgemeine Nachfrage besteht], zu veröffentlichen, wobei die Angaben zu den Standorten des Zugangs bzw. der Kollokation nicht veröffentlicht, sondern interessierten Unternehmen nur auf Nachfrage zugänglich gemacht werden müssen."

Nach neuer Rechtslage ist vorgesehen, dass die Bundesnetzagentur bei Zugangsverpflichtungen nach § 26 TKG und darüber hinaus bei Zugangsleistungen, für die eine allgemeine Nachfrage besteht, eine Standardangebotsverpflichtung auferlegen kann (§ 29 Abs. 1 TKG). Dabei besteht dem Wortlaut der Vorschrift zufolge insoweit ein entsprechendes Regulierungsermessen der Bundesnetzagentur („kann"). Wie sich aus dem EU-rechtlichen Hintergrund ergibt, dürfte dieses Ermessen bei Zugangsverpflichtungen nach § 26 TKG allerdings auf null reduziert sein. Denn nach Art. 69 Abs. 4 UAbs. 2 S. 1 des Kommunikationskodex „stellen die nationalen Regulierungsbehörden … sicher, dass ein Standardangebot veröffentlicht wird", wenn einem marktmächtigen Unternehmen Zugangsverpflichtungen auferlegt sind.

bbb) Umsetzungsmaßnahmen

Wird einem marktmächtigen Unternehmen eine Standardangebotsverpflichtung nach § 29 Abs. 1 TKG auferlegt, richtet sich das Verfahren zur Umsetzung dieser Verpflichtung nach § 29 Abs. 2 bis 9 TKG.[147]

146 BVerwG, N&R 2016, 180, 183 Rn. 25 (Urt. v. 24.2.2016 – Az. 6 C 62.14).

147 Die nachfolgende Beschreibung beruht in weiten Teilen auf der entsprechenden Darstellung bei BVerwG, N&R 2016, 180, 181 f. Rn. 16 (Urt. v. 24.2.2016 – Az. 6 C 62.14).

Auf einer ersten Verfahrensstufe prüft die Bundesnetzagentur nach § 29 Abs. 2 und 3 TKG, ob das regulierte Unternehmen überhaupt den Entwurf eines Standardangebots vorgelegt hat und ob ein vorgelegter Entwurf den inhaltlichen Vorgaben für ein Standardangebot entspricht. Das ist der Fall, wenn er

1. alle diejenigen Zugangsleistungen enthält, auf die sich die Standardangebotsverpflichtung bezieht,
2. inhaltlich auch ansonsten umfassend ausgestaltet ist, die Bedingungen für die Bereitstellung und die Nutzung der Zugangsleistung einschließlich der Entgelte enthält und deshalb ohne weitere Verhandlungen angenommen werden kann, und
3. den Anforderungen von Chancengleichheit, Billigkeit und Rechtzeitigkeit genügt.

Hierzu können sowohl das marktmächtige Unternehmen als auch die tatsächlichen und potentiellen Zugangsnachfrager Stellung nehmen. Hat das marktmächtige Unternehmen trotz entsprechender Verpflichtung keinen Entwurf eines Standardangebots für allgemein nachgefragte Zugangsleistungen vorgelegt, legt die Bundesnetzagentur fest, auf welche Leistungen sich ein solches Standardangebot beziehen soll (§ 29 Abs. 6 S. 1 TKG). Sie fordert dann das marktmächtige Unternehmen auf, einen entsprechenden Entwurf binnen drei Monaten vorzulegen (§ 29 Abs. 6 S. 2 TKG).

Genügt der Entwurf für ein Standardangebot, den das marktmächtige Unternehmen auf eine entsprechende Verpflichtung hin[148] vorlegt, nicht den dargestellten Vorgaben, verlangt die Bundesnetzagentur in einer ersten Teilentscheidung entsprechende Änderungen und die Vorlage des geänderten Entwurfs innerhalb einer bestimmten Frist. In jedem Fall müssen die inhaltlichen Vorgaben dem marktmächtigen Unternehmen einen Spielraum für die Umsetzung belassen.

Nach Vorlage des überarbeiteten Entwurfs für ein Standardangebot wird dieser von der Bundesnetzagentur gemäß § 29 Abs. 5 S. 2 TKG auf einer zweiten Verfahrensstufe daraufhin überprüft, ob die inhaltlichen Vorgaben aus der ersten Teilentscheidung zutreffend umgesetzt worden sind. Ist dies nicht der Fall, nimmt die Bundesnetzagentur unmittelbar selbst Änderungen an dem Standardangebot vor. Bestimmungen, die auf der ersten Verfahrensstufe nicht beanstandet wurden, unterliegen auf der zweiten Stufe jedoch keiner erneuten Überprüfung. Die Bundesnetzagentur versieht das

148 Diese Verpflichtung ist ggf. mit Hilfe der allgemeinen Aufsichtsbefugnisse der Bundesnetzagentur nach § 202 TKG durchzusetzen, vgl. die Begründung zum Gesetzentwurf der Bundesregierung, BT-Drs. 19/26108, 200, 267 (zu Art. 1 § 29 Abs. 6).

endgültige Standardangebot nach § 29 Abs. 5 S. 3 TKG mit einer Mindestlaufzeit.[149] Das Verfahren auf der zweiten Stufe endet mit einer zweiten Teilentscheidung der Beschlusskammer. Das marktmächtige Unternehmen ist dann verpflichtet, das Standardangebot in seine AGB aufzunehmen (§ 29 Abs. 10 TKG).

Gemäß § 29 Abs. 8 S. 1 TKG können die beiden Teilentscheidungen des Standardangebotüberprüfungsverfahrens nur insgesamt angegriffen werden. Wie auch bei Zugangsanordnungen dürfte es sich hierbei um eine zeitliche, nicht aber um eine inhaltliche Voraussetzung für eine verwaltungsgerichtliche Klage handeln. Zu einer solchen Klage ist nicht nur das marktmächtige Unternehmen, das der Standardangebotsverpflichtung unterliegt, berechtigt. Vielmehr sind auch die Vorschriften über das Standardangebotsverfahren drittschützend.[150] Daher können auch die zugangsberechtigten Wettbewerber des marktmächtigen Unternehmens die diesbezüglichen Entscheidungen der Bundesnetzagentur gerichtlich überprüfen lassen, soweit sie die im Standardangebot zu erfassenden Leistungen in Anspruch nehmen oder in Anspruch nehmen können. Derjenige Zugangsberechtigte, der unter Berufung auf ein eigenes Recht eine Änderung des von dem marktmächtigen Unternehmen vorgelegten Standardangebots erreichen will, muss diese Änderung allerdings bereits auf der ersten Verfahrensstufe in einer diesem Entscheidungsstadium angepassten allgemeinen Form selbst beantragt haben.[151] Das ist die Konsequenz aus der zweistufigen Ausgestaltung des Standardangebotsverfahrens. Da die (Teil-) Entscheidungen der Bundesnetzagentur Bindungswirkung entfalten, ist eine zivilgerichtliche Inhaltskontrolle des Standardangebots nach §§ 307 ff. BGB demgegenüber der Rechtsprechung zufolge ausgeschlossen.[152]

Inhaltlich ist die verwaltungsgerichtliche Kontrolle am Maßstab des § 114 VwGO auszurichten. Da die Bundesnetzagentur ihre (Teil-) Entscheidungen insbesondere an den Anforderungen der Chancengleichheit, Billigkeit und Rechtzeitigkeit ausrichten muss, also keine komplexe Abwägung anhand der Regulierungsziele zu treffen ist, steht ihr insoweit kein Regulierungsermessen, sondern ein allgemeines Rechtsfolgenermessen zu.[153]

---

149 Diese Vorgabe einer Mindestlaufzeit war nach bisheriger Rechtslage „in der Regel" vorgesehen; künftig ist diesbezüglich dem Wortlaut zufolge ein Ermessen eingeräumt, das überdies an die unzureichende Umsetzung einzelner Vorgaben geknüpft ist (vgl. § 29 Abs. 5 S. 3 TKG). Das steht in einem Spannungsverhältnis zu dem Fall, dass bereits der initiale Entwurf den gesetzlichen Anforderungen entspricht, in dem nämlich eine Mindestlaufzeit zwingend festzulegen ist (§ 29 Abs. 4 S. 1 TKG).

150 Hierzu und zum Folgenden BVerwG, N&R 2016, 180, 182 Rn. 19 (Urt. v. 24.2.2016 – Az. 6 C 62.14).

151 BVerwG, N&R 2016, 180, 182 Rn. 17 (Urt. v. 24.2.2016 – Az. 6 C 62.14).

152 BVerwG, N&R 2016, 180, 183 Rn. 24 (Urt. v. 24.2.2016 – Az. 6 C 62.14).

153 BVerwG, N&R 2016, 180, 185 Rn. 34 (Urt. v. 24.2.2016 – Az. 6 C 62.14).

ee) Verpflichtung zur getrennten Rechnungsführung (§ 30 TKG)

Eine weitere Vorabverpflichtung enthält § 30 TKG. Danach kann die Bundesnetzagentur einem marktmächtigen Unternehmen für bestimmte Tätigkeiten im Zusammenhang mit Zugangsleistungen eine getrennte Rechnungsführung vorschreiben (§ 30 Abs. 1 S. 1 TKG).[154] Bei einer solchen Rechnungsführung wird das geschäftliche Ergebnis, welches das marktmächtige Unternehmen mit den betreffenden Zugangsleistungen erzielt hat, letztlich so beschrieben, als handele es sich um einen vom Rest des Unternehmens getrennt geführten Betrieb.[155] Damit soll insbesondere bei vertikal integrierten Unternehmen eine unzulässige Begünstigung eigener Tätigkeiten sowie eine unangemessene Quersubventionierung verhindert werden. Denn ohne Kenntnis der betreffenden Kostenstrukturen könnte das marktmächtige Unternehmen beispielsweise von Zugangsnachfragern unbemerkt Vorleistungsentgelte fordern, die über die Kosten hinausgehen, die ihm bei der Bereitstellung der eigenen Endkundenprodukte insoweit tatsächlich entstehen.

> *Beispiel für eine Verpflichtung zur getrennten Rechnungsführung: „Die Betroffene wird verpflichtet, die Preise für die extern angebotenen Zugangsleistungen, zu denen sie mit dieser Regulierungsverfügung verpflichtet wird, und die Verrechnungspreise für die entsprechenden intern genutzten Leistungen transparent zu gestalten.“*

Um die Verpflichtung zur getrennten Rechnungsführung wirksam kontrollieren zu können, kann die Bundesnetzagentur das marktmächtige Unternehmen überdies dazu verpflichten, dass ihr die relevanten Kostenrechnungs- und Buchungsunterlagen einschließlich sämtlicher damit zusammenhängender Informationen und Dokumente auf Anforderung in vorgeschriebener Form vorgelegt werden (§ 30 Abs. 2 S. 1 TKG). Diese Informationen kann sie überdies – unter Wahrung von Geschäfts- und Betriebsgeheimnissen (§ 30 Abs. 2 S. 3 TKG) – in geeigneter Form veröffentlichen (§ 30 Abs. 2 S. 2 TKG). Hiermit wird die Transparenz erhöht und das Vertrauen der Zugangsnachfrager in eine diskriminierungs- und quersubventionierungsfreie Leistungserbringung gestärkt.

ff) Entgeltregulierungsverpflichtungen (§§ 37 ff. TKG)

Herzstück und zentrale Stellschraube der marktmachtabhängigen Regulierung ist schließlich die Regulierung der Zugangsentgelte. Deren Höhe

154 Hierbei kann die Bundesnetzagentur auch konkrete Vorgaben zu dem zu verwendenden Format und zu der zu verwendenden Rechnungsführungsmethode machen (§ 30 Abs. 1 S. 3 TKG).

155 Siehe hierzu und zum Folgenden auch Ziff. 1 Abs. 3 der Kostenrechnungsempfehlung 2005/698/EG.

entscheidet letzten Endes darüber, ob Zugangsnachfrager in der Lage sind, ihre Endkundenangebote zu wettbewerbsfähigen Bedingungen bereitzustellen. Zugleich muss es dem marktmächtigen Unternehmen aber auch möglich sein, einen angemessenen Gewinn zu erzielen und effiziente Infrastrukturinvestitionen zu tätigen. Nur auf diese Weise entstehen Anreize, in die gesamtgesellschaftlich erwünschte Modernisierung der Telekommunikationsnetze und den Ausbau hochgeschwindigkeitsfähiger Infrastrukturen zu investieren. Darüber hinaus können zu niedrig bemessene Zugangsentgelte auch die Errichtung konkurrierender Netze behindern: Solange es lukrativer ist, das Netz des marktmächtigen Unternehmens mitzunutzen, haben Zugangsnachfrager keine Anreize, in eigene Netzinfrastruktur zu investieren. Hierdurch werden die Abhängigkeit von dem marktmächtigen Unternehmen und damit letzten Endes seine Marktmacht perpetuiert. Die Entgeltregulierung muss somit komplexen, z.T. gegenläufigen Anforderungen genügen. Dementsprechend liegt hier ein Schwerpunkt in der regulatorischen Praxis. Die nachfolgenden Erläuterungen konzentrieren sich jedoch entsprechend der Zielsetzung der vorliegenden Darstellung auf die grundlegenden Strukturen der telekommunikationsrechtlichen Entgeltregulierung.

Betrachtet man die Vorschriften des TKG über die Entgeltregulierung, scheinen marktmächtige Unternehmen bei der Forderung und Vereinbarung von Entgelten einem allgemeinen Missbrauchsverbot zu unterliegen, das dem Missbrauchsverbot des allgemeinen Wettbewerbsrechts (§ 19 GWB) nachgebildet ist. Denn § 37 Abs. 1 S. 1 TKG verbietet es einem marktmächtigen Unternehmen, diese Stellung bei der Forderung und Vereinbarung von Entgelten missbräuchlich ausnutzen. Dieses Missbrauchsverbot wird dann durch Beispielstatbestände in § 37 Abs. 1 S. 2 Nr. 1 und 2 TKG für die Fälle des Ausbeutungs- und des Behinderungsmissbrauchs weiter konkretisiert. Ein Behinderungsmissbrauch liegt dabei nicht vor, wenn die Verhaltensweise ausweislich einer umfassenden Interessenabwägung sachlich gerechtfertigt ist (§ 37 Abs. 1 S. 3 TKG). § 37 Abs. 2 TKG enthält schließlich fünf Vermutungstatbestände für praktisch besonders relevante Fälle eines Behinderungsmissbrauchs:

1. Dumping: Das Entgelt deckt nicht einmal die langfristigen zusätzlichen Kosten der Leistung (einschließlich einer angemessenen Verzinsung).
2. Diskriminierung: Das marktmächtige Unternehmen räumt einzelnen Nachfragern (einschließlich seiner eigenen Vertriebssparte[156]) gegenüber anderen Nachfragern Vorteile ein.
3. Preis-Kosten-Schere: Die Spanne zwischen einem Zugangsentgelt und dem entsprechenden Endnutzerentgelt reicht nicht aus, um einem

156 Hier gilt also wie bei § 24 Abs. 2 TKG das Prinzip „intern = extern".

effizienten Unternehmen die Erzielung einer angemessenen Verzinsung zu erzielen.

4. Kosten-Kosten-Schere: Die Spanne zwischen Entgelten für Zugangsleistungen auf verschiedenen Wertschöpfungsstufen spiegelt die Wertschöpfungsdifferenz nicht angemessen wider.
5. Sachlich ungerechtfertigte Bündelung: Hierbei ist besonders zu prüfen, ob es anderen effizienten Unternehmen möglich ist, das Bündelprodukt zu vergleichbaren Konditionen anzubieten.

Diese Vorgaben gelten dem Wortlaut von § 37 TKG zufolge gesetzesunmittelbar. Das Bundesverwaltungsgericht hat allerdings zum früheren TKG die Auffassung vertreten, dass eine gesetzesunmittelbare Entgeltregulierung richtlinienrechtlich nicht in Betracht kommt.[157] Jede Form der sektorspezifischen Entgeltregulierung bedürfe daher der Auferlegung durch die Bundesnetzagentur.[158] Dies geschieht in der Praxis, indem eine entsprechende Vorabverpflichtung in der Regulierungsverfügung ausgesprochen wird.

Damit ist das Verfahren der Entgeltregulierung – wie auch dasjenige der Zugangsregulierung – mehrstufig ausgestaltet: Auf der ersten Stufe entscheidet die Bundesnetzagentur über das „Ob“ und „Wie“ der Entgeltregulierung,[159] indem sie eine diesbezügliche Vorabverpflichtung auferlegt (oder aber davon absieht[160]). Dabei hat sie nach deutschem Telekommunikationsrecht die Wahl zwischen der Auferlegung einer Genehmigungspflicht, also einer sog. Ex-ante-Entgeltregulierung, oder der Unterwerfung unter eine bloß nachträgliche Regulierung, also einer sog. Ex-post-Entgeltregulierung.[161] Im letztgenannten Fall ist zudem zu entscheiden, ob die grundsätzlich nachträgliche Regulierung um eine Anzeigepflicht ergänzt wird, bei der die Entgelte zwei Monate vor dem geplanten Inkrafttreten der Bundesnetzagentur vorzulegen sind.[162] Auf der zweiten Stufe der telekommunikationsrechtlichen Entgeltregulierung werden dann die konkreten Entgelte nach Maßgabe der auf der ersten Stufe auferlegten Vorabverpflichtung (ex ante oder ex post) überprüft.

---

157 So für den Bereich der Endnutzerregulierung, aber mit hiervon unabhängiger Bezugnahme auf die praktische Wirksamkeit des gerade auch im Zugangsbereich relevanten Konsolidierungsverfahrens: BVerwG, Buchholz 442.066 § 10 TKG Nr. 2 Rn. 59 (Urt. v. 29.10.2008 – Az. 6 C 38.07).

158 Vgl. BVerwG, Buchholz 442.066 § 10 TKG Nr. 2 Rn. 58 (Urt. v. 29.10.2008 – Az. 6 C 38.07).

159 BVerwG, N&R 2018, 307, 310 Rn. 28 (Urt. v. 30.5.2018 – Az. 6 C 4.17); vgl. bereits BVerwGE 131, 41, 71 Rn. 63 (Urt. v. 2.4.2008 – Az. 6 C 15.07).

160 Dieser Fall dürfte eher theoretischer Natur sein, da selbst das allgemeine Wettbewerbsrecht missbräuchliche Entgelte verbietet. Ein entsprechendes Kontrollniveau dürfte in den besonders vermachteten Bereichen, die der marktmachtabhängigen Telekommunikationsregulierung unterliegen, erst recht geboten sein.

161 BVerwG, N&R 2018, 307, 310 Rn. 28 (Urt. v. 30.5.2018 – Az. 6 C 4.17).

162 BVerwG, N&R 2018, 307, 310 Rn. 28 (Urt. v. 30.5.2018 – Az. 6 C 4.17).

Bei der dem Regulierungsermessen der Bundesnetzagentur unterliegenden Entscheidung, welche Form der Entgeltregulierung auf der ersten Stufe auferlegt wird, sind auch die unterschiedlichen Eingriffsmöglichkeiten und -intensitäten auf der zweiten Stufe zu berücksichtigen, die sich aus dieser Entscheidung ergeben.[163] Nach neuem Recht ist außerdem im Falle des Zugangs zu Netzen mit sehr hoher Kapazität insbesondere die Nachbildbarkeit der Entgelte zu berücksichtigen (vgl. § 38 Abs. 2 TKG). Besteht nämlich ein nachweisbarer Preisdruck auf die Endkundenpreise und ist eine technische und wirtschaftliche Nachbildbarkeit der Endkundenprodukte des marktmächtigen Unternehmens durch einen effektiven und diskriminierungsfreien Zugang zu seinen Vorleistungen gewährleistet, kann dies dafür sprechen, die Entgeltregulierung auf ein Minimum zu beschränken, also von einer Anzeige- und erst recht von einer Genehmigungspflicht abzusehen.

aaa) Genehmigungspflicht (§ 38 Abs. 1 S. 1 und Abs. 3 S. 2 i. V. m. § 40 TKG)

Erlegt die Bundesnetzagentur dem marktmächtigen Unternehmen eine Entgeltgenehmigungspflicht auf, darf das Unternehmen keine anderen als die genehmigten Entgelte verlangen (§ 44 Abs. 1 TKG). Die Entgeltgenehmigung wirkt dabei insoweit unmittelbar privatrechtsgestaltend, als das genehmigte Entgelt in vertraglichen Vereinbarungen an die Stelle einer dort abweichend getroffenen Entgeltabrede tritt.[164] Durch die Entgeltgenehmigungspflicht muss das marktmächtige Unternehmen die genehmigungsbedürftigen Entgelte der Bundesnetzagentur vor dem beabsichtigten Inkrafttreten zur Genehmigung vorlegen. Läuft eine vorherige Entgeltgenehmigung ab, muss die Vorlage mindestens zehn Wochen vor Fristablauf erfolgen.[165]

> *Beispiel für eine Genehmigungspflicht: „Die Betroffene wird verpflichtet, sich die Entgelte für die Gewährung des Zugangs und der Kollokation gemäß den ihr auferlegten Zugangsverpflichtungen nach Maßgabe des § 40 TKG genehmigen zu lassen."*

Zur Genehmigung vorgelegte Entgelte werden dann von der Bundesnetzagentur anhand des maßgeblichen Entgeltregulierungsmaßstabs überprüft.

163 BVerwGE 131, 41, 74 Rn. 69 (Urt. v. 2.4.2008 – Az. 6 C 15.07).

164 BVerwG, N&R 2017, 40, 40 Rn. 17 (Urt. v. 17.8.2016 – Az. 6 C 24.15).

165 Aufgrund der Rechtsprechung von EuGH und BVerwG zur Konsolidierungspflicht auch von Entgeltgenehmigungen, die jetzt in § 40 Abs. 5 S. 2 TKG kodifiziert ist, muss die Vorlage sogar wesentlich früher erfolgen bzw. ergeht für die Zeit dieser zusätzlichen Verfahrensschritte eine vorläufige Entgeltgenehmigung, um so den Zeitraum von Konsultations- und Konsolidierungsverfahren überbrücken zu können, der regelmäßig länger als zehn Wochen beträgt.

Da dieser Maßstab bestimmt, in welcher Höhe Entgelte letzten Endes genehmigungsfähig sind, kommt ihm zentrale Bedeutung zu.

Zu Beginn der Telekommunikationsregulierung unter dem ersten TKG 1996 und insbesondere auch nach der Gesetzesnovelle 2004 waren zentraler Genehmigungsmaßstab die sog. Kosten der effizienten Leistungsbereitstellung. Diese werden auch künftig noch eine wichtige Rolle spielen (vgl. § 39 Abs. 1 S. 1 Nr. 2 i. V. m. § 42 TKG), sind aber nur noch „ein" zentraler Maßstab der Entgeltgenehmigung.[166] Die Kosten der effizienten Leistungsbereitstellung umfassen nach § 42 Abs. 1 TKG die „langfristigen zusätzlichen Kosten der Leistungsbereitstellung und eine[n] angemessenen Zuschlag für leistungsmengenneutrale Gemeinkosten, einschließlich einer angemessenen Verzinsung des eingesetzten Kapitals, soweit diese Kosten jeweils für die Leistungsbereitstellung notwendig sind". Unter den langfristigen zusätzlichen Kosten der Leistungsbereitstellung sind dabei die Einzelkosten zu verstehen, die dem marktmächtigen Unternehmen bei einer langfristigen Betrachtung für die jeweilige Leistung entstehen. Bei Gemeinkosten handelt es sich demgegenüber um Kosten, die sich nicht unmittelbar einer bestimmten Dienstleistung bzw. einem bestimmten Produkt zuordnen lassen, die aber auch über die Leistungserbringung refinanziert werden müssen. Im Kern sollen durch die Berücksichtigung dieser beiden zentralen Positionen diejenigen Kosten bestimmt werden, die sich unter Wettbewerbsbedingungen ergeben würden, also ein wettbewerbsanaloger Preis. Ein am Maßstab der Kosten effizienter Leistungsbereitstellung reguliertes Entgelt darf diesen wettbewerbsanalogen Preis nicht überschreiten. Zusätzlich berücksichtigungsfähig sind nur sog. „neutrale Aufwendungen". Hierbei handelt es sich um kostenmäßige Belastungen, die keiner effizienten Leistungsbereitstellung entsprechen, für die aber eine sachliche Rechtfertigung besteht (§ 42 Abs. 2 S. 1 TKG), etwa weil das marktmächtige Unternehmen rechtlich verpflichtet ist, bestimmte Aufwendungen zu tätigen, die sich kostenerhöhend auswirken.

Der Maßstab der Kosten einer effizienten Leistungsbereitstellung engt damit die Preissetzungsspielräume stärker ein als das Missbrauchsverbot des allgemeinen Wettbewerbsrechts und das ihm nachgebildete sektorspezifische Missbrauchsverbot in § 37 TKG. Zwar basiert dieses auch im Kern auf der Vermeidung von nicht wettbewerbsanalogen Entgelten. Nach der Rechtsprechung des Bundesgerichtshofs und des Bundesverwaltungsgerichts setzt ein Missbrauchsvorwurf jedoch stets ein *erhebliches* Abweichen von einem wettbewerbsanalogen Preis voraus.[167]

166 Siehe die Begründung zum Gesetzentwurf der Bundesregierung, BT-Drs. 19/26108, 200, 277 (zu Art. 1 § 39 Abs. 1).

167 BVerwGE 131, 41, 74 Rn. 68 (Urt. v. 2.4.2008 – Az. 6 C 15.07). Zur entsprechenden Rechtsprechung des BGH siehe die Nachweise in Fn. 18.

Statt den Kosten der effizienten Leistungsbereitstellung kommen aber auch andere Genehmigungsmaßstäbe in Betracht. In der Praxis wurde hierauf bislang vor allem die Festlegung des Maßstabs der reinen Zusatzkosten gestützt. Hierbei handelt es sich um einen Genehmigungsmaßstab, den die Kommission im Bereich der Anrufzustellungsentgelte für geboten erachtet.[168] Nach diesem Maßstab werden allein die vermeidbaren Kosten als relevante Zusatzkosten anerkannt, d. h. die Kosten, die entfielen, wenn die entgeltregulierte Leistung nicht erbracht würde. Da die Infrastruktur in einem Telekommunikationsnetz zur Erbringung einer Vielzahl von Vorleistungs- und Endkundenprodukten genutzt wird, fallen diese Zusatzkosten deutlich geringer aus als die Kosten der effizienten Leistungsbereitstellung, die insbesondere einen angemessenen Gemeinkostenzuschlag enthalten.

Neben den reinen Zusatzkosten können bei einer Genehmigung auf Grundlage einer anderen Vorgehensweise grundsätzlich aber auch andere Entgeltmaßstäbe angelegt werden.[169] Zu denken ist hier etwa an Gleitpfade,[170] bei denen die Entgelte sukzessive und nicht schlagartig einem bestimmten Zielzustand (etwa auf Höhe der reinen Zusatzkosten) angenähert werden. Und mittlerweile ist überdies ausdrücklich geregelt, dass eine Genehmigung auch allein am Maßstab des ohnehin bei jeder Entgeltgenehmigung zu beachtenden[171] Missbrauchsverbots (§ 37 TKG) möglich ist (§ 39 Abs. 1 S. 1 Nr. 1 TKG). Das wurde von der Rechtsprechung nach früherer Rechtslage für unzulässig erachtet.[172] Für die nun erfolgte Klarstellung[173] spricht insbesondere die Überlegung, dass ansonsten das richtlinienrechtlich vorgegebene Regulierungsermessen der Bundesnetzagentur ohne erkennbaren Grund eingeschränkt würde, wenn sich eine Ex-ante-Kontrolle anhand des Missbrauchsmaßstabs als verhältnismäßige Regulierungsmaßnahme erweist.

168 Siehe die Terminierungsempfehlung 2009/396/EG.

169 Der im TKG 2004 für Weiterverkaufsleistungen ausdrücklich vorgesehene „Retail Minus"-Maßstab nach § 31 Abs. 2 Nr. 1 TKG 2004 ist in der Praxis weitgehend irrelevant geblieben und ist daher nicht mehr im Gesetzestext erwähnt, steht der Bundesnetzagentur aber als „andere Vorgehensweise" noch zur Verfügung.

170 Begründung zum Gesetzentwurf der Bundesregierung, BT-Drs. 17/5707, 43, 62 (zu Art. 1 Nr. 23 [§ 31] und Nr. 24 [§ 32]).

171 Vgl. § 39 Abs. 1 S. 2 TKG.

172 Im Rahmen eines Obiter Dictums: BVerwG, N&R 2018, 307, 311 Rn. 33 (Urt. v. 30.5.2018 – Az. 6 C 4.17); a. A. Bundesnetzagentur, Beschl. v. 28.10.2015 – Az. BK 3h-14/114, S. 70 ff.; aus unionsrechtlicher Sicht *Neumann,* N&R 2018, 111, 117 m. w. N.; offenlassend VG Köln, N&R 2021, 44, 49 (Urt. v. 12.8.2020 – Az. 21 K 6862/15).

173 Begründung zum Gesetzentwurf der Bundesregierung, BT-Drs. 19/26108, 200, 277 (zu Art. 1 § 39 Abs. 1).

Abbildung 3: Übersicht über zentrale Entgeltgenehmigungsmaßstäbe

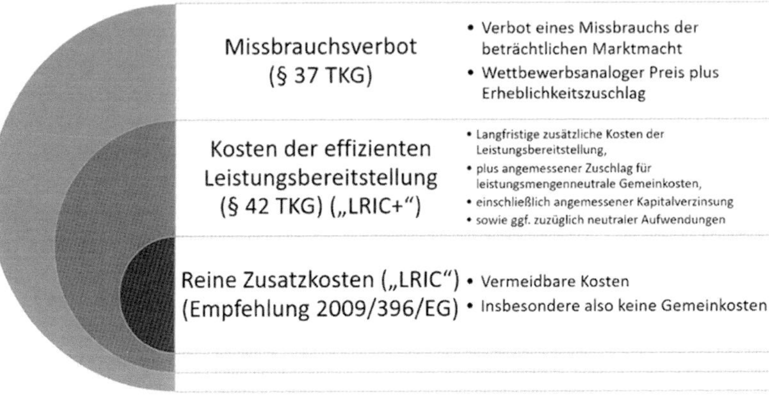

Die Entscheidung über den Entgeltmaßstab trifft die Bundesnetzagentur (§ 39 Abs. 2 S. 1 TKG). Sie kann diese Entscheidung in einem konkreten Entgeltgenehmigungsverfahren treffen. Sie kann sie nach § 39 Abs. 2 S. 3 TKG aber auch „vor die Klammer ziehen“ und im Rahmen einer Regulierungsverfügung treffen. Auch insoweit hat der Gesetzgeber „klarstellend“[174] die abweichende Rechtsprechung zum TKG 2004 korrigiert, der zufolge der Entgeltmaßstab nicht schon auf Ebene der Regulierungsverfügung festgelegt werden durfte.[175] Durch die nun ausdrücklich für rechtmäßig erklärte Festlegung bei der Ausgestaltung des „Wie“ der Entgeltregulierung wird für alle Beteiligten insoweit schon frühzeitig Rechts- und Planungssicherheit geschaffen und außerdem das Genehmigungsverfahren entlastet, so dass auch diese Klarstellung zu begrüßen ist.

Soweit die Entgelte dem festgelegten Maßstab (und dem stets zu beachtenden Missbrauchsmaßstab) entsprechen, ist die Entgeltgenehmigung zu erteilen (§ 40 Abs. 4 S. 1 TKG). Im Übrigen ist sie zu versagen (§ 40 Abs. 4 S. 2 TKG). Ob die Entgelte insoweit genehmigungsfähig sind, wird im Ausgangspunkt anhand der Kostenunterlagen überprüft, die das marktmächtige Unternehmen der Bundesnetzagentur nach § 40 Abs. 1 S. 2, § 43 TKG vorlegen muss,[176] sofern insoweit keine andere Vorgehensweise festgelegt ist. Neben den Kosteninformationen kann die Bundesnetzagentur aber auch auf

174 Begründung zum Gesetzentwurf der Bundesregierung, BT-Drs. 19/26108, 200, 277 (zu Art. 1 § 39 Abs. 2).

175 BVerwG, N&R 2018, 307, 309 ff. Rn. 23 ff. (Urt. v. 30.5.2018 – Az. 6 C 4.17).

176 Das TKG 2004 sah neben diesem Einzelgenehmigungsverfahren auch noch ein Preisobergrenzenverfahren, das sog. „Price-Cap“-Verfahren nach § 33 TKG 2004 vor. Dieses Verfahren blieb in der Praxis aber ohne Relevanz und ist daher im neuen

zwei weitere Kostenermittlungsmethoden zurückgreifen: Zum einen kann sie eine Vergleichsmarktbetrachtung anstellen (§ 40 Abs. 3 S. 2 Nr. 1 TKG). Dabei reicht es wegen der harmonisierten Regulierung der relevanten Telekommunikationsmärkte in der EU aus, dass der zum Vergleich herangezogene Markt dem Wettbewerb geöffnet ist. Es können also auch ihrerseits regulierte Märkte betrachtet werden. Und zum anderen kann die Bundesnetzagentur die für den gewählten Maßstab relevanten Kosten auch anhand von Kostenmodellen ermitteln (§ 40 Abs. 3 S. 2 Nr. 2 TKG). Hierbei wird die Netzstruktur modelliert, mit der ein Anbieter unter den Bedingungen eines funktionierenden Wettbewerbsprozesses die Leistungen bereitstellen würde, die das marktmächtige Unternehmen erbringt. Beide Ermittlungsmethoden können aber nicht nur zur Kontrolle und Korrektur einer Überprüfung anhand der Kosteninformationen genutzt werden. Soweit die der Bundesnetzagentur vorliegenden Kosteninformationen für eine Prüfung nicht ausreichen, kann eine Genehmigung vielmehr auch alleine auf einer Vergleichsmarktbetrachtung oder einem Kostenmodell beruhen (§ 40 Abs. 3 S. 3 TKG). Eine solche Vorgehensweise ist unter Verhältnismäßigkeitsgesichtspunkten in der Regel vorzugswürdig gegenüber der in einem solchen Fall auch möglichen Versagung der Entgeltgenehmigung (§ 40 Abs. 4 S. 3 TKG).

Grundsätzlich besteht überdies ein Anspruch auf Erteilung einer Entgeltgenehmigung, soweit die Entgelte genehmigungsfähig sind. Es handelt sich insoweit also im Wesentlichen um eine gebundene Entscheidung.[177] Dabei bestehen bei der Ermittlung der Kosten der effizienten Leistungsbereitstellung (nur) für abgrenzbare Teilaspekte „punktuelle“ Beurteilungsspielräume der Bundesnetzagentur. Das betrifft generell solche Elemente der Kostenkontrolle, die in besonderer Weise durch eine Abwägung gegenläufiger Regulierungsziele sowie ökonomische Wertungen und Prognosen geprägt sind.[178] Auch für die vorgelagerte Frage, welcher Genehmigungsmaßstab am besten geeignet ist, die Regulierungsziele zu erreichen (§ 39 Abs. 2 S. 1 TKG), besteht ein solcher Einschätzungsspielraum.[179] Wegen der jeweils für die Annahme eines Beurteilungsspielraums maßgeblichen Abwägung der Regulierungsziele handelt es sich nach der Rechtsprechung des Bundesverwaltungsgerichts um einen Entscheidungsspielraum, der

TKG nicht mehr ausdrücklich geregelt, bleibt aber als andere Vorgehensweise möglich.

177 Hierzu und zum Folgenden BVerwG, N&R 2018, 307, 313 Rn. 46 (Urt. v. 30.5.2018 – Az. 6 C 4.17); 2017, 40, 41 Rn. 21 (Urt. v. 17.8.2016 – Az. 6 C 24.15).

178 BVerwG, Buchholz 442.066 § 35 TKG Nr. 11 Rn. 15 (Urt. v. 25.11.2015 – Az. 6 C 39.14).

179 So für die frühere Rechtslage, für die es bei der Wahl einer anderen Vorgehensweise darauf ankam, ob diese besser zur Erreichung der Regulierungsziele geeignet ist, BVerwG, N&R 2018, 307, 313 Rn. 47f. (Urt. v. 30.5.2018 – Az. 6 C 4.17).

gewissermaßen im Grenzbereich zum Regulierungsermessen steht.[180] Das Gericht hält es deshalb für geboten, bei der gerichtlichen Überprüfung sowohl die für die Kontrolle eines Beurteilungsspielraums auf der Tatbestandsseite der Norm[181] als auch die für die Kontrolle von (Regulierungs-) Ermessen auf der Rechtsfolgenseite geltenden Maßstäbe heranzuziehen. Darüber hinaus sei die eigentliche Bewertung der Bundesnetzagentur jedenfalls auch darauf nachzuprüfen, ob sie im Hinblick auf die Kriterien, die in der Rechtsnorm ausdrücklich hervorgehoben oder doch in ihr angelegt sind, plausibel und erschöpfend argumentiert hat. Wie schon in Bezug auf das Regulierungsermessen sei die gerichtliche Kontrolle auch insoweit grundsätzlich auf diejenigen Erwägungen zu erstrecken und zu beschränken, die von der Bundesnetzagentur zur Begründung ihrer Entscheidung dargelegt wurden.[182] Dabei darf sie zur Begründung allerdings ausdrücklich auch auf die Gründe eines anderen Beschlusses oder auf solche Dokumente verweisen, die – wie z.B. ein Prüfbericht – in dem konkreten Genehmigungsverfahren erstellt wurden, solange die Zugangsnachfrager jeweils Zugang zu den betreffenden Unterlagen erhalten können.[183]

Normalerweise wirken Entgeltgenehmigungen auf den Zeitpunkt der erstmaligen Leistungsbereitstellung zurück (§ 41 Abs. 1 S. 1 TKG). Damit wird der Vorleistungspflicht des marktmächtigen Unternehmens (§ 44 Abs. 3 S. 1 TKG) Rechnung getragen und sichergestellt, dass das Unternehmen nicht zur kostenlosen Leistungsbereitstellung verpflichtet ist. Etwas anderes gilt jedoch, wenn die Bundesnetzagentur auf eine entsprechende Klage des marktmächtigen Unternehmens hin dazu verpflichtet wird, ein höheres Entgelt zu genehmigen, als nach der ursprünglichen Entgeltgenehmigung vorgesehen. Würde auch in diesem Fall die neue Genehmigung eine uneingeschränkte Rückwirkung entfalten, sähen sich die Zugangsnachfrager einer erheblichen Rechtsunsicherheit ausgesetzt. Um angesichts jahrelanger Verwaltungsgerichtsprozesse das Risiko erheblicher Nachzahlungsforderungen abzufangen, wären gerade kleinere Unternehmen gezwungen, Rückstellungen bis zur Höhe des vom marktmächtigen Unternehmen beantragten Entgelts zu bilden. Damit wären sie nicht mehr in der Lage, etwaige Preissenkungen, die durch die Entgeltgenehmigung ermöglicht werden, an

180 Hierzu und zum Folgenden BVerwG, N&R 2014, 46, 50 Rn. 34 (Urt. v. 25.9.2013 – Az. 6 C 13.12).

181 Hieraus ergibt sich u. a. die Anforderung, dass die Behörde die Verfahrensbestimmungen eingehalten haben muss, also ggf. ein Konsultations- und ein Konsolidierungsverfahren durchzuführen war, siehe BVerwG, N&R 2017, 251, 255 Rn. 33 (Urt. v. 29.3.2017 – Az. 6 C 1.16).

182 BVerwG, N&R 2017, 44, 46 Rn. 24 (Urt. v. 17.8.2016 – Az. 6 C 50.15).

183 BVerwG, N&R 2017, 44, 45 Rn. 10, 47 Rn. 28 (Urt. v. 17.8.2016 – Az. 6 C 50.15).

ihre Endkunden weiterzugeben. Die Entgeltgenehmigung würde ihre wettbewerbsfördernde Wirkung verlieren.[184]

Erstreitet das marktmächtige Unternehmen ein Gerichtsurteil, auf dessen Grundlage die Bundesnetzagentur ihm höhere Entgelte genehmigen muss, entfaltet die neue Genehmigung daher nur unter bestimmten Voraussetzungen Rückwirkung.[185] Grundsätzlich muss das marktmächtige Unternehmen hierfür zeitnah nach Erteilung der ursprünglichen Entgeltgenehmigung eine einstweilige Anordnung nach § 123 VwGO beantragen,[186] mit der dann vorläufig die Zahlung eines höheren als des genehmigten Entgelts gerichtlich angeordnet wird (§ 41 Abs. 1 S. 3 TKG). Der Darlegung eines Anordnungsgrunds bedarf es dafür nicht[187] und ein Anordnungsanspruch liegt vor, wenn überwiegend wahrscheinlich ist, dass der Anspruch auf die Genehmigung des höheren Entgelts besteht (§ 41 Abs. 1 S. 2 TKG). Der Anordnung stehen – entgegen der früheren Rechtsprechung des Bundesverwaltungsgerichts[188] – auch behördliche Einschätzungsprärogativen nicht entgegen. Denn zum einen geht es nur um die gerichtliche Prognose der überwiegend wahrscheinlichen Behördenentscheidung und zum anderen ist die Anordnung auch nur vorläufiger Natur.[189]

Auf diese Weise wird den Zugangsnachfragern einerseits die Wahrscheinlichkeit einer rückwirkenden Korrektur der ursprünglichen Entgeltgenehmigung deutlich vor Augen geführt. Sie kann dann von ihnen bereits unmittelbar in ihre Entgeltkalkulation eingepreist werden. Andererseits erhalten sie Rechtssicherheit, dass es selbst bei letztinstanzlichem Erfolg einer etwaigen Verpflichtungsklage nicht zu Nachzahlungsforderungen kommen wird, wenn eine solche einstweilige Anordnung nicht ergeht.[190] Insoweit wird das Ausfallrisiko in erheblichem Umfang auf das marktmächtige Unternehmen verlagert. Mit Blick auf den Umstand, dass auf den deutschen Telekommunikationsmärkten mittlerweile zahlreiche sehr große Unternehmen tätig

---

184 Siehe zum Ganzen vertiefend BVerfG, N&R 2017, 107, 109 Rn. 34 f. (Beschl. v. 22.11.2016 – Az. 1 BvL 6/14 u. a.).

185 Nach der Rechtsprechung des Bundesverwaltungsgerichts wird insoweit nicht etwa die Rückwirkung der Entgeltgenehmigung, sondern allein der prozessuale Anspruch auf Verpflichtung zum Erlass einer rückwirkenden Entgeltgenehmigung eingeschränkt, siehe BVerwG, N&R 2014, 177, 178 Rn. 19 (Beschl. v. 26.2.2014 – Az. 6 C 3.13).

186 Der Antrag muss spätestens zwei Monate nach Erhebung der – ihrerseits fristgebundenen (§ 74 Abs. 2 VwGO) – Klage gegen die Entgeltgenehmigung gestellt und begründet werden (§ 41 Abs. 1 S. 4 TKG).

187 Dieser ist allerdings durch den sonst drohenden Verlust etwaiger Nachzahlungsansprüche ohnehin durch die Bejahung des Anordnungsanspruchs indiziert, siehe BVerwG, N&R 2014, 177, 183 Rn. 50 (Beschl. v. 26.2.2014 – Az. 6 C 3.13).

188 BVerwG, N&R 2014, 177, 180 Rn. 29 f. (Beschl. v. 26.2.2014 – Az. 6 C 3.13).

189 BVerfG, N&R 2017, 107, 110 Rn. 44 f. (Beschl. v. 22.11.2016 – Az. 1 BvL 6/14 u. a.).

190 BVerfG, N&R 2017, 107, 108 Rn. 27 (Beschl. v. 22.11.2016 – Az. 1 BvL 6/14 u. a.).

sind, die über erhebliche Finanzkraft verfügen, bedarf es einer solchen pauschalen Risikoverteilung allerdings nicht mehr. Im Nachgang einer entsprechenden Entscheidung des Bundesverfassungsgerichts[191] hat der Gesetzgeber daher eine differenzierende Regelung getroffen. Er hat hierfür die Notwendigkeit einer einstweiligen Anordnung zur Sicherstellung der Rückwirkung im Falle einer erfolgreichen Verpflichtungsklage gegen Entgeltgenehmigungen, die nach dem 31. Juli 2018 ergangen sind, auf das Verhältnis zu solchen Zugangsnachfragern beschränkt, deren Konzernjahresumsatz im Telekommunikationsbereich 100 Millionen Euro nicht übersteigt. Im Verhältnis zu umsatzstärkeren Unternehmen gilt dieser Schutzmechanismus demgegenüber nicht (§ 41 Abs. 2 TKG). Sie müssen daher auch ohne Erlass einer einstweiligen Anordnung ggf. mit entsprechenden Nachzahlungsforderungen des marktmächtigen Unternehmens rechnen.

Rechtsschutzfragen stellen sich aber nicht nur mit Blick auf (Verpflichtungs-) Klagen des marktmächtigen Unternehmens. Aufgrund der privatrechtsgestaltenden Wirkung der Entgeltgenehmigung kann vielmehr auch ein Dritter eine solche Genehmigung gerichtlich überprüfen lassen, soweit er von der Genehmigung nachteilig betroffen ist.[192] Das ist insbesondere der Fall, wenn der Dritte aufgrund einer entsprechenden vertraglichen Vereinbarung dem marktmächtigen Unternehmen das genehmigte Entgelt für die Inanspruchnahme von Zugangsleistungen schuldet.[193] Drittschutz kann aber auch außerhalb einer vertraglichen Beziehung bestehen, soweit der relevante Genehmigungsmaßstab einen solchen Schutz vermittelt.[194] Das ist etwa für das Verbot des Behinderungsmissbrauchs (§ 37 Abs. 1 S. 2 Nr. 2 TKG) der Fall, nicht aber für die sich aus den Kosten der effizienten Leistungsbereitstellung ergebende Obergrenze (§ 42 TKG).

Bei vertraglicher Beziehung kann der Dritte die Entgeltgenehmigung, die dem marktmächtigen Unternehmen erteilt wurde, mit einer Anfechtungsklage angreifen. Damit kann er jedoch keine Aufhebung der Entgeltgenehmigung insgesamt (erga omnes), sondern nur im Verhältnis zwischen ihm und dem marktmächtigen Unternehmen (inter partes) erreichen.[195] Denn telekommunikationsrechtliche Entgeltgenehmigungen sind nach der Recht-

---

191 BVerfG, N&R 2017, 107 (Beschl. v. 22.11.2016 – Az. 1 BvL 6/14 u.a.) m. Anm. *Schramm*.

192 BVerwG, N&R 2010, 40, 42 f. Rn. 30 (Urt. v. 25.11.2009 – Az. 6 C 34.08).

193 BVerwG, N&R 2009, 205, 206 Rn. 14 (Urt. v. 25.3.2009 – Az. 6 C 3.08).

194 Siehe hierzu und zum Folgenden BVerwG, N&R 2015, 184, 186 Rn. 20 ff. (Urt. v. 25.2.2015 – Az. 6 C 37.13).

195 Von einer Verpflichtungsklage des marktmächtigen Unternehmens werden demgegenüber regelmäßig sämtliche zwischen diesem Unternehmen und seinen Vertragspartnern bestehenden Rechtsverhältnisse erfasst, BVerwG, N&R 2017, 44, 44 Rn. 10 (Urt. v. 17.8.2016 – Az. 6 C 50.15); 2014, 46, 57 Rn. 76 (Urt. v. 25.9.2013 – Az. 6 C 13.12).

sprechung des Bundesverwaltungsgerichts subjektiv teilbar.[196] Wird eine Entgeltgenehmigung auf eine Drittanfechtungsklage hin aufgehoben, ist das für den klagenden Dritten überdies nicht ohne Risiko, wenn mit der von ihm angefochtenen Entgeltgenehmigung dem Antrag des marktmächtigen Unternehmens bereits nur z. T. stattgegeben und die Genehmigung eines (in der Regel) noch höheren Entgelts abgelehnt wurde. Denn mit der Aufhebung der Entgeltgenehmigung verliert eine mit der Genehmigungsentscheidung u. U. zugleich ausgesprochene Teilablehnung ihren Regelungsgehalt.[197] Die Bundesnetzagentur muss daher nach einer erfolgreichen Drittanfechtungsklage über den gestellten Antrag insgesamt neu entscheiden. Liegen neue Erkenntnisse vor, kann sie dann auch ein höheres Entgelt genehmigen.[198] Rein prozessrechtlich möglich ist auch die bloße Teilanfechtung einer Entgeltgenehmigung: Bei Erlass einer neuen Genehmigung in Folge einer erfolgreichen Teilanfechtungsklage darf dann das Entgelt in der nicht angefochtenen Höhe nicht unterschritten werden.[199] Die Genehmigung eines höheren Entgelts bleibt demgegenüber möglich.

bbb) Nachträgliche Entgeltregulierung (§ 38 Abs. 1 S. 2 und Abs. 3 S. 1 i. V. m. § 46 TKG)

Die nachträgliche Entgeltregulierung unterscheidet sich von der Genehmigungspflicht bereits in zeitlicher Hinsicht: Das marktmächtige Unternehmen kann seine Entgelte zunächst frei gestalten. Die Bundesnetzagentur ist darauf beschränkt, die von dem Unternehmen gesetzten Entgelte nachträglich zu überprüfen. Hierdurch hat das marktmächtige Unternehmen eine deutlich weitergehende Gestaltungsfreiheit und kann erst einmal ohne regulatorische Restriktionen seine Produkte bepreisen. Aber auch hinsichtlich des insoweit anwendbaren Maßstabes bleibt die nachträgliche Regulierung deutlich hinter den Möglichkeiten zurück, die bei einer Genehmigungspflicht bestehen. Denn während dort insbesondere die Kosten der effizienten Leistungsbereitstellung die Preissetzung spürbar beschränken können, gilt bei der nachträglichen Entgeltregulierung alleine das bereits dargestellte Missbrauchsverbot nach § 37 TKG.

---

196 BVerwG, N&R 2014, 46, 55 ff. Rn. 65 ff. (Urt. v. 25.9.2013 – Az. 6 C 13.12) m. Anm. *Hölscher;* VG Köln, Urt. v. 16.6.2021 – Az. 21 K 4368/19, Rn. 238 ff. (NRWE); Urt. v. 11.12.2019 – Az. 21 K 6049/16, Rn. 160 ff. (NRWE).

197 VG Köln, Urt. v. 16.6.2021 – Az. 21 K 4368/19, Rn. 190 (NRWE); Urt. v. 11.12.2019 – Az. 21 K 6049/16, Rn. 157 (NRWE).

198 BVerwG, N&R 2014, 46, 57 Rn. 73 (Urt. v. 25.9.2013 – Az. 6 C 13.12); VG Köln, Urt. v. 16.6.2021 – Az. 21 K 4368/19, Rn. 192 (NRWE); Urt. v. 11.12.2019 – Az. 21 K 6049/16, Rn. 157 (NRWE).

199 BVerwG, N&R 2015, 184, 187 f. Rn. 28 (Urt. v. 25.2.2015 – Az. 6 C 37.13).

Beispiel für eine Unterwerfung unter die nachträgliche Entgeltgenehmigung: „Die Entgelte der Betroffenen für die Gewährung des Zugangs gemäß der ihr auferlegten Zugangsverpflichtung unterliegen der nachträglichen Regulierung nach § 46 TKG."

Unterliegen Entgelte der nachträglichen Entgeltregulierung, leitet die Bundesnetzagentur unverzüglich eine Untersuchung ein, wenn ihr Tatsachen bekannt werden, welche die Annahme rechtfertigen, dass Entgelte für Zugangsleistungen eines Unternehmens mit beträchtlicher Marktmacht nicht diesen Maßstäben des § 37 TKG genügen (§ 46 Abs. 1 S. 1 TKG). Die Bundesnetzagentur kann dabei anhand der Umstände des Einzelfalls entscheiden, in welcher Form sie die Einhaltung des Missbrauchsverbots überprüft. Sie kann also sowohl Kostenunterlagen heranziehen, als auch nach dem Vergleichsmarktprinzip vorgehen oder ein Kostenmodell zugrunde legen. Der nach bisheriger Rechtslage bestehende Vorrang der aufwandsarmen Vergleichsmarktbetrachtung[200] gilt daher nach neuer Rechtslage nicht mehr.

Nach Einleitung einer Ex-post-Überprüfung muss die Bundesnetzagentur binnen zwei Monaten entscheiden (§ 46 Abs. 2 TKG). Stellt sie fest, dass die Entgelte nicht den Maßstäben des Missbrauchsverbots entsprechen, untersagt sie das verbotene Verhalten und erklärt die beanstandeten Entgelte für unwirksam, allerdings nur mit Wirkung für die Zukunft (§ 46 Abs. 3 TKG). Nach neuer Rechtslage kann nun das marktmächtige Unternehmen binnen eines Monats Vorschläge zur Änderung der Entgelte vorlegen (§ 46 Abs. 4 TKG).[201] Diese werden dann von der Bundesnetzagentur binnen eines weiteren Monats überprüft. Sieht das marktmächtige Unternehmen von einem entsprechenden Vorschlag ab oder erweist sich der vorgelegte Vorschlag als unzureichend, ordnet die Bundesnetzagentur innerhalb von zwei Monaten ab Feststellung der Missbräuchlichkeit nicht missbräuchliche Entgelte an (§ 46 Abs. 5 S. 1 TKG).

ccc) Nachträgliche Entgeltregulierung mit Anzeigepflicht (§ 38 Abs. 1 S. 1 und Abs. 3 S. 2 i. V. m. § 45 TKG)

Das dritte Regulierungsinstrument, über das die Bundesnetzagentur bei der Entgeltregulierung verfügt, ist gewissermaßen zwischen einer reinen

200 Siehe hierzu und zum Folgenden BVerwG, N&R 2010, 233, 234 Rn. 22 (Urt. v. 23.6.2010 – Az. 6 C 36.08).

201 Nach bisheriger Rechtslage konnte die Bundesnetzagentur unmittelbar mit der Unwirksamerklärung der missbräuchlichen Entgelte neue Entgelte anordnen, die den Maßstäben des Missbrauchsverbots entsprechen. Das marktmächtige Unternehmen konnte daraufhin seinerseits eigene Entgeltvorschläge vorlegen, die dann von der Bundesnetzagentur binnen eines Monats darauf überprüft wurden, ob sie die festgestellten Verstöße gegen das Missbrauchsverbot abstellen (§ 38 Abs. 4 S. 2 TKG 2004).

Ex-post-Entgeltregulierung und einer Genehmigungspflicht angesiedelt. Hier wird die nachträgliche Entgeltregulierung nämlich um ein Ex-ante-Element ergänzt: Das marktmächtige Unternehmen muss Entgelte[202] zwei Monate vor dem geplanten Inkrafttreten der Bundesnetzagentur vorlegen (§ 45 Abs. 1 TKG). Sofern die geplante Entgeltmaßnahme offenkundig gegen den Missbrauchsmaßstab verstößt, untersagt die Bundesnetzagentur innerhalb von zwei Wochen nach Zugang der Anzeige die Einführung des Entgelts bis zum Abschluss ihrer Prüfung (§ 45 Abs. 2 S. 1 TKG). Die Bundesnetzagentur kann damit die Einführung solcher Entgelte verhindern, denen die Missbräuchlichkeit gewissermaßen „auf die Stirn geschrieben" ist, und damit eine entsprechende Beeinträchtigung der Wettbewerbsbedingungen unterbinden.

Wie sich aus dem nur vorläufigen Charakter der Untersagung ergibt, muss sich hieran noch eine Überprüfung nach § 46 TKG anschließen. Aber auch wenn die Bundesnetzagentur binnen der zwei Wochen keine offenkundigen Verstöße gegen das Missbrauchsverbot feststellt, kann sie in der Folge der Anzeige doch eine solche Überprüfung nach § 46 TKG einleiten. Sie kann damit ein Entgelt, das zwar nicht offenkundig missbräuchlich ist, sich aber nach genauerer Prüfung doch als missbräuchlich erweist, u. U. sogar noch vor, aber jedenfalls unmittelbar nach Markteinführung untersagen. Denn auch wenn die Bundesnetzagentur die geplanten Entgelte nicht vorläufig untersagt hat, darf das marktmächtige Unternehmen diese Entgelte frühestens zwei Monate nach der Anzeige in Kraft setzen.[203]

ddd) Neu: Besondere Regelungen für Zustellungsentgelte (Art. 75 des Kommunikationskodex)

Besonders kontrovers wurde in der Vergangenheit über die Behandlung sog. Zustellungs- bzw. Terminierungsentgelte diskutiert. Dabei handelt es sich um Entgelte für die Zustellung von Anrufen, die von einem Teilnehmer aus einem anderen Netz stammen, in das Telekommunikationsnetz des marktmächtigen Unternehmens. Hier verfügt der Netzbetreiber naturgemäß über eine Art Monopolstellung, die jedenfalls derzeit auch nicht einfach umgangen werden kann. Die Kommission ist seit geraumer Zeit bemüht, diese Zustellungsentgelte besonders streng zu regulieren. Dieses Bemühen hat nun in einer unmittelbaren Zugriffsmöglichkeit Ausdruck gefunden, die der

202 Etwas anderes galt bislang für Entgelte bezüglich solcher Zugangsleistungen, die spezifisch auf bestimmte Nachfrager zugeschnitten sind. Derartige Entgeltmaßnahmen waren der Bundesnetzagentur nach bisheriger Rechtslage erst unmittelbar nach Vertragsabschluss zur Kenntnis zu geben (§ 38 Abs. 1 S. 3 TKG 2004).

203 Vgl. BVerwG, Buchholz 442.066 § 10 TKG Nr. 2 Rn. 65 (Urt. v. 29.10.2008 – Az. 6 C 38.07).

Kommission in Art. 75 des Kommunikationskodex eingeräumt wurde. Danach erlässt die Kommission bis Ende 2020 einen delegierten Rechtsakt, mit dem sie ein unionsweit einheitliches maximales Mobilfunkzustellungsentgelt und ein unionsweit einheitliches maximales Festnetzzustellungsentgelt festlegt (Art. 75 Abs. 1 des Kommunikationskodex). Am 18. Dezember 2020 hat die Kommission dementsprechend die Zustellentgeltverordnung (EU) 2021/654 beschlossen.[204]

Den nationalen Regulierungsbehörden bleibt insoweit nur, die Anwendung der unionsweiten Zustellungsentgelte durch die Anbieter von Zustellungsdiensten zu überwachen und für ihre Einhaltung zu sorgen; hierzu kann sie ggf. anordnen, abweichende Entgelte anzupassen (Art. 75 Abs. 3 S. 1 f. des Kommunikationskodex). Der delegierte Rechtsakt ist von der Kommission alle fünf Jahre zu überprüfen (Art. 75 Abs. 2 S. 1 des Kommunikationskodex). Soweit sie nach einer solchen Überprüfung von der Festlegung maximaler Zustellungsentgelte absieht, obliegt die Entscheidung, inwieweit diese zu regulieren sind, wieder den nationalen Regulierungsbehörden auf Grundlage der hierfür allgemein vorgesehenen Verfahren (Art. 75 Abs. 2 S. 2 des Kommunikationskodex). Entscheidet sich eine Regulierungsbehörde dabei für eine kostenorientierte Regulierung, muss sie sich jedoch nach den in Anhang III des Kommunikationskodex vorgesehenen Grundsätzen, Kriterien und Parametern richten (Art. 75 Abs. 2 S. 3 des Kommunikationskodex). Diese Vorgaben sind im künftigen Telekommunikationsrecht durch eine entsprechende Ergänzung in § 38 TKG als der „Schaltnorm" zur Entgeltregulierung umgesetzt worden (vgl. § 38 Abs. 6 TKG).

gg) Regulierung von Endnutzerleistungen (§ 49 TKG)

Entsprechend dem Grundansatz der marktmächtigen Regulierung liegt deren Schwerpunkt auf dem Vorleistungsbereich: Durch die Sicherstellung eines wettbewerbskonformen Zugangs soll zugleich der Wettbewerb auf den Endnutzermärkten gefördert und gewährleistet werden. Dennoch sieht das Telekommunikationsrecht auch die Möglichkeit einer marktmachtabhängigen Regulierung von Endnutzerleistungen vor. Hierbei handelt es sich gewissermaßen um ein Sicherheitsnetz, das nur zum Einsatz kommen soll, wenn die Verpflichtungen im Vorleistungsbereich nicht ausreichen, um die Regulierungsziele zu erreichen. In der Praxis hat die marktmachtabhängige Regulierung auf Endnutzerebene zuletzt vor allem noch im Bereich von (UKW-) Rundfunkübertragungsleistungen eine gewisse Rolle gespielt, ist auch dort mittlerweile aber aufgehoben worden.[205] Mit Blick auf die

204 Kommission, Delegierte Verordnung (EU) 2021/654, ABl. EU 2021 L 137, 1.
205 Bundesnetzagentur, Beschl. v. 9.10.2019 – Az. BK 3-19/017.

marktlichen Entwicklungen kann allerdings nicht völlig ausgeschlossen werden, dass sich das Bild auch wieder ändert.[206]

Während im TKG die Regulierung von Endnutzerleistungen im Kern als Entgeltregulierung ausgestaltet[207] und in einer gleichermaßen komplexen wie komplizierten Vorschrift ausdifferenziert war (§ 39 TKG 2004), folgt das neue TKG einem deutlich schlankeren Ansatz: § 49 Abs. 1 TKG sieht zunächst allgemein vor, dass die Bundesnetzagentur einem Unternehmen „Verpflichtungen" auferlegen kann, wenn die Vorleistungsregulierung alleine nicht ausreicht, um die Regulierungsziele und nachhaltigen Wettbewerb zu erreichen. Weitere Voraussetzung hierfür ist allerdings, dass das Unternehmen in dem Endkundenmarkt über beträchtliche Marktmacht verfügen muss. Das setzt eine entsprechende Marktdefinition und -analyse voraus. Damit sind die Eingriffshürden für eine marktmachtabhängige Regulierung von Endnutzerleistungen durchaus hoch, jedenfalls auf Grundlage der gegenwärtigen Fokussierung auf eine Regulierung des Vorleistungsbereichs.

Liegen die Voraussetzungen für eine solche Regulierung jedoch vor, verfügt die Bundesnetzagentur auf Rechtsfolgenseite über weitreichende Spielräume: Ihr kommt sowohl ein Entschließungsermessen hinsichtlich der Frage zu, ob sie tätig werden möchte („kann"), als auch ein Auswahl(regulierungs) ermessen hinsichtlich der aufzuerlegenden „Verpflichtungen". Insoweit fehlt es an jeder eingrenzenden Beschränkung im Normtext, dürfte sich aber jedenfalls grundsätzlich eine Orientierung an den Vorabverpflichtungen anbieten, die im Vorleistungsbereich auferlegt werden können.

Für den besonders grundrechtssensiblen Bereich der Entgeltregulierung ergibt sich das auch aus der expliziten Ergänzung der generalklauselartigen Befugnisnorm in § 49 Abs. 1 TKG durch § 49 Abs. 2 TKG. Danach können Verpflichtungen nach Abs. 1 auch die Unterwerfung der Entgelte für Endnutzerleistungen unter die Entgeltregulierung entsprechend den Vorschriften über die Regulierung der Zugangsentgelte umfassen.

206 Insbesondere erscheint es denkbar, dass es zu regionalen Glasfaserkleinstmonopolen kommen könnte, auf denen wegen des administrativen Aufwands, den Zugangsnachfrager für eine Betätigung in diesen Gebieten betreiben müssten, auch durch eine effektive Zugangsregulierung kein Wettbewerb im Endnutzerbereich geschaffen werden kann.

207 Ergänzend trat die Möglichkeit einer Vorabmissbrauchskontrolle nach § 42 Abs. 4 S. 3 TKG 2004 hinzu. Auf diese wurde in der Regulierungspraxis beispielsweise eine Transparenzverpflichtung analog § 20 TKG 2004 (entspricht § 25 TKG) gestützt: Bundesnetzagentur, Beschl. v. 17.4.2007 – Az. BK 3b-06-013 und -015/R, S. 13 ff.

e) *Weitere Vorgaben zur Ausgestaltung der marktmachtabhängigen Regulierung*

Dieser regulatorische Instrumentenkasten der marktmachtabhängigen Regulierung wird durch eine Vielzahl flankierender Regelungen und Instrumente ergänzt. Diese sollen im Folgenden zumindest kurz dargestellt werden.

aa) Funktionelle Trennung (§ 31 TKG)

Führen die auferlegten Vorabverpflichtungen nicht zu wirksamem Wettbewerb und bestehen dauerhaft schwere Wettbewerbshindernisse auf bestimmten Vorleistungsmärkten, kann die Bundesnetzagentur als außerordentliche Maßnahme die funktionelle Trennung eines vertikal integrierten marktmächtigen Unternehmens anordnen. Damit wird das marktmächtige Unternehmen verpflichtet, seine Tätigkeiten im Zusammenhang mit der Bereitstellung der betreffenden Zugangsprodukte auf Vorleistungsebene in einem unabhängig arbeitenden Geschäftsbereich unterzubringen (§ 31 Abs. 1 S. 1 TKG). Dieser Geschäftsbereich muss dann die anderen Geschäftsbereiche des marktmächtigen Mutterunternehmens bei der Bereitstellung der Zugangsleistungen wie andere (externe) Zugangsnachfrager behandeln (§ 31 Abs. 1 S. 2 TKG). Damit soll insbesondere eine diskriminierungsfreie Zugangsgewährung sichergestellt werden. Aufgrund der hohen Eingriffsintensität ist hierfür ein spezifisches Verfahren vorgesehen, in dem die Bundesnetzagentur die Auferlegung einer solchen Verpflichtung zur funktionellen Trennung bei der Kommission beantragen muss (§ 31 Abs. 2 und 3 TKG). Die Folgen der funktionellen Trennung für die Ausgestaltung der marktmachtabhängigen Regulierung bewertet die Bundesnetzagentur schließlich im Rahmen einer koordinierten Analyse der Märkte im Marktdefinitions- und Marktanalyseverfahren sowie durch eine entsprechende Anpassung der Regulierungsverfügung (§ 31 Abs. 4 TKG).

bb) Freiwillige Trennung durch ein vertikal integriertes Unternehmen (§ 32 TKG)

Ergänzt wird die Möglichkeit, eine funktionelle Trennung anzuordnen, durch eine Vorschrift, in der die regulatorischen Folgen einer freiwilligen Desintegration durch ein vertikal integriertes marktmächtiges Unternehmen geregelt werden. Beabsichtigt ein solches Unternehmen, die Anlagen seines lokales Anschlussnetzes jedenfalls zu einem großen Teil auf eine eigene Rechtsperson mit einem anderen Eigentümer zu übertragen oder einen getrennten Geschäftsbereich einzurichten, muss es die Bundesnetzagentur hierüber rechtzeitig im Voraus benachrichtigen (§ 32 Abs. 1 S. 1 TKG). Entsprechendes gilt in Bezug auf Änderungen dieser Absicht und das Ergebnis des Trennungsprozesses (§ 32 Abs. 1 S. 2 TKG). Auch hier bewertet die Bundesnetzagentur die möglichen Folgen der beabsichtigten Trennung im Rahmen einer koordinierten Analyse der Märkte sowie durch entsprechende Anpassung der Regulierungsverfügung (§ 32 Abs. 2 TKG).

cc) Neu: Reiner Vorleistungsanbieter (§ 33 TKG)

Durch die Umsetzung des Kommunikationskodex enthält das TKG nunmehr auch eine Vorschrift, die sich mit einem Geschäftsmodell befasst, das auf einer vollständigen vertikalen Trennung beruht, in Deutschland bislang aber jedenfalls für die marktmachtabhängige Regulierung noch keine praktische Relevanz erlangt hat:[208] Ein reiner Vorleistungsanbieter ist überhaupt nicht auf einem Endkundenmarkt tätig. Er beschränkt sich also darauf, anderen Unternehmen Zugang zur eigenen Telekommunikationsinfrastruktur zu gewähren, den diese dann dazu nutzen, um Endnutzern Telekommunikationsleistungen anzubieten. Ein solcher reiner Vorleistungsanbieter hat grundsätzlich keine Anreize, einzelne Zugangsnachfrager zu diskriminieren, selbst wenn er über beträchtliche Marktmacht verfügen sollte. Dementsprechend können die regulatorischen Verpflichtungen in seinem Fall zurückhaltender ausgestaltet werden.

§ 33 Abs. 1 TKG beschränkt daher die Vorabverpflichtungen, die einem reinen Vorleistungsanbieter auferlegt werden können, bei dem auch ansonsten kein Einfluss von Geschäftsinteressen auf einem Endkundenmarkt zu befürchten ist. Einem solchen marktmächtigen Unternehmen dürfen danach nur Gleichbehandlungsverpflichtungen,[209] Zugangsverpflichtungen (zu anderen Einrichtungen als baulichen Anlagen) und Entgeltregulierungsverpflichtungen[210] auferlegt werden. Diese regulatorische Privilegierung entfällt zum einen, wenn das Unternehmen nicht mehr die Voraussetzungen eines reinen Vorleistungsanbieters erfüllt. Sie entfällt aber zum anderen auch, wenn die von ihm angebotenen Zugangsbedingungen zumindest absehbar zu Wettbewerbsproblemen zum Nachteil der Endnutzer führen. In beiden Fällen steht der Bundesnetzagentur wieder der vollständige Instrumentenkasten der marktmachtabhängigen Regulierung zur Verfügung (§ 33 Abs. 2 TKG).[211]

---

208 Siehe zum Ganzen ausführlich *Sörries,* N&R 2020, 161.

209 Diese richtlinienrechtlich vorgesehene Möglichkeit ist regulierungspolitisch zweifelhaft, da die Besonderheit eines reinen Vorleistungsanbieters gerade darin besteht, dass er eigentlich keine Anreize zu diskriminierendem Verhalten haben sollte.

210 Aus Art. 80 Abs. 2 des Kommunikationskodex könnte sich ergeben, dass eine Entgeltregulierung nur zulässig ist, um eine faire und angemessene Preisgestaltung sicherzustellen. Daraus wird z. T. gefolgert, dass eine kostenorientierte Entgeltregulierung ausgeschlossen ist, siehe *Sörries,* N&R 2020, 161, 163.

211 Vgl. auch Art. 80 Abs. 4 des Kommunikationskodex.

dd) Neu: Migration von herkömmlichen Infrastrukturen (§ 34 TKG)

Eine weitere Regelung, mit der das neue Telekommunikationsrecht in Umsetzung des Kommunikationskodex die Ausübung des Regulierungsermessens vorsteuert, um marktlichen Entwicklungen Rechnung zu tragen, betrifft die Migration von herkömmlichen Infrastrukturen.[212] Gemeint sind damit insbesondere die Fälle, in denen das marktmächtige Unternehmen alte Netzbestandteile außer Betrieb nimmt, insbesondere Teile des noch zu Zeiten des Fernmeldemonopols errichteten Kupferkabelnetzes (sog. „Kupferausstieg").[213] Hierzu kann es kommen, wenn das marktmächtige Unternehmen diese Netzbestandteile selbst mit einem moderneren Netz (Glasfaser) überbaut hat oder durch ein solches Netz ersetzen möchte. Eine Außerbetriebnahme kann aber auch erfolgen, wenn andere Unternehmen die alten Netzbestandteile überbaut haben und die Kunden in dem betreffenden Gebiet so weit zu diesen neuen Netzen (Glasfaser, Fernsehkabel) gewechselt sind, dass der Fortbetrieb der alten Netzinfrastruktur nicht mehr wirtschaftlich ist.

§ 34 Abs. 1 TKG sieht vor, dass ein marktmächtiges Unternehmen, das eine solche Außerbetriebnahme oder Ersetzung herkömmlicher Infrastruktur beabsichtigt, die Bundesnetzagentur rechtzeitig, mindestens jedoch ein Jahr vorher hierüber informieren muss.[214] Zusammen mit der entsprechenden Anzeige muss das Unternehmen einen Zeitplan zum vorgesehenen Prozess und die Bedingungen der Migration vorlegen, einschließlich einer Beschreibung der alternativen Zugangsprodukte, die während und nach Abschluss der Migration angeboten werden (§ 34 Abs. 2 TKG). Die Bundesnetzagentur prüft die vorgelegten Unterlagen und stellt insgesamt transparente und angemessene Bedingungen sicher, ggf. einschließlich der Verfügbarkeit alternativer Zugangsprodukte (§ 34 Abs. 4 TKG). Werden diese Bedingungen von dem marktmächtigen Unternehmen eingehalten, kann die Bundesnetzagentur mit dem Wirksamwerden einer diesbezüglichen Zugangsvereinbarung die dem Unternehmen auferlegten Vorabverpflichtungen hinsichtlich derjenigen Netzbestandteile widerrufen, die außer Betrieb genommen oder ersetzt werden (§ 34 Abs. 5 S. 1 TKG).

---

212 Die Vorschrift findet entsprechende Anwendung, wenn ein marktmächtiges Unternehmen beabsichtigt, sein Netz oder Teile davon zu veräußern (§ 32 Abs. 7 TKG).

213 Ausführlich zu den rechtlichen und wirtschaftlichen Rahmenbedingungen der diesbezüglichen Vorgabe in Art. 81 des Kommunikationskodex: *Franz,* N&R 2020, 86.

214 Jedenfalls im Wortlaut über Art. 81 Abs. 1 des Kommunikationskodex hinausgehend wird die Anzeigepflicht nach § 34 Abs. 1 S. 1 TKG darüber hinaus nur dann aktiviert, wenn durch die Außerbetriebnahme bzw. Ersetzung der Netzinfrastruktur das Angebot eines Zugangsproduktes unmöglich wird, zu dem das marktmächtige Unternehmen verpflichtet wurde.

ee) Neu: Verpflichtungszusagen insbesondere bei Ko-Investitionen (§ 18 TKG)

Regulatorische Vorabverpflichtungen sind nicht nötig oder können jedenfalls milder ausfallen, wenn ein marktmächtiges Unternehmen sich selbst zu einem entsprechenden Verhalten verpflichtet, insbesondere also zur Gewährung eines wettbewerbskonformen Zugangs. Das Telekommunikationsrecht wird künftig einen Mechanismus enthalten, in dem entsprechende Verpflichtungszusagen regulatorisch verarbeitet werden. Unternehmen mit beträchtlicher Marktmacht können der Bundesnetzagentur solche Verpflichtungszusagen vorlegen (§ 18 Abs. 1 TKG).[215]

Die inhaltlichen Anforderungen an Verpflichtungszusagen variieren dabei nach ihrem Inhalt. Verpflichtungszusagen sind allgemein insbesondere u. a. daran zu messen, ob sie fair und angemessen sowie gegenüber allen Marktteilnehmern offen sind (vgl. § 13 Abs. 4 S. 2 Nr. 1 und 2, § 18 Abs. 2 S. 1 TKG). Besondere Anforderungen gelten, wenn sich Verpflichtungszusagen auf sog. Ko-Investitionsangebote beziehen, welche die Errichtung von Glasfasernetzen mit sehr hoher Kapazität betreffen. Dabei handelt es sich um Ausbauvorhaben, bei denen das marktmächtige Unternehmen nicht alleine, sondern zusammen mit anderen Unternehmen tätig wird. Hierdurch kann das damit einhergehende Investitionsrisiko auf mehrere Schultern verteilt werden.[216] Solche Ko-Investitionen sollen daher regulatorisch besonders gefördert werden. Dafür müssen sie jedoch einen umfassenden Katalog an wettbewerbssichernden Voraussetzungen erfüllen, der in § 18 Abs. 3 TKG enthalten ist. Besondere Anforderungen gelten schließlich, wenn sich die Verpflichtungszusagen auf den Zugang für Dritte im Falle einer freiwilligen vertikalen Desintegration beziehen. Entsprechende Verpflichtungszusagen sind insbesondere daraufhin zu überprüfen, ob sie einen effektiven und nicht diskriminierenden Zugang gewährleisten (§ 18 Abs. 4 TKG).

Erweisen sich die Verpflichtungszusagen gemessen an den jeweils einschlägigen Anforderungen nicht bereits offenkundig als untauglich, werden sie einem spezifischen Marktprüfungsverfahren unterzogen. Hierbei erhalten zunächst die interessierten Parteien Gelegenheit, binnen eines Monats zu den angebotenen Verpflichtungszusagen Stellung zu nehmen (§ 18 Abs. 2 TKG). Im Anschluss hieran teilt die Bundesnetzagentur innerhalb von sechs Wochen dem marktmächtigen Unternehmen ihre vorläufige Bewertung mit (§ 18 Abs. 3 TKG). Nunmehr kann das marktmächtige Unternehmen innerhalb von sechs Wochen die ursprünglich angebotenen Zusagen ändern,

215 Einführend zu diesem Instrument *Louven,* N&R 2020, 265.

216 Ausführlich hierzu und zu den richtlinienrechtlichen Grundlagen *Sickmann/Neumann,* K&R 2018, 92.

um der vorläufigen Bewertung der Bundesnetzagentur Rechnung zu tragen (§ 18 Abs. 4 S. 1 TKG).

Soweit Verpflichtungszusagen – ggf. nach entsprechenden Anpassungen – die für sie geltenden Anforderungen erfüllen, erklärt die Bundesnetzagentur sie für den angebotenen Zeitraum für verbindlich (§ 19 Abs. 1, Abs. 4 S. 2 TKG). Verpflichtungszusagen für Ko-Investitionsangebote sind für einen Zeitraum von mindestens sieben Jahren für verbindlich zu erklären (§ 19 Abs. 1 S. 2 TKG). Die Einhaltung der für verbindlich erklärten Verpflichtungszusagen wird von der Bundesnetzagentur überwacht und gewährleistet (§ 19 Abs. 6 TKG).

Abbildung 4: Verfahren für Verpflichtungszusagen

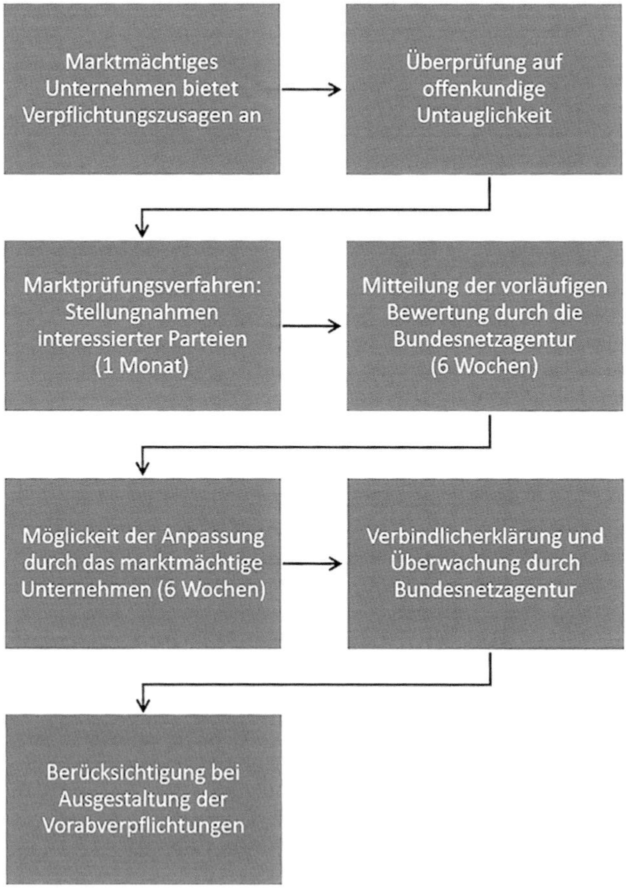

Damit ist sichergestellt, dass das marktmächtige Unternehmen an seine Zusagen insoweit ähnlich strikt gebunden ist wie an eine regulatorische Vorabverpflichtung. Das rechtfertigt (und erfordert) es, solche Verpflichtungszusagen bei der Entscheidung über die aufzuerlegenden Vorabverpflichtungen zu berücksichtigen (§ 13 Abs. 4 S. 1 TKG). Noch weitergehend ist die Vorsteuerung, soweit es um für verbindlich erklärte Verpflichtungszusagen in Bezug auf Ko-Investitionsangebote im o. g. Sinne geht: Hier ist die Bundesnetzagentur grundsätzlich verpflichtet, die betreffenden Netzbestandteile von marktmachtabhängigen Vorabverpflichtungen vollständig freizustellen, wenn mindestens ein Ko-Investor das Angebot angenommen hat (§ 13 Abs. 4 S. 3 TKG). Damit sollen besondere Anreize für den Abschluss solcher Vereinbarungen geschaffen werden. Nur ausnahmsweise kann die Bundesnetzagentur auch diesbezüglich Vorabverpflichtungen auferlegen, wenn aufgrund der besonderen Merkmale des betreffenden Marktes erhebliche[217] Wettbewerbsprobleme bestehen, die anders nicht gelöst werden können (§ 13 Abs. 4 S. 4 TKG).

ff) Regulierungsgrundsätze (§ 17 TKG)

Ein weiteres Instrument, mit dem die Rechts- und Planungssicherheit für alle Marktteilnehmer im Bereich der marktmachtabhängigen Regulierung verbessert und auf diese Weise ggf. auch zusätzliche Investitionsanreize geschaffen werden sollen, sind die sog. Regulierungsgrundsätze, die unter bisheriger Rechtslage noch als Regulierungskonzepte bezeichnet wurden. Hierbei handelt es sich um Verwaltungsvorschriften, mit denen die Bundesnetzagentur ihre grundsätzlichen Entscheidungsparameter in bestimmten Bereichen umschreibt und sich so zugleich nach Art. 3 GG im Sinne einer gleichmäßigen Ausfüllung bestehender Entscheidungsspielräume bindet. Diese Regulierungsgrundsätze können zum einen die grundsätzlichen Herangehensweisen und Methoden für Marktdefinition, Marktanalyse und Regulierungsverfügungen betreffen (§ 17 Abs. 1 TKG). Sie können sich zum anderen aber auch auf die grundsätzlichen regulatorischen Anforderungen beziehen, die zu beachten sind, wenn Investitionsrisiken sowie sog. Risikobeteiligungsmodelle[218] bei der Entscheidung über die Auferlegung von marktmachtabhängigen Vorabverpflichtungen in Bezug auf hochleistungsfähige Netze berücksichtigt werden (§ 17 Abs. 2 TKG). In der Praxis haben solche Regulierungsgrundsätze, für deren Erlass das Konsultations- und Konsolidierungsverfahren entsprechend gilt (§ 17 Abs. 3 TKG), bislang

217 Vgl. Art. 76 Abs. 2 UAbs. 3 des Kommunikationskodex.

218 Hierbei handelt es sich Vereinbarungen zur Aufteilung des Investitionsrisikos zwischen Investoren untereinander und zwischen Investoren und Zugangsbegehrenden (§ 17 Abs. 2 S. 1 Nr. 2 TKG).

keine Rolle gespielt.[219] Ob sich das in Zukunft ändern wird, bleibt abzuwarten. Auf eine solche Änderung dürfte jedenfalls § 17 Abs. 2 S. 2 TKG zielen. Diese Vorschrift sieht vor, dass die Bundesnetzagentur Regulierungsgrundsätze in Bezug auf Investitionsanreize bei der Errichtung von Netzen mit sehr hoher Kapazität erlassen „soll", sofern die grundsätzlichen regulatorischen Anforderungen von wesentlicher und allgemeiner Bedeutung für den Markt sind.

gg) Sektorspezifische Missbrauchsaufsicht (§ 50 TKG)

Obwohl das Verhalten eines marktmächtigen Unternehmens durch die ihm in der Regulierungsverfügung auferlegten Vorabverpflichtungen bereits ex ante gesteuert wird, verbleiben ihm in aller Regel noch Spielräume, um seine Marktmacht missbräuchlich auszunutzen. Das System der Vorabverpflichtungen wird daher durch eine nachträgliche (Ex-post-) Missbrauchskontrolle ergänzt, die an die Missbrauchskontrolle nach allgemeinem Wettbewerbsrecht (§ 19 Abs. 1, § 32 Abs. 1 GWB) angelehnt ist. Als Ergänzung der marktmachtabhängigen Vorabregulierung greift § 50 TKG allerdings nur gegenüber Unternehmen, deren beträchtliche Marktmacht auch in einem Marktdefinitions- und Marktanalyseverfahren festgestellt wurde.[220]

Nach § 50 Abs. 1 S. 1 TKG ist es einem insoweit marktmächtigen Unternehmen generell verboten, seine Stellung missbräuchlich ausnutzen. Der Missbrauch muss dabei weder auf dem Markt erfolgen, auf dem das Unternehmen über beträchtliche Marktmacht verfügt, noch muss er sich auf einem solchen Markt auswirken. In einer derartigen Drittmarktkonstellation muss jedoch ein Kausalzusammenhang zwischen der beträchtlichen Marktmacht und dem missbilligten Verhalten bzw. seiner wettbewerbsbeeinträchtigenden Wirkung bestehen.[221]

Unabhängig davon, ob es sich um eine Drittmarktkonstellation handelt oder von vornherein nur der Markt selbst betroffen ist, auf dem die beträchtliche Marktmacht besteht, liegt ein Missbrauch insbesondere vor, wenn andere Unternehmen unmittelbar oder mittelbar unbillig behindert oder deren Wettbewerbsmöglichkeiten ohne sachlich gerechtfertigten Grund erheblich beeinträchtigt werden (§ 50 Abs. 1 S. 2 TKG). Das verbotene Verhalten deckt sich daher weitgehend mit dem Verhalten, das für den Bereich der

219 Das Gleiche gilt für den in § 17 Abs. 4 TKG vorgesehenen Anspruch von Netzbetreibern auf Auskunft über die zu erwartenden regulatorischen Rahmenbedingungen oder Maßnahmen in Bezug auf den Auf- und Ausbau neuer Netze.

220 BVerwG, Beschl. v. 31.1.2020 – Az. 6 B 35.19, Rn. 6; N&R 2007, 169, 171 Rn. 17 (Urt. v. 18.4.2007 – Az. 6 C 21.06) („regelmäßig").

221 BVerwG, Beschl. v. 31.1.2020 – Az. 6 B 35.19, Rn. 16.

Entgeltgestaltung bereits durch § 37 TKG untersagt wird.[222] Sofern nicht ausnahmsweise von einer Entgeltregulierung abgesehen wird, beschränkt sich die praktische Bedeutung der sektorspezifischen Missbrauchsaufsicht mithin in aller Regel auf Verhaltensweisen jenseits der Forderung und Vereinbarung von Entgelten. Der generalklauselartige Verbotstatbestand wird dabei im Folgenden durch zwei Vermutungsregeln ergänzt: Danach wird ein Missbrauch vermutet, wenn das marktmächtige Unternehmen ohne sachlichen Grund einzelnen Nachfragern, einschließlich sich selbst oder seinen Tochter- oder Partnerunternehmen, bessere Bedingungen einräumt als anderen Unternehmen (§ 50 Abs. 2 TKG). Ein Missbrauch wird außerdem vermutet, wenn das marktmächtige Unternehmen, das einer Zugangsverpflichtung unterliegt, die Bearbeitung von Zugangsanträgen i. S. v. § 28 Abs. 1 TKG verzögert. In der jüngeren Regulierungspraxis wurden etwa die Verweigerung einer vertraglichen Regelung von angemessenen Fristen für die Bereitstellung von Zugangsprodukten[223] und die flächendeckende Kündigung von Zugangsverträgen bei zeitlich unbefristeter Verpflichtung zur Zugangsgewährung[224] als missbräuchlich gewertet.

Stellt die Bundesnetzagentur fest, dass ein marktmächtiges Unternehmen seine diesbezügliche Stellung missbraucht hat, ergreift sie Maßnahmen, um den Missbrauch zu beenden (§ 50 Abs. 4 S. 1 TKG). Dazu kann sie dem Unternehmen ein Verhalten auferlegen oder untersagen oder Verträge ganz oder teilweise für unwirksam erklären (§ 50 Abs. 4 S. 2 f. TKG). Eine entsprechende Entscheidung soll in der Regel innerhalb von vier Wochen nach Einleitung des Missbrauchsverfahrens ergehen (§ 50 Abs. 3 S. 2 TKG).

Das Missbrauchsverbot aus § 50 Abs. 1 TKG ist angesichts der Individualisierung anderer Unternehmen in § 50 Abs. 1 S. 2 TKG für diese drittschützend.[225]

4. Überprüfung der marktmachtabhängigen Regulierung

Das System der marktmachtabhängigen Regulierung ist dynamisch konzipiert. Es soll sich der Wettbewerbsentwicklung anpassen. § 15 Abs. 3 TKG sieht deshalb eine periodische Überprüfung von Marktdefinition, Marktanalyse und Regulierungsverfügung vor, bei der die diesbezüglichen Verfahren neu durchlaufen werden. Diese Überprüfung hat frühestens alle drei und spätestens alle fünf Jahre zu erfolgen (§ 15 Abs. 3 S. 1 TKG). Die Höchstfrist kann ausnahmsweise um ein weiteres Jahr verlängert werden, sofern die Kommission keine Einwände hiergegen erhebt (§ 15 Abs. 3 S. 2 ff. TKG).

222 Vgl. auch BVerwG, Beschl. v. 31.1.2020 – Az. 6 B 35.19, Rn. 16.
223 Bundesnetzagentur, Beschl. v. 31.8.2020 – Az. BK2c-19/032.
224 Bundesnetzagentur, Beschl. v. 16.4.2021 – Az. BK2b-20/024.
225 BVerwG, N&R 2007, 169, 170 Rn. 10 (Urt. v. 18.4.2007 – Az. 6 C 21.06).

Diese Fristvorgaben beziehen sich allein auf die Überprüfungsverpflichtung der Bundesnetzagentur (Regelüberprüfung[226]). Sie haben demgegenüber nicht zur Folge, dass Marktdefinition und -analyse nach Fristablauf automatisch außer Kraft treten würden.[227]

Marktdefinition und -analyse müssen aber auch vor Ablauf dieser periodischen Überprüfungsfristen überprüft werden, wenn der Bundesnetzagentur Tatsachen bekannt werden, welche die Annahme rechtfertigen, dass die bisherigen Ergebnisse nicht mehr den tatsächlichen Marktgegebenheiten entsprechen (§ 15 Abs. 1 TKG). Mit Blick auf diese anlassbezogene Überprüfung[228] gibt das neue Recht der Bundesnetzagentur eine Frist von sechs Wochen vor, binnen derer sie die Vorfrage zu klären hat, ob ihr entsprechend bekannt gegebene bzw. auf andere Weise bekannt gewordene Tatsachen eine solche Annahme rechtfertigen. Auf diese Weise soll zeitnah Rechtssicherheit für alle Marktteilnehmer geschaffen werden.

Schlussendlich müssen die Entwürfe von Marktdefinition und -analyse sowie Regulierungsverfügung binnen einer Frist von drei Jahren vorgelegt werden, wenn die Märkteempfehlung der Kommission geändert wurde und der betreffende Markt bisher noch nicht bei der Kommission notifiziert worden war (§ 15 Abs. 4 TKG).

Unabhängig von der Überprüfung von Marktdefinition und -analyse kann die Bundesnetzagentur die Regulierungsverfügung selbst grundsätzlich jederzeit überprüfen.[229] Das kann insbesondere dann geboten sein, wenn etwaige Änderungen des marktlichen Umfelds nicht so tiefgreifend sind, dass sie bereits die Ergebnisse von Marktdefinition und -analyse selbst beeinflussen, aber Auswirkungen auf die Verhältnismäßigkeit der auferlegten Vorabverpflichtungen haben (vgl. nunmehr § 15 Abs. 2 S. 1 TKG).

III. Marktmachtunabhängige Regulierung

Zwar ist die marktmachtabhängige Regulierung als punktgenaues Eingriffsinstrumentarium konzipiert, mit dem auf konkrete Wettbewerbshindernisse reagiert werden kann. Angesichts der besonderen ökonomischen Charakteristika der Telekommunikationsmärkte besteht jedoch ein Bedürfnis, auch unabhängig von entsprechend nachzuweisender Marktmacht regulatorisch eingreifen zu können, um die Interessen der Endnutzer zu wahren. Das Telekommunikationsrecht sieht deshalb auch ergänzende Eingriffsinstrumente vor, mit denen Unternehmen marktmachtunabhängig Verpflichtungen

226 BVerwG, N&R 2019, 97, 99 Rn. 22 (Urt. v. 21.9.2018 – Az. 6 C 50.16).
227 BVerwG, N&R 2012, 102, 103 Rn. 19 (Urt. v. 14.12.2011 – Az. 6 C 36.10).
228 BVerwG, N&R 2019, 97, 99 Rn. 22 (Urt. v. 21.9.2018 – Az. 6 C 50.16).
229 BVerwG, N&R 2019, 97, 99 f. Rn. 20 ff. (Urt. v. 21.9.2018 – Az. 6 C 50.16).

auferlegt werden können, die also keine Durchführung eines Marktdefinitions- und Marktanalyseverfahren erfordern.[230]

1. Ende-zu-Ende-Verpflichtungen für Teilnehmernetzbetreiber (§21 Abs. 1 TKG)

Es besteht ein allgemeines öffentliches Interesse, dass Teilnehmer eines Netzes mit Teilnehmern aller anderen Netze kommunizieren können (positive Externalitäten). Um einen solchen Ende-zu-Ende-Verbund sicherzustellen, sieht §21 TKG daher die Möglichkeit vor, solchen Unternehmen regulatorische Verpflichtungen aufzuerlegen, die den Zugang zu Endnutzern kontrollieren. Solche Teilnehmernetzbetreiber können dazu verpflichtet werden, ihre Netze mit anderen öffentlichen Telekommunikationsnetzen zusammenzuschalten, soweit dies zur Gewährleistung des Ende-zu-Ende-Verbunds erforderlich ist (§21 Abs. 1 Nr. 1 TKG). Zum selben Zweck können ihnen auch „weitere Verpflichtungen" auferlegt werden (§21 Abs. 1 Nr. 2 TKG), also z. B. sonstige Zugangsverpflichtungen oder ein Diskriminierungsverbot. Entsprechende Verpflichtungen unterliegen dem Konsultations- und Konsolidierungsverfahren (§21 Abs. 5 S. 1 TKG). §21 Abs. 5 S. 2 TKG sieht schließlich vor, dass die Bundesnetzagentur erlassene Maßnahmen innerhalb von fünf Jahren überprüft.

2. Neu: Interoperabilitätsverpflichtungen (§21 Abs. 2 TKG)

In den letzten Jahren hat sich das Kommunikationsverhalten tiefgreifend geändert. An die Stelle von Sprachtelefonie und Kurztextnachrichten (SMS) sind zunehmend internetbasierte Kommunikationsdienste getreten, die nicht an eine spezifische Rufnummer als Identifikationskriterium des Kommunikationsteilnehmers anknüpfen. Solche plattformübergreifenden („Over-The-Top"-, OTT-) Dienste wie „WhatsApp" waren bislang mit den Maßstäben der telekommunikationsrechtlichen Marktregulierung nur schwer zu erfassen. Hierauf hat der Kommunikationskodex reagiert, so dass der Bundesnetzagentur künftig ein spezifisches Regulierungsinstrument für sog. nummernunabhängige interpersonelle Telekommunikationsdienste zur Verfügung steht. Auf dessen Grundlage kann sie die betreffenden Anbieter verpflichten, ihre Dienste interoperabel zu machen (§21 Abs. 2 TKG). Dies

230 Zusätzlich zu den nachfolgend dargestellten Regulierungsinstrumenten kann die Bundesnetzagentur Betreiber auch dazu verpflichten, zu fairen, ausgewogenen und nicht diskriminierenden Bedingungen den Zugang zu Anwendungs-Programmierschnittstellen (API) und elektronischen Programmführern (EPG) zu gewähren, soweit dies zur Gewährleistung des Zugangs der Endnutzer zu digitalen Hörfunk- und Fernsehdiensten sowie damit verbundenen ergänzenden Diensten erforderlich ist (§21 Abs. 3 TKG).

hätte zur Folge, dass Nutzer dieser Dienste mit den Nutzern anderer interpersoneller Kommunikationsdienste kommunizieren könnten.

Solche Verpflichtungen kommen allerdings nur unter sehr engen Voraussetzungen in Frage. So muss die mangelnde Interoperabilität die durchgehende Konnektivität zwischen Endnutzern bedrohen. Dies muss nicht nur in Deutschland der Fall sein, sondern in mindestens drei Mitgliedstaaten der EU, was von der Kommission festgestellt worden sein muss (Art. 61 Abs. 2 UAbs. 2 ii) des Kommunikationskodex). Darüber hinaus ist Voraussetzung für die Auferlegung von Interoperabilitätspflichten durch die Bundesnetzagentur, dass die Kommission Durchführungsmaßnahmen erlassen hat, in denen Art und Umfang der auferlegbaren Verpflichtungen festgelegt werden (§ 21 Abs. 2 Nr. 4 TKG). Und selbst dann können die Interoperabilitätspflichten nur solchen Anbietern auferlegt werden, deren Dienste eine nennenswerte Abdeckung und Nutzerbasis aufweisen.

Auch für die Auferlegung von Interoperabilitätspflichten für nummernunabhängige interpersonelle Telekommunikationsdienste gelten schließlich das Konsultations- und Konsolidierungsverfahren sowie der Überprüfungszeitraum von fünf Jahren (§ 21 Abs. 5 TKG).

3. Neu: Replizierbarkeitsverpflichtungen (§ 22 TKG)

Eine besonders bedeutsame und umstrittene Neuerung im künftigen Telekommunikationsrecht betrifft Zugangsverpflichtungen bei beträchtlichen und anhaltenden Replizierbarkeitshindernissen.[231] Solche liegen vor, wenn eine Errichtung konkurrierender Infrastruktur aus wirtschaftlichen oder tatsächlichen Gründen nicht zu erwarten ist. Angesprochen sind damit in erster Linie lokale Wettbewerbshindernisse in Bezug auf den Anschluss von Endkunden, denen nicht schon durch Maßnahmen der marktmachtabhängigen Regulierung begegnet wird. Das kann z. B. für einzelne Gebäude bzw. kleinere Siedlungseinheiten gelten, die nicht von dem Unternehmen erschlossen wurden, das ausweislich des Marktdefinitions- und Marktanalyseverfahrens bei einer weiter gefassten räumlichen Marktabgrenzung über beträchtliche Marktmacht verfügt. Derartige lokale Engpässe können sich beispielsweise bei Neubaugebieten finden, die von einem alternativen Netzbetreiber mit einem Glasfasernetz angeschlossen wurden. Solche Netzbetreiber werden insbesondere bei einer bundesweiten Marktabgrenzung nicht über beträchtliche Marktmacht verfügen, sind dann also nicht (potentielle) Adressaten marktmachtabhängiger Zugangsverpflichtungen. Wegen der fehlenden Replizierbarkeit der Infrastruktur müssen sie aber auch nicht mit der Errichtung konkurrierender Netzanschlüsse rechnen. Hierdurch erhalten sie letzten

---

231 Weiterführend *Neumann/Sickmann,* N&R 2020, 208.

Endes einen marktmachtähnlichen Verhaltensspielraum gegenüber den angeschlossenen Endkunden.

Um in einer solchen Situation erhebliche Nachteile für die Endkunden zu verhindern, kann die Bundesnetzagentur auch nicht marktmächtigen Betreiber Zugangsverpflichtungen auferlegen (§22 Abs. 1 S. 1 TKG), insbesondere auch in Bezug auf aktive oder virtuell entbündelte Zugangsformen (§22 Abs. 1 S. 2 TKG). Der Zugang ist dabei an einem Punkt zu gewähren, bei dem einem effizienten Zugangsnachfrager die Abnahme einer wirtschaftlich tragfähigen Anzahl von Endnutzeranschlüssen möglich ist (§22 Abs. 1 S. 3 TKG). Da diese Replizierbarkeitsverpflichtungen marktmachtunabhängig jedem Netzbetreiber auferlegt werden können, werden sie verbreitet unter dem Stichwort „symmetrische Regulierung“ diskutiert.

Der Unterschied zu den (ebenfalls in diesem Sinne „symmetrischen“) Ende-zu-Ende-Verpflichtungen besteht darin, dass die Ende-zu-Ende-Verpflichtungen es dem Zugangsberechtigten erlauben, den eigenen Teilnehmern die Kommunikation mit Teilnehmern eines anderen Netzbetreibers zu ermöglichen. Die Replizierbarkeitsverpflichtungen erlauben es dem Zugangsberechtigten demgegenüber, den Endnutzern, die an das physische Netz eines anderen Betreibers angebunden sind, ein eigenes Telekommunikationsangebot (namentlich in Form eines Breitbandanschlusses) zu unterbreiten. Sie führen also unmittelbar zu einer Vergrößerung der (potentiellen) Kundenbasis.

Sofern jedoch die Auferlegung von Replizierbarkeitsverpflichtungen die ökonomische Tragfähigkeit des Aufbaus neuer Netze gefährden würde, muss die Bundesnetzagentur von ihrer Auferlegung absehen (§22 Abs. 2 S. 1 Nr. 2 TKG).[232] Mit dieser wichtigen Ausnahmeregelung, die insbesondere auf kleine lokale Netzausbauvorhaben zielt, wird sichergestellt, dass ein Investitionsvorhaben, das nur aufgrund der erwarteten Endkundeneinnahmen umgesetzt werden konnte, nicht nachträglich durch die Auferlegung von Replizierbarkeitsverpflichtungen und den nachfolgend zu erwartenden Verlust von Endkunden (an in der Regel überregional tätige Anbieter) defizitär wird. Insoweit kann es mit Blick auf den Sinn und Zweck des neu geschaffenen Regulierungsinstruments allerdings nicht darum gehen, Investitionspläne zu schützen, die von vornherein auf einer die Endkunden erheblich belastenden Preissetzungsstrategie basieren.

Auch Replizierbarkeitsverpflichtungen werden auf Grundlage eines Konsultations- und Konsolidierungsverfahrens auferlegt (§22 Abs. 4 S. 1 TKG).

232 Eine weitere Ausnahmeregelung besteht für Netze mit sehr hoher Kapazität reiner Vorleistungsanbieter, die tragfähige Zugangsalternativen zu fairen, nicht diskriminierenden und angemessenen Bedingungen anbieten (§22 Abs. 2 S. 1 Nr. 1 TKG) und das Netz nicht mit öffentlichen Mitteln finanziert haben (§22 Abs. 2 S. 2 TKG).

Zusätzlich sind spezifische Leitlinien weitestgehend zu berücksichtigen, die das GEREK hierzu erlassen hat (§ 22 Abs. 4 S. 2 TKG)[233]. Wie die anderen nicht marktmachtabhängigen Verpflichtungen sind schließlich auch etwaige Replizierbarkeitsverpflichtungen innerhalb von fünf Jahren zu überprüfen (§ 22 Abs. 4 S. 3 TKG).

233 GEREK, BEREC Guidelines on the Criteria for a Consistent Application of Article 61 (3) EECC, BoR (20) 225.

D. Frequenzverwaltung

Ein weiterer Teilbereich des Telekommunikationsrechts verbindet geradezu paradigmatisch klassische Aufsichtsverwaltung mit moderner Regulierungsverwaltung: die Frequenzverwaltung. Funknetze haben gegenüber leitungsgebundenen Netzen den ganz offensichtlichen Vorteil, dass sie bei der Anbindung der einzelnen Teilnehmer unabhängig von einer Kabelinfrastruktur sind. Das hat erhebliche Kostenvorteile gegenüber leitungsgebundenen Netzen zur Folge. Zwar steigen mit wachsenden Kapazitätsanforderungen an die Funknetze (LTE, 5G) auch die Anforderungen an die Anbindung der Funkmasten. Doch selbst wenn Tausende Standorte mit Glasfaserleitungen angebunden werden müssen, bleibt der Aufwand für die entsprechenden Tiefbauarbeiten weit hinter einer flächendeckenden Verkabelung von rund 41 Millionen Haushalten bundesweit zurück.

Das wirtschaftlich sinnvoll und technisch überhaupt nutzbare Frequenzspektrum ist allerdings begrenzt. Schranken ergeben sich zunächst aus den physikalischen Eigenschaften der verschiedenen Frequenzbänder. So können z. B. nicht alle Frequenzen gleich gut eingesetzt werden, um große Flächen zu versorgen. Typischerweise unterscheidet man hier bislang zwischen sog. Flächenfrequenzen (unterhalb von 1 GHz) und sog. Kapazitätsfrequenzen (oberhalb von 1 GHz). Ein weiterer entscheidender Nachteil ist, dass sich Frequenznutzungen sehr leicht gegenseitig stören können. Solche Interferenzen sind die Kehrseite des Umstandes, dass frequenzgestützte Kommunikation im „freien Raum“ erfolgt und nicht wie im Festnetz über ein Kabel, an dem exklusive Verfügungsrechte bestehen. Um das zur Verfügung stehende Frequenzspektrum sinnvoll nutzen zu können und ein „Chaos im Funkverkehr“ zu vermeiden,[234] bedarf es deshalb einer regulatorischen Verwaltung. Diese hat sich primär am Ziel einer effizienten und störungsfreien Nutzung zu orientieren, um die begrenzten Frequenzressourcen optimal auszuschöpfen (§ 88 Abs. 1 TKG). Die übrigen Ziele der Regulierung sind dabei allerdings auch zu berücksichtigen – und werden seit der Novellierung des TKG um spezifische Ziele der Frequenzregulierung und darauf bezogene Handlungsgrundsätze in § 87 TKG ergänzt. Die Frequenzordnung ist in §§ 87 ff. TKG im Einzelnen im Wege einer gestuften Konkretisierung normativ ausgestaltet und wird überdies völker- und unionsrechtlich überlagert. Dieses System ist cum grano salis mit der Bauleitplanung vergleichbar, bei welcher zunächst ein Flächennutzungsplan aufgestellt wird, aus dem dann Bebauungspläne entwickelt werden. Auf einer letzten Ebene wird schließlich durch eine konkrete Baugenehmigung die Erlaubnis zu einer bestimmten baulichen Nutzung erteilt.

234 BVerfGE 12, 205, 230 (Urt. v. 28.2.1961 – Az. 2 BvG 1, 2/60).

I. Frequenzzuweisung

Entsprechend der Bauleitplanung werden auf der obersten Konkretisierungsebene der Frequenzordnung von der Bundesregierung durch den Erlass der Frequenzverordnung (FreqV) die Frequenzbereiche an einzelne Funkdienste (und an andere Anwendungen elektromagnetischer Wellen) zugewiesen (§ 89 Abs. 1 S. 1 TKG i. V. m. § 3 Nr. 16 TKG, § 1 FreqV). Die Frequenzordnung unterscheidet also zwischen einzelnen Funkdiensten. Dabei ist unter einem Funkdienst die Gesamtheit der Funknutzungen zu verstehen, deren Verwendungszweck ein wesentliches gemeinsames Merkmal besitzt (§ 4 Nr. 9 FreqV). Diese Unterscheidung zwischen verschiedenen Funkdiensten ist sinnvoll, da die unterschiedlichen Verwendungszwecke unterschiedliche Vorgaben zur Sicherstellung einer effizienten und störungsfreien Frequenznutzung erforderlich machen können.

Erfolgen z. B. Funkverbindungen ausschließlich zwischen bestimmten festen Punkten (Fester Funkdienst, § 4 Nr. 5 FreqV), lassen sich die Auswirkungen einer solchen Frequenznutzung anhand der konkreten räumlichen Verhältnisse genau beurteilen. Auf diese Weise kann z. B. ohne weiteres sichergestellt werden, dass sich mehrere Frequenznutzungen schon aufgrund der räumlichen Verteilung der festen Punkte nicht gegenseitig stören. Das wiederum kann höhere Signalstärken und damit auch höhere Übertragungsleistungen zwischen den festen Punkten ermöglichen. Erfolgt die Frequenznutzung demgegenüber zwischen ortsfesten und mobilen Funkstellen (Mobilfunkdienst, § 4 Nr. 22 FreqV), kommt eine solche Vorabkoordinierung feststehender Standorte (bzw. Funkverbindungen) nicht in Betracht. Das macht es erforderlich, den Schutz anderer Frequenznutzungen etwa durch die Festlegung geringerer Strahlungsleistungen sicherzustellen. Erfolgen beide Arten von Frequenznutzungen in demselben räumlichen Gebiet unter Verwendung derselben oder benachbarter Frequenzen, muss immer damit gerechnet werden, dass es zu mobilen Frequenznutzungen in unmittelbarer Nähe zu den festen Frequenznutzungen kommt. Hieraus ergäbe sich ein erhebliches Störungspotential.

Die Frequenzzuweisung trägt diesem Koordinierungsbedarf Rechnung, indem in Form einer tabellarischen Aufstellung eine erste Grobaufteilung der einzelnen Frequenzbänder auf die unterschiedlichen Funkdienste erfolgt (Frequenzzuweisungstabelle, § 2 Abs. 1 FreqV). Dabei wird ggf. auch eine Priorisierung der in einem Frequenzbereich grundsätzlich zulässigen Funkdienste (durch Unterscheidung nach primären und sekundären Funkdiensten) vorgenommen (§ 3 Abs. 3 ff. FreqV). Zusätzlich werden u. U. bereits weitere Nutzungsbestimmungen (§ 2 Abs. 3 FreqV) vorgegeben. Für den Frequenzbereich von 470 bis 862 MHz enthält die aktuelle Frequenzzuweisungstabelle beispielsweise folgende Einträge.

Tabelle 4: Frequenzbereichszuweisungstabelle für den Bereich 470 bis 862 MHz

Lfd. Nr.	Frequenzbereich (MHz)	Zuweisung an Funkdienste	Nutzung
249	**470 – 694** D149 D291A D306 3 5 21 31	RUNDFUNKDIENST 6 14 Mobiler Landfunkdienst D296	ziv.
249A	**694 – 790** 5 31 36A 41	MOBILFUNKDIENST außer mobiler Flugfunkdienst D317A	ziv., mil.
250	**790 – 862** 3 5 31	MOBILFUNKDIENST außer mobiler Flugfunkdienst D317A	ziv.

Quelle: Teil A der Anlage zur FreqV, Stand: 13.10.2021

Die in Großbuchstaben eingetragenen Funkdienste sind die jeweils primären Funkdienste in dem betreffenden Frequenzbereich. Die in normaler Schreibweise z. T. (in der Zeile mit der laufenden Nummer 249) darunter angegebenen Funkdienste sind sekundäre Funkdienste. Alle hier aufgeführten Frequenzbereiche sind für eine zivile („ziv.") Nutzung, der Frequenzbereich von 694 bis 790 MHz zusätzlich auch für eine militärische Nutzung („mil.") vorgesehen (§ 3 Abs. 2 FreqV). Die ergänzenden Buchstaben und Ziffern in den Spalten zum „Frequenzbereich" und zur „Zuweisung an Funkdienste" bezeichnen zusätzliche Nutzungsbestimmungen für den betreffenden Bereich oder Funkdienst. Diese werden in Teil B der Anlage zur FreqV weiter erläutert. So lautet die Nutzungsbedingung 41 beispielsweise:

> *„Der Frequenzbereich 694 – 790 MHz kann für Anwendungen der drahtlosen Produktionstechnik im Zusammenhang mit Rundfunk und zur professionellen drahtlosen Produktion genutzt werden. Funkstellen dieser Anwendungen dürfen bei gegenwärtig oder zukünftig betriebenen Funkstellen primärer Funkdienste keine schädlichen Störungen verursachen und genießen keinerlei Schutz gegenüber diesen."*

Damit wird der Einsatz von Funkmikrofonen in diesem Frequenzbereich erlaubt. Entsprechende Nutzungen dürfen aber die zivilen und militärischen Mobilfunkanwendungen nicht stören, denen der Bereich zugewiesen ist. Und zugleich besteht kein Anspruch der Nutzer von Funkmikrofonen auf Störungsschutz gegenüber den dortigen Mobilfunkanwendungen.

In die Vorbereitung der Frequenzverordnung sind die betroffenen Kreise einzubeziehen (§ 89 Abs. 1 S. 4 TKG). Eine genauere Vorgabe zur Art und Weise dieser Einbeziehung ist dem TKG nicht zu entnehmen. Erforderlich ist in jedem Fall eine Gelegenheit zur Stellungnahme, die sinnvollerweise im Rahmen einer öffentlichen Anhörung eingeräumt wird. Seit der TKG-Novelle 2021 kann die Bundesregierung eine besondere Frequenzverordnung erlassen, die im Spannungs- und Verteidigungsfall die Vorgaben der allgemeinen Frequenzverordnung verdrängt (§ 89 Abs. 3 TKG).

II. Frequenzplan

Der durch die Frequenzzuweisung abgesteckte Rahmen ist in aller Regel allerdings noch sehr weit. Deshalb kann es sinnvoll sein, die abstrakten Vorgaben der Zuweisungsebene für einzelne Frequenznutzungen (Anwendungen) weiter zu konkretisieren und von den verordnungsrechtlich eröffneten Spielräumen insoweit gestaltend Gebrauch zu machen. Das Instrument, mit dem eine solche Aufteilung der auf Zuweisungsebene unterschiedenen Frequenzbereiche auf einzelne Frequenznutzungen und darauf bezogene Nutzungsbestimmungen erfolgt, ist der von der Bundesnetzagentur festzulegende Frequenzplan (§ 90 Abs. 1 S. 1 TKG). Die Frequenznutzung und die Nutzungsbestimmungen werden dabei durch technische, betriebliche oder regulatorische Parameter beschrieben (§ 90 Abs. 3 S. 1 TKG). Die nachfolgende Abbildung verdeutlicht diese planungsrechtlichen Konkretisierungsschritte anhand eines beispielhaften Planeintrags aus dem 800-MHz-Band.

Abbildung 5: Frequenzplan zur lfd. Nr. 250 der Frequenzbereichszuweisungstabelle

Frequenzteilplan:	250	**Eintrag:**	250004	**Stand:**	OKTOBER 2019
Frequenzbereich:	790 - 862 MHz				
Nutzungsbestimmung(en):	3 5 31				
Funkdienst:	MOBILFUNKDIENST außer mobiler Flugfunkdienst D317A				
Nutzung:	ziv				
Frequenznutzung:	Drahtloser Netzzugang zum Angebot von Telekommunikationsdiensten				
Frequenzteilbereich(e):	791 - 821 MHz				
Frequenznutzungsbedingungen:	Duplexfrequenzbereich:	832 - 862 MHz			

Quelle: Quelle: Bundesnetzagentur, Frequenzplan, Stand: 1/2021

Dieser Planeintrag enthält Festlegungen für einen Teilbereich des in der Frequenzzuweisungstabelle einheitlich definierten Frequenzbereichs von 790 bis 862 MHz, nämlich für den Bereich von 791 bis 821 MHz. Von entscheidender Bedeutung ist hier der Konkretisierungsschritt von dem Funkdienst (im Beispiel: „MOBILFUNKDIENST außer mobiler Flugfunkdienst") zu einer konkreten Frequenznutzung (Anwendung) (im Beispiel: „Drahtloser Netzzugang zum Angebot von Telekommunikationsdiensten"). Damit werden für diesen Frequenzteilbereich zugleich andere Frequenznutzungen ausgeschlossen, auch wenn diese grundsätzlich die Merkmale des auf Zuweisungsebene zugeordneten Funkdienstes erfüllen (wie z. B. der Binnenschifffahrtsfunk). Die konkreten Frequenznutzungen (Anwendungen) sind daher strikt von der umfassenderen Kategorie der Funkdienste zu unterscheiden.

Der beispielhaft aufgeführte Auszug aus dem Frequenzplan zeigt außerdem, wie durch eine weitere Nutzungsbedingung die Art und Weise der zulässigen Frequenznutzung weiter konkretisiert wird, um eine effiziente und störungsfreie Frequenznutzung sicherzustellen: Es wird dort ein korrespondierender „Duplexbereich" definiert, nämlich der Bereich von 832 bis 863 MHz. Damit wird festgelegt, dass beide Frequenzbereiche gemeinsam zu nutzen sind: Während in dem einen Bereich der Funkverkehr in der „Abwärtsstrecke" (von der Funkbasisstation zum Endgerät) erfolgt, wird der andere Duplexbereich für die „Aufwärtsstrecke" (vom Endgerät zur Funkbasisstation) genutzt. Diese Aufteilung auf zwei Duplexbereiche, die durch eine sog. „Mittenlücke" getrennt sind (hier: zwischen 821 und 832 MHz), dient der Vermeidung von Interferenzen.

An der Aufstellung des Frequenzplans sind die betroffenen Kreise und die Öffentlichkeit zu beteiligen. Sind die Kapazitäten für den Bereich der öffentlichen Sicherheit oder des Rundfunks betroffen, stellt die Bundesnetzagentur das Einvernehmen mit den zuständigen Landes- und Bundesbehörden her (§ 90 Abs. 1 S. 3 TKG).

Bei der TKG-Novelle 2021 neu aufgenommen wurde eine Vorschrift, mit der eine effiziente Frequenznutzung gefördert werden soll. Gemäß § 90 Abs. 2 TKG kann die Bundesnetzagentur nach einer Anhörung der Betroffenen Festlegungen im Frequenzplan ändern oder auch aufheben, wenn drei Jahre nach ihrer Aufnahme in den Frequenzplan noch keine entsprechenden Frequenzzuteilungen erfolgt sind („use it or lose it"). Damit soll sichergestellt werden, dass die Festlegungen im Frequenzplan auch mit einem tatsächlichen Bedarf korrespondieren – und nicht etwa andere Frequenznutzungen, für die ein Frequenzbedarf besteht, blockieren. Da die Bundesnetzagentur den Frequenzplan aber ohnehin ändern kann, liegt der eigentliche Mehrwert dieser Vorschrift in der Befreiung von dem Einvernehmenserfordernis nach § 90 Abs. 1 S. 3 TKG (§ 90 Abs. 2 S. 2 TKG).

Der Frequenzplan erzeugt regelmäßig keine unmittelbare Außenwirkung. Er kann deshalb auch nicht isoliert gerichtlich angegriffen werden. Möglich ist aber – wie auch hinsichtlich der Frequenzverordnung – eine Inzidentkontrolle,[235] etwa im Rahmen einer Verpflichtungsklage auf Einräumung eines Frequenznutzungsrechts entgegen einer (für rechtswidrig erachteten) Festlegung im Frequenzplan.

235 BVerwG, Buchholz 442.066 § 55 TKG Nr. 9 Rn. 47 (Urt. v. 10.10.2012 – Az. 6 C 36.11).

III. Frequenzzuteilung

Grundsätzlich bedarf jede Frequenznutzung einer vorherigen Frequenzzuteilung (§ 91 Abs. 1 S. 1 TKG). Es besteht somit ein Frequenznutzungsverbot mit Erlaubnisvorbehalt.[236] Allerdings enthält das TKG Ausnahmen von diesem Grundsatz. So braucht etwa das Verteidigungsministerium für die Nutzung von Frequenzen, die im Frequenzplan ausschließlich für militärische Nutzungen ausgewiesen sind, keine Frequenzzuteilung (§ 96 Abs. 2 TKG).

1. Überblick

Die Frequenzzuteilung erfolgt nach § 91 Abs. 1 S. 2 TKG zweckgebunden nach Maßgabe des Frequenznutzungsplans und nicht diskriminierend auf der Grundlage nachvollziehbarer und objektiver Verfahren.

In der Frequenzzuteilung sind grundsätzlich die Art und der Umfang der Frequenznutzung festzulegen (§ 99 Abs. 1 S. 1 Nr. 1 TKG). Es erfolgt somit (regelmäßig) eine weitere Konkretisierung gegenüber dem Frequenzplan.

Die Frequenzzuteilung kann mit Nebenbestimmungen versehen werden, um eine effiziente und störungsfreie Nutzung sowie die in § 2 TKG genannten Ziele und die spezifischen Ziele der Frequenzregulierung nach § 87 TKG sicherzustellen (§ 99 Abs. 3 S. 1 Nr. 1 TKG).

Eine Frequenzzuteilung kann auch nachträglich geändert werden. § 99 Abs. 3 S. 1 Nr. 2 TKG erlaubt eine solche Änderung von Gesetzes wegen, ebenfalls zur Sicherung einer effizienten und störungsfreien Frequenznutzung sowie der allgemeinen und spezifischen frequenzregulatorischen Ziele. Dabei können nicht nur etwaige Nebenbestimmungen, sondern auch die Frequenz sowie die Vorgaben zu Art und Umfang der Frequenznutzung, also der eigentliche Inhalt der Zuteilung, geändert werden. Das geht deutlich über die frühere Rechtslage hinaus, die nachträgliche Änderungen nur vorsah, wenn erhebliche Nutzungseinschränkungen aufgrund einer erhöhten Nutzung des Frequenzspektrums auftraten oder wenn wegen technischen Fortschritts erhebliche Effizienzsteigerungen möglich waren.[237] Es wird sich daher zeigen müssen, ob an der bisherigen Praxis festgehalten wird, zusätzliche Änderungsmöglichkeiten durch geeignete Nebenbestimmungen vorzusehen, beispielsweise durch einen Auflagenvorbehalt oder einen (Teil-) Widerrufsvorbehalt nach § 36 Abs. 2 Nr. 5 oder 3 VwVfG.

Die nun schon von Gesetzes wegen sehr weitgehende Änderungsbefugnis wird durch verfahrensrechtliche Vorgaben flankiert: Nicht nur dem betroffenen Frequenznutzer, sondern weitergehend den interessierten Kreisen ist

---

236 BVerwG, Buchholz 442.066 § 55 TKG Nr. 13 Rn. 24 (Urt. v. 24.6.2020 – Az. 6 C 3.19).
237 *Freese,* N&R 2021, 149, 154.

eine Frist von grundsätzlich mindestens vier Wochen einzuräumen (§ 99 Abs. 3 S. 3 TKG), um sich zu geplanten Änderungen äußern zu können (§ 99 Abs. 3 S. 2 TKG).[238] Werden die geplanten Änderungen dann vorgenommen, sind sie unter Angabe der Gründe zu veröffentlichen (§ 99 Abs. 3 S. 4 TKG).

Die ordnungsgemäße Frequenznutzung wird von der Bundesnetzagentur sowohl anlassbezogen als auch präventiv überwacht (§ 103 Abs. 1 und 2 TKG). Sie kann nötigenfalls eine Einschränkung des Betriebs oder die Außerbetriebnahme von Geräten anordnen.

2. Allgemeinzuteilung

Bei zahlreichen Nutzungsarten können problemlos beliebige Geräte parallel betrieben werden, ohne dass sie sich bei üblicher Nutzung gegenseitig beeinträchtigen. Das ist etwa bei WLAN-Geräten, Hörhilfen, Funkmikrofonen oder schnurlosen (Festnetz-) Telefonen der Fall. Kann durch die Verwendung eines bestimmten Standards (etwa DECT) oder durch eine Beschränkung der Strahlungsleistung bereits eine effiziente und störungsfreie Frequenznutzung gewährleistet werden, bedarf es nicht der Zuteilung individueller Frequenznutzungsrechte. Für diesen Fall sieht das TKG eine Zuteilung zur Nutzung durch die Allgemeinheit (oder bestimmte bzw. bestimmbare Nutzergruppen) vor (§ 91 Abs. 2 S. 1 TKG). Nach der gesetzgeberischen Konzeption sollen solche Allgemeinzuteilungen der Regelfall sein. Die Allgemeinzuteilung gibt Frequenzen freilich nicht für eine beliebige Nutzung frei, sondern immer nur im Rahmen der jeweiligen Frequenznutzungsbedingungen. So dürfen die Frequenzen im Bereich von 5 150 bis 5 350 MHz für WLAN etwa nur in geschlossenen Räumen genutzt werden, nicht aber im Freien.[239]

Die Allgemeinzuteilungen werden veröffentlicht (§ 91 Abs. 2 S. 2 TKG) und können über die WWW-Seite der Bundesnetzagentur abgerufen werden.

3. Einzelzuteilung

Ist eine Allgemeinzuteilung nicht möglich, werden Frequenzen einzelnen natürlichen oder juristischen Personen individuell zugeteilt (§ 91 Abs. 3 S. 1 TKG). Die Bundesnetzagentur trifft insoweit eine „Auswahl“, was auf einen gewissen Entscheidungsspielraum hindeutet. Hierbei hat sie nach § 91 Abs. 3 S. 2 TKG nunmehr zwar sechs Aspekte zu berücksichtigen.[240] Im Kern wird

---

238 Sind Belange der Länder bei der Rundfunkübertragung betroffen, ist überdies das Benehmen mit der zuständigen Landesbehörde herzustellen (§ 99 Abs. 3 S. 5 TKG).

239 Bundesnetzagentur, Vfg. 151/2018.

240 Im Einzelnen geht es um (1.) die spezifischen Merkmale der betreffenden Funkfrequenzen, (2.) die Notwendigkeit des Schutzes vor funktechnischen Störungen,

es voraussichtlich aber auch künftig – wie bislang nach § 55 Abs. 3 S. 2 TKG 2004 – vor allem um die Frage gehen, ob sich hinreichend effiziente Frequenznutzungen (§ 91 Abs. 3 S. 2 Nr. 6 TKG) untereinander stören würden (§ 91 Abs. 3 S. 2 Nr. 2 und 4 TKG) und deshalb eine exklusive Frequenznutzung notwendig ist. Würden etwa zwei Rundfunksender (in räumlicher Nähe) die gleiche Frequenz nutzen, könnte u. U. nur der stärkere Sender empfangen werden; im ungünstigsten Fall wären beide Sender gestört.

Erfolgt die Zuteilung im Wege einer Einzelzuteilung, werden Frequenzen auf Antrag (§ 91 Abs. 3 S. 1 TKG) zugeteilt, wenn

1. sie für die vorgesehene Nutzung im Frequenzplan ausgewiesen sind,
2. sie verfügbar, also insbesondere noch nicht anderen Frequenznutzern zugeteilt, sind,
3. die Verträglichkeit mit anderen Frequenznutzungen gegeben ist und
4. eine effiziente und störungsfreie Frequenznutzung durch den Antragsteller sichergestellt ist (§ 91 Abs. 5 S. 1 TKG).

Sind diese Voraussetzungen in Bezug auf den vorgesehenen Zuteilungszeitraum erfüllt, besteht grundsätzlich ein Anspruch auf eine Einzelzuteilung.[241] Ausnahmsweise kann die Bundesnetzagentur eine Zuteilung aber auch ablehnen, wenn die beabsichtigte Nutzung mit den Regulierungszielen nicht vereinbar ist (§ 91 Abs. 5 S. 2 TKG). Der Zuteilungsanspruch besteht daher nicht, wenn Hinderungsgründe in diesem Sinne entgegenstehen.[242]

Das Bundesverwaltungsgericht sieht in dieser Ermächtigung zur Ablehnung eines Zuteilungsantrags zugleich die Grundlage für regulatorische Bereitstellungsentscheidungen.[243] Diese dienen der Steuerung von Frequenzzuteilungen unter Berücksichtigung der Regulierungsziele in einer über die Grenzen des konkreten Falles hinausweisenden Zusammenschau. Sie haben zum Inhalt, dass bestimmte Frequenzen zu gegebener Zeit für einen die weiten planerischen Vorgaben konkretisierenden Nutzungszweck bereitgestellt werden. Den regulatorischen Bereitstellungsentscheidungen der Bundesnetzagentur kommt als solchen keine eigenständige Regelungswirkung nach

(3.) soweit erforderlich die Schaffung verlässlicher Bedingungen für die gemeinsame Frequenznutzung, (4.) die Notwendigkeit der Gewährleistung der technischen Qualität der Kommunikation und der Dienste, (5.) im Einklang mit Unionsrecht stehende Ziele von allgemeinem Interesse und (6.) die Notwendigkeit der Wahrung der effizienten Frequenznutzung.

241 BVerwGE 134, 368, 371 Rn. 15 (Urt. v. 1.9.2009 – Az. 6 C 4.09).

242 BVerwG, Buchholz 442.066 § 55 TKG Nr. 13 Rn. 25 (Urt. v. 24.6.2020 – Az. 6 C 3.19).

243 Hierzu und zum Folgenden BVerwG, Buchholz 442.066 § 55 TKG Nr. 13 Rn. 28, 30 (Urt. v. 24.6.2020 – Az. 6 C 3.19).

außen zu.[244] Allgemeine Bereitstellungsentscheidungen, die allein zur Konkretisierung von Nutzungszwecken und -zeiten innerhalb der Rahmenbedingungen der Frequenzverordnung und des Frequenzplans ergehen, werden regelmäßig in der Gestalt von Verwaltungsvorschriften erlassen. Als solche sind sie beispielsweise im Rahmen von Verpflichtungsklagen gerichtlich überprüfbar, mit denen die Zuteilung von Frequenzen entgegen den Vorgaben in solchen Verwaltungsvorschriften begehrt wird.[245] Der Bundesnetzagentur steht insoweit allerdings ein gerichtlich nur eingeschränkt überprüfbarer Beurteilungsspielraum zu.[246]

4. Vergabeverfahren

Der Zugang zu Frequenzen ist für zahlreiche Geschäftsmodelle entscheidend, etwa für Mobilfunknetzbetreiber. Die Versagung eines Zugangs zu dieser Ressource hat deshalb regelmäßig Auswirkungen auf die grundrechtlich geschützte Berufsfreiheit. Das Bundesverwaltungsgericht geht insofern sogar von einer objektiven Berufszulassungsschranke aus.[247] Allerdings sind Frequenzen ein knappes Gut, so dass es leicht zu Situationen kommen kann, in welchen das verfügbare Spektrum nicht ausreicht, die (potentielle) Nachfrage zu befriedigen. Das TKG sieht für diesen Fall ein gestuftes Verfahren vor.

a) Vergabeanordnung

Auf der ersten Stufe ist zu entscheiden, ob überhaupt eine Frequenzknappheit gegeben ist und, bejahendenfalls, ob evtl. dennoch von der Durchführung eines Vergabeverfahrens abgesehen wird. Eine Knappheitssituation liegt zum einen dann vor, wenn für bestimmte Frequenzen mehr (Zuteilungs-) Anträge gestellt sind, als Frequenzen verfügbar sind (§ 91 Abs. 9 S. 1 Alt. 2 TKG). Neben einem solchen Antragsüberhang kommt die Durchführung eines

---

244 Siehe hierzu und zum Folgenden BVerwG, Buchholz 442.066 § 55 TKG Nr. 13 Rn. 28, 31 (Urt. v. 24.6.2020 – Az. 6 C 3.19).

245 BVerwG, Buchholz 442.066 § 55 TKG Nr. 13 Rn. 31 (Urt. v. 24.6.2020 – Az. 6 C 3.19).

246 BVerwG, Buchholz 442.066 § 55 TKG Nr. 13 Rn. 34 (Urt. v. 24.6.2020 – Az. 6 C 3.19). Die Qualifikation als Beurteilungsspielraum erscheint nicht unbedingt zwingend. Die Rechtsgrundlage der Bereitstellungsentscheidung liegt im Verweigerungsgrund nach § 91 Abs. 5 Abs. 2 TKG. In diesem sind Tatbestand (Unvereinbarkeit mit Regulierungszielen) und Rechtsfolge (Ermessen in Bezug auf die vollständige oder teilweise Verweigerung der Zuteilung) miteinander verwoben. Es könnte daher naheliegen, auch hier wie im Bereich der Marktregulierung von einem einheitlichen Regulierungsermessen auszugehen. Das entspräche auch besser dem Umstand, dass eigentlich eine regulatorische Entscheidung der Bundesnetzagentur über die Bereitstellung eines bestimmten Frequenzspektrums unter bestimmten Bedingungen in Rede steht.

247 BVerwGE 139, 226, 233 Rn. 21 (Urt. v. 23.3.2011 – Az. 6 C 6.10).

Vergabeverfahrens zum anderen aber auch dann in Betracht, wenn unabhängig von konkreten Zuteilungsanträgen für Frequenzzuteilungen nicht in ausreichendem Umfang verfügbare Frequenzen vorhanden sind (§ 91 Abs. 9 S. 1 Alt. 1 TKG). Eine solche materielle Knappheitslage setzt eine Prognose voraus, ob im Zuteilungszeitpunkt eine das verfügbare Spektrum übersteigende Zahl von Zuteilungsanträgen gestellt sein wird.[248] Grundlage dieser Prognose ist die Feststellung eines überschießenden Frequenzbedarfs. Bei dieser Feststellung als solcher kommt der Bundesnetzagentur nach der Rechtsprechung des Bundesverwaltungsgerichts kein Beurteilungsspielraum zu. Das Vorliegen eines Bedarfsüberhangs ist also einer vollumfänglichen gerichtlichen Überprüfung zugänglich.

In der Praxis untersucht die Bundesnetzagentur oftmals bereits im Vorfeld konkreter Zuteilungsanträge, ob für einen bestimmten Frequenzbereich eine (materielle) Knappheitslage gegeben ist. Die dafür erforderliche Bedarfsermittlung kann über ein förmliches Verfahren erfolgen, in welchem die Bundesnetzagentur öffentlich dazu auffordert, innerhalb einer bestimmten Frist Frequenzbedarfe anzumelden. Möglich ist allerdings auch ein Rückgriff auf sonstige Erkenntnisse zur Erfassung des aktuellen Frequenzbedarfs. Dabei ist aber sicherzustellen, dass eine vergleichbare Richtigkeitsgewähr gegeben ist wie bei einem förmlichen Bedarfsermittlungsverfahren.[249]

Die Feststellung einer materiellen Knappheitslage setzt überdies stets eine vorherige Bereitstellungsentscheidung voraus, da die Knappheitsprüfung ohne eine Definition ihres Bezugspunkts in der Luft hinge:[250] Steht beispielsweise Spektrum im Umfang von 80 MHz zur Verfügung und gibt es Zuteilungspetenten, die insgesamt 50 MHz für Rundfunkübertragungsdienste nachfragen, sowie andere Unternehmen, die insgesamt 70 MHz für Mobilfunkdienste nachfragen, so hängt das Bestehen einer Knappheit ersichtlich davon ab, für welchen Zweck das Spektrum bereitgestellt werden wird. Wird es ohne Nutzungseinschränkung bereitgestellt,[251] liegt Knappheit vor, da 80 MHz Spektrum nicht ausreichen würden, um eine Nachfrage im Umfang von 50 + 70 = 120 MHz zu decken. Wird es demgegenüber nur für Mobilfunkdienste (oder nur für Rundfunkübertragungsdienste)

---

248 Hierzu und zum Folgenden BVerwGE 139, 226, 232 Rn. 19 (Urt. v. 23.3.2011 – Az. 6 C 6.10); BVerwG, Buchholz 442.066 § 55 TKG Nr. 13 Rn. 26 (Urt. v. 24.6.2020 – Az. 6 C 3.19).

249 BVerwGE 139, 226, 234 Rn. 21 (Urt. v. 23.3.2011 – Az. 6 C 6.10).

250 BVerwG, Buchholz 442.066 § 55 TKG Nr. 13 Rn. 29 (Urt. v. 24.6.2020 – Az. 6 C 3.19).

251 Das hier angeführte plakative Beispiel wurde nur zu Veranschaulichungszwecken gewählt. Es dürfte praktisch irrelevant sein, da sich eine entsprechende Nutzungsbeschränkung bereits aus den planungsrechtlichen Vorgaben ergeben dürfte. In der Praxis wurde die Frage bei der Entscheidung relevant, aus einem insgesamt 400 MHz umfassenden Spektrumsblock nur 300 MHz für bundesweite Zuteilungen und die verbleibenden 100 MHz allein für räumlich beschränkte Zuteilungen bereitzustellen.

bereitgestellt, läge keine Knappheit vor. Es bedarf daher einer der Vergabeanordnung vorausgehenden internen regulatorischen Entscheidung der auch für den Erlass der Vergabeanordnung selbst zuständigen Präsidentenkammer, ein konkretes Frequenzspektrum zu einer bestimmten Zeit für einen konkretisierten Nutzungszweck bereitzustellen.[252]

Ist entweder auf Grundlage eines konkreten Antrags- oder eines materiellen Bedarfsüberhangs Frequenzknappheit gegeben, ist die Entscheidung der Bundesnetzagentur angesichts der kollidierenden Grundrechtspositionen regelmäßig im Sinne einer Vergabeanordnung vorgeprägt.[253] Ihr kommt aber dennoch ein Restermessen zu („kann … anordnen“, § 91 Abs. 9 S. 1 TKG), das es ihr erlaubt, ausnahmsweise von einer Vergabeanordnung abzusehen. Eine solche Vorgehensweise kommt etwa in Betracht, wenn Frequenzen zurückgehalten werden, um in einem später durchzuführenden Vergabeverfahren zusammen mit weiteren Frequenzen vergeben zu werden (und auf diese Weise den Frequenzzugang insgesamt zu erleichtern). Auch kann es mit Blick auf die Regulierungsziele des § 2 TKG u. U. gerechtfertigt sein, Frequenzen an einen bestimmten Zuteilungsnehmer zuzuteilen, um etwa aus wettbewerblichen Gründen Asymmetrien in der Frequenzausstattung zu beseitigen.[254] Vor der Entscheidung über den Erlass einer Vergabeanordnung sind die betroffenen Kreise anzuhören (§ 91 Abs. 9 S. 2 TKG). Die Entscheidung ist zu veröffentlichen (§ 91 Abs. 9 S. 3 TKG). Ergeht eine Vergabeanordnung, wird ein etwa bestehender Anspruch auf Zuteilung in einen Anspruch auf chancengleiche Teilnahme an einem Vergabeverfahren umgewandelt.[255] Erst nach erfolgreicher Teilnahme an diesem Verfahren wandelt er sich in einen Zuteilungsanspruch zurück.[256] Gegenüber Zuteilungsansprüchen anderer Zuteilungsinteressenten entfaltet die Vergabeanordnung eine Sperrwirkung, und zwar auch über den Abschluss des Vergabeverfahrens hinaus.[257]

---

252 BVerwG, Buchholz 442.066 § 55 TKG Nr. 13 Rn. 32 (Urt. v. 24.6.2020 – Az. 6 C 3.19).

253 Hierzu und zum Folgenden BVerwGE 139, 226, 235 Rn. 23 (Urt. v. 23.3.2011 – Az. 6 C 6.10); BVerwG, Buchholz 442.066 § 55 TKG Nr. 13 Rn. 26 (Urt. v. 24.6.2020 – Az. 6 C 3.19); MMR 2012, 130, 133 Rn. 35 (Urt. v. 22.6.2011 – Az. 6 C 3.10); CR 2011, 444, 445 f. Rn. 25 ff. (Urt. v. 26.1.2011 – Az. 6 C 2.10).

254 Vgl. BVerwG, CR 2011, 444, 445 f. Rn. 25 ff. (Urt. v. 26.1.2011 – Az. 6 C 2.10).

255 BVerwGE 134, 368, 372 Rn. 16 (Urt. v. 1.9.2009 – Az. 6 C 4.09); BVerwG, Buchholz 442.066 § 55 TKG Nr. 13 Rn. 16, 40 (Urt. v. 24.6.2020 – Az. 6 C 3.19).

256 BVerwG, Buchholz 442.066 § 55 TKG Nr. 13 Rn. 40 (Urt. v. 24.6.2020 – Az. 6 C 3.19).

257 BVerwG, Buchholz 442.066 § 55 TKG Nr. 13 Rn. 31 (Urt. v. 24.6.2020 – Az. 6 C 3.19); Beschl. v. 7.2.2017 – Az. 6 B 30.16, Rn. 31.

b) Ausgestaltung des Vergabeverfahrens

Nach § 61 Abs. 3 S. 1 TKG 2004 bestand das einzige Ziel des Vergabeverfahrens noch darin, den oder die Antragsteller zu ermitteln, die am besten geeignet sind, die zu vergebenden knappen Frequenzen effizient zu nutzen. An die Stelle dieses Effizienzziels ist nun eine Zielbestimmungsbefugnis der Bundesnetzagentur getreten. Sie kann und muss vor jedem Vergabeverfahren die Ziele festlegen, die mit diesem Verfahren verfolgt werden (§ 100 Abs. 1 S. 2 TKG). Diese Ziele kann sie aber nicht frei bestimmen. Vielmehr gibt § 100 Abs. 1 S. 3 TKG vor, dass die Förderung des Wettbewerbs und der Verbesserung der Versorgung, insbesondere in ländlichen Gebieten, stets relevante Ziele sind.[258] Darüber hinaus gibt das Gesetz drei weitere Aspekte vor, die von der Bundesnetzagentur zusätzlich als Ziele für das konkrete Vergabeverfahren vorgegeben werden können: die Gewährleistung der erforderlichen Dienstequalität (Nr. 1), die Förderung der effizienten Frequenznutzung (Nr. 2) und die Förderung von Innovation und Geschäftsentwicklung (Nr. 3).

Zur Erreichung des Vergabeziels stehen der Bundesnetzagentur zwei Verfahrensarten zur Verfügung: das Versteigerungs- und das Ausschreibungsverfahren (§ 100 Abs. 1 S. 1 TKG). Dabei war sowohl nach § 61 Abs. 2 TKG 2004 als auch noch in dem verabschiedeten Text von § 100 Abs. 2 TKG ein grundsätzlicher Vorrang des Versteigerungsverfahrens vorgesehen. Von diesem war nur abzuweichen, wenn diese Art des Vergabeverfahrens nicht geeignet war, um die Ziele der Regulierung nach § 2 sicherzustellen. Unmittelbar nach Zustimmung des Bundesrates zum novellierten TKG und rund ein halbes Jahr vor seinem Inkrafttreten wurde jedoch bereits dessen Änderung beschlossen.[259] Nach der Neufassung von § 100 Abs. 2 (S. 1) TKG ist nunmehr dasjenige Vergabeverfahren durchzuführen, das am besten geeignet ist, die Regulierungsziele nach § 2 und § 87 TKG zu erreichen. Die Bundesnetzagentur bleibt damit zwar auf die in § 100 Abs. 1 TKG genannten Formen des Vergabeverfahrens (Versteigerungs- und Auswahlverfahren) beschränkt, muss jetzt aber eine ergebnisoffene Eignungsprüfung vornehmen.[260] Diese ist jedenfalls dem Gesetzeswortlaut zufolge nicht an den zuvor festgelegten Zielen des Vergabeverfahrens, sondern an den allgemeinen und frequenzspezifischen Regulierungszielen auszurichten, was regelungssystematisch etwas fragwürdig erscheint. Für die Überprüfung der Eignung der beiden

258 Siehe den Bericht des Ausschusses für Wirtschaft und Energie, BT-Drs. 19/28865, 370, 398 (zu § 100 Abs. 1).

259 Art. 13 des Gesetzes zur Regelung des Datenschutzes und des Schutzes der Privatsphäre in der Telekommunikation und bei Telemedien v. 23.6.2021, BGBl. 2021 I, 1982, 2001 f.

260 Vgl. den Bericht des Ausschusses für Wirtschaft und Energie, BT-Drs. 19/29839, 64, 69 (zu Art. 13 Nr. 2 [§ 100 Abs. 2 TKG]).

Verfahrensarten kommt der Bundesnetzagentur ein gerichtlich nur eingeschränkt überprüfbarer Beurteilungsspielraum zu.[261]

Vor Durchführung des Verfahrens legt die Bundesnetzagentur dann die allgemeinen Vergabebedingungen fest (§ 100 Abs. 4 TKG). Zu diesen gehören u. a. insbesondere die subjektiven, fachlichen und sachlichen Mindestzulassungsvoraussetzungen und die Frequenznutzungsbestimmungen. Jene umfassen auch einen Versorgungsgrad bei der Frequenznutzung, also eine Mindestversorgung mit den funkgestützten Dienstleistungen, die der Antragsteller im Falle der Zuteilung innerhalb einer vorgegebenen Frist sicherstellen muss. Die Vergabebedingungen sind auf eine Ausgestaltung durch die Bundesnetzagentur angewiesen. Ihr steht hierbei deshalb ein gerichtlich nur eingeschränkt überprüfbarer Ausgestaltungsspielraum zu.[262] Bei dessen Ausübung wird sich die Bundesnetzagentur insbesondere auch an den allgemeinen Zielen des konkreten Vergabeverfahrens orientieren müssen, die sie zuvor festgelegt hat.

aa) Versteigerungsverfahren

Das Versteigerungsverfahren beruht auf der Überlegung, dass derjenige, der gewillt ist, am meisten für die Zuteilung von Frequenzen zu zahlen, auch derjenige ist, der sie am effizientesten nutzen wird. Insoweit greift also der allgemein im privatwirtschaftlichen Bereich geltende Allokationsmechanismus ein, der Güter denjenigen zuordnet, die sie – ausweislich des Preises – am höchsten bewerten. Überdies hat das Versteigerungsverfahren den Vorteil, dass es keine komplexen Wertungsentscheidungen erforderlich macht und dass zudem der Grund für die Zuteilungsentscheidung für alle transparent ist. Vor Durchführung des Verfahrens hat die Bundesnetzagentur die Versteigerungsregeln festzulegen (§ 100 Abs. 5 S. 1 TKG). Diese müssen objektiv, nachvollziehbar und diskriminierungsfrei sein und die Belange kleiner und mittlerer Unternehmen berücksichtigen (§ 100 Abs. 5 S. 2 TKG). Die Bundesnetzagentur kann auch ein Mindestgebot festsetzen (§ 100 Abs. 5 S. 3 TKG). Wie bei der Bestimmung der Vergabebedingungen steht ihr auch bei der Festlegung der Versteigerungsregeln ein gerichtlich nur eingeschränkt überprüfbarer Ausgestaltungsspielraum zu.[263] Diesen wird sie – sofern dies möglich ist – unter Berücksichtigung der von ihr festgelegten Ziele des konkreten Vergabeverfahrens auszufüllen haben.

261 Die Rechtsprechung zu § 61 Abs. 2 TKG 2004 dürfte insoweit trotz der nunmehr offenen Ausgestaltung übertragbar sein: BVerwGE 139, 226, 237 f. Rn. 27 f. (Urt. v. 23.3.2011 – Az. 6 C 6.10).

262 BVerwG, Buchholz 442.066 § 61 TKG Nr. 1 Rn. 15 (Urt. v. 22.6.2011 – Az. 6 C 40.10).

263 BVerwGE 139, 226, 243 Rn. 37 (Urt. v. 23.3.2011 – Az. 6 C 6.10).

Da beim Versteigerungsverfahren allein das Höchstgebot entscheidet, besteht die Gefahr, dass Unternehmen teilnehmen, die nicht in der Lage wären, eine effiziente und störungsfreie Frequenznutzung sicherzustellen.[264] Wendet beispielsweise ein Bieter einen Großteil des ihm zur Verfügung stehenden Kapitals auf, um in der Versteigerung Erfolg zu haben, hat er möglicherweise nicht mehr die erforderlichen Mittel, um eine Netzinfrastruktur zu errichten und auf deren Grundlage die Frequenzen zu nutzen. Ihm könnten daher trotz des Höchstgebotes die Frequenzen im Anschluss an das Versteigerungsverfahren nicht zugeteilt werden (§ 100 Abs. 7 S. 1 i. V. m. § 91 Abs. 5 S. 1 Nr. 4 TKG). Um entsprechende Fehlallokationen zu vermeiden, müssen Interessenten vor der Versteigerung ein Zulassungsverfahren durchlaufen (§ 100 Abs. 5 S. 4 TKG). In diesem müssen sie vor allem darlegen und nachweisen, dass sie zuverlässig, fachkundig und leistungsfähig sind, da ansonsten eine effiziente und störungsfreie Frequenznutzung nicht gewährleistet ist (§ 100 Abs. 5 S. 6 TKG). Zur Leistungsfähigkeit gehört insbesondere auch, dass der Zuteilungspetent in der Lage ist, das für eine effiziente Nutzung erforderliche Netz aufzubauen und zu betreiben.[265] Die Bundesnetzagentur hat es dabei in der Vergangenheit hinsichtlich dieser finanziellen Leistungsfähigkeit als ausreichend erachtet, wenn etwa durch Bürgschaften oder belastbare Finanzierungszusagen der Nachweis erbracht wird, dass zum Zeitpunkt des Netzaufbaus entsprechende Mittel zur Verfügung stehen werden. Das Kapital muss also nicht bereits im Zeitpunkt der Bewerbung um eine Teilnahme verfügbar sein. Die Entscheidung über die Zulassung zum Versteigerungsverfahren ergeht durch Verwaltungsakt in Form eines schriftlichen oder elektronischen Bescheids (§ 100 Abs. 5 S. 4 TKG).

Für die Versteigerung selbst kamen in der bisherigen Regulierungspraxis simultane, mehrstufige Verfahren zum Einsatz. Obwohl in der Realität bislang stets mehrere Frequenzblöcke gleichzeitig zur Versteigerung standen und die nachfolgende Darstellung daher stark vereinfachend ist, folgten diese Versteigerungsverfahren doch grundsätzlich nachstehendem Ablauf: Die Verfahren liefen über eine vorher nicht vorgegebene Anzahl von Versteigerungsrunden. Alle Antragsteller gaben in jeder Runde gleichzeitig ihre Gebote ab. Antragsteller, deren Gebote das Höchstgebot der jeweils vorherigen Runde nicht zumindest um einen festgelegten Mindeststeigerungsbetrag übertrafen (valide Gebote), schieden aus, sofern sie nicht selbst der Höchstbietende der jeweils vorherigen Runde waren. Die Verfahren waren dann nach der Runde beendet, in der keine validen Gebote mehr abgegeben

264 BVerfG, NVwZ 2014, 1226, 1228 Rn. 29 = Rn. 27 (bverfg.de) (Beschl. v. 22.4.2014 – Az. 1 BvR 2160/11).

265 BVerwG, Buchholz 442.066 § 61 TKG Nr. 1 Rn. 19 ff. (Urt. v. 22.6.2011 – Az. 6 C 40.10).

wurden. Die Zuteilung erfolgte daraufhin an den Antragsteller, der in der vorherigen Runde das Höchstgebot abgegeben hatte.

bb) Ausschreibungsverfahren

Als Alternative zum Versteigerungsverfahren kann auf das sog. Ausschreibungsverfahren zurückgegriffen werden. Dieses Verfahren ist im Kern ein klassisches verwaltungsrechtliches Vergabeverfahren, wie es z.B. aus dem Gewerberecht von der Vergabe von Marktstandplätzen oder aus dem Personenbeförderungsrecht von der Vergabe von Taxikonzessionen bekannt ist. Vor Durchführung des Verfahrens legt die Bundesnetzagentur die Ausschreibungskriterien fest (§ 100 Abs. 6 S. 1 TKG). Entgegen dem nicht ganz glücklichen Gesetzeswortlaut bestimmt dabei nicht die Bundesnetzagentur, sondern das Gesetz selbst die materiellen Auswahlkriterien. Anstelle der im Versteigerungsverfahren maßgeblichen Zahlungsbereitschaft und -fähigkeit kommt es nach § 100 Abs. 6 S. 2 TKG auf

- die Zuverlässigkeit, Fachkunde und Leistungsfähigkeit des Bewerbers (nicht als minimale Zulassungsvoraussetzungen, sondern als Vergleichsparameter gegenüber anderen ebenfalls grundsätzlich zuverlässigen, fachkundigen und leistungsfähigen Bewerbern),
- die Eignung seiner Planungen für die Nutzung der ausgeschriebenen Frequenzen,
- die Förderung eines nachhaltig wettbewerbsorientierten Marktes und
- den räumlichen Versorgungsgrad

an. Die Ausgestaltungskompetenz der Bundesnetzagentur beschränkt sich insoweit im Wesentlichen darauf, diesbezügliche Darlegungs- und Nachweisanforderungen zu formulieren und die abstrakten Auswahlkriterien zu konkretisieren bzw. zu gewichten. Bezugspunkt sind insoweit die allgemeinen Ziele des betreffenden Vergabeverfahrens, die von der Bundesnetzagentur zuvor festgelegt wurden. Bei der Konkretisierung und Gewichtung der Ausschreibungskriterien wird man ihr wie bei der Festlegung der Vergabebedingungen und der Versteigerungsregeln einen Ausgestaltungsspielraum zugestehen müssen.

Auf Grundlage der von ihr festgelegten Ausschreibungskriterien bestimmt dann die Bundesnetzagentur den oder die geeignetsten Bewerber. Erweisen sich mehrere Bewerber als ansonsten gleich geeignet, ist derjenige Bewerber auszuwählen, der einen höheren räumlichen Versorgungsgrad gewährleistet (§ 100 Abs. 6 S. 3 TKG). Anders als noch das TKG 2004 sieht § 100 Abs. 6 TKG keinen Losentscheid als Ultima Ratio mehr vor. Das kann bei gleicher Eignung zu Problemen führen, wenn die betreffenden Bewerber denselben räumlichen Versorgungsgrad (z.B. 90 % des Bundesgebietes innerhalb von fünf Jahren) gewährleisten.

c) *Rechtsschutz*

Das Vergabeverfahren (im weiten Sinne) bereitet letztlich eine Frequenzzuteilung i. S. v. § 91 Abs. 3 und 5 TKG vor (§ 91 Abs. 9 S. 1, § 100 Abs. 7 S. 1 TKG). Es war deshalb streitig, ob die einzelnen vorbereitenden Maßnahmen – Anordnung des Vergabeverfahrens (§ 91 Abs. 9 S. 1 TKG), Wahl der Art des Vergabeverfahrens (§ 100 Abs. 2 S. 1 TKG) und Festlegung der Vergabebedingungen und -regeln (§ 100 Abs. 4, 5 und 6 TKG) – isoliert gerichtlich angreifbar sind. Hiergegen schien § 44a VwGO zu sprechen, wonach behördliche Verfahrenshandlungen nicht isoliert angreifbar sind. Danach wäre Rechtsschutz nur gegen die abschließende Frequenzzuteilung möglich gewesen und in diesem Rahmen hätten die einzelnen Verfahrensschritte inzidenter geprüft werden müssen. Allerdings sieht § 211 Abs. 1, 4 TKG jeweils die Durchführung eines Präsidentenkammerverfahrens und eine Entscheidung in Form eines Verwaltungsakts vor. Hiermit verbunden sind außerdem prozessuale Besonderheiten, wie etwa die sofortige Vollziehbarkeit (§ 217 Abs. 1 TKG), der Ausschluss eines Vorverfahrens (§ 217 Abs. 2 TKG) oder der Wegfall einer zweiten Tatsacheninstanz (§ 217 Abs. 3 S. 1 TKG). Diese besondere Ausgestaltung des Verfahrens spricht gegen die Annahme bloßer vorbereitender Verfahrenshandlungen i. S. v. § 44a VwGO.[266] Auch entfalten die einzelnen Verfahrensschritte jeweils materiell-rechtliche Wirkungen. So wird etwa durch die Anordnung des Vergabeverfahrens, wie gezeigt, ein etwaiger Zuteilungsanspruch nach § 91 Abs. 5 S. 1 TKG in einen Teilnahmeanspruch am Vergabeverfahren umgestaltet.[267] Und die weiteren Vergabeentscheidungen nach § 100 TKG verengen diesen Zugangsanspruch noch weiter.[268]

Das TKG folgt daher bei der Ausgestaltung des Vergabeverfahrens nicht dem Modell der Rechtsschutzkonzentration auf die abschließende Sachentscheidung, wie es § 44a S. 1 VwGO zugrunde liegt.[269] Vielmehr beruht das Gesetz hier auf dem Modell eines gestuften Verfahrens, in welchem das zu bewältigende Gesamtproblem phasenweise abgearbeitet und konkretisiert wird. Dabei bilden die jeweils vorangegangenen Stufen das sachliche Fundament für die nachfolgenden Verfahrensschritte. Die einzelnen

---

266 BVerwGE 134, 368, 373 ff. Rn. 20 ff. (Urt. v. 1.9.2009 – Az. 6 C 4.09).

267 Siehe Fn. 255.

268 Zur Entscheidung über die Art des Vergabeverfahrens BVerwGE 134, 368, 373 Rn. 19 (Urt. v. 1.9.2009 – Az. 6 C 4.09); zur Festlegung der Vergabebedingungen BVerwG, Buchholz 442.066 § 61 TKG Nr. 1 Rn. 11 (Urt. v. 22.6.2011 – Az. 6 C 40.10); zur Festlegung der Versteigerungsregeln BVerwG, Buchholz 442.066 § 55 TKG Nr. 8 Rn. 10 (Urt. v. 22.6.2011 – Az. 6 C 41.10).

269 Siehe hierzu und zum Folgenden BVerwGE 140, 221, 241 f. Rn. 52 (Urt. v. 17.8.2011 – Az. 6 C 9.10); 134, 368, 376 Rn. 25 (Urt. v. 1.9.2009 – Az. 6 C 4.09); BVerwG, Buchholz 442.066 § 55 TKG Nr. 13 Rn. 15 (Urt. v. 24.6.2020 – Az. 6 C 3.19).

Entscheidungen, die im Rahmen des gestuften Vergabeverfahrens ergehen, sind dementsprechend jeweils eigenständig rechtsschutz- und bestandskraftfähige Verwaltungsakte.

Damit ist allerdings noch nichts darüber gesagt, wer die einzelnen Vergabeentscheidungen gerichtlich überprüfen lassen kann. Nach der Rechtsprechung des Bundesverwaltungsgerichts handelt es sich bei den Entscheidungen nach § 91 Abs. 9 S. 1, § 100 TKG um personenbezogene Allgemeinverfügungen i. S. v. § 35 S. 2 Alt. 1 VwVfG, also um konkret-generelle Regelungen, die sich aus einem konkreten Vergabeanlass an einen noch unbestimmten, aber bestimmbaren Personenkreis richten.[270]

Durch ihre Auswirkungen auf den Zugang zu den betroffenen Frequenzgütern berühren die Vergabeentscheidungen etwaige Frequenzzuteilungsansprüche sowie das Diskriminierungsverbot aus § 91 Abs. 1 S. 2 i. V. m. § 100 Abs. 8 S. 1 TKG. Klagebefugt sind insoweit jedenfalls solche Unternehmen, die ihre Absicht zur Nutzung der zu vergebenden Frequenzen plausibel dargelegt haben, wenn die Rechtswidrigkeit der angegriffenen Entscheidungen nach ihrem Klagevortrag möglich erscheint und eine Frequenzzuteilung nicht aus anderen Gründen offensichtlich ausgeschlossen ist.[271] Das schließt insbesondere solche Unternehmen ein, die bereits vor Erlass der betreffenden Vergabeentscheidungen einen noch nicht bestandskräftig abgelehnten Antrag auf eine Zuteilung bzw. Zuteilungsverlängerung der betroffenen Frequenzen gestellt hatten.[272] Da die einzelnen Teilentscheidungen über die Frequenzvergabe das sachliche Fundament für die Frequenzzuteilungen bilden, erledigt sich ihre Gestaltungswirkung – mit der Folge eines dann fehlenden Rechtsschutzbedürfnisses – auch nicht mit Durchführung des Vergabeverfahrens.[273] Im Rahmen einer Klage gegen eine Vergabeanordnung kann dabei auch die nicht mit Außenwirkung getroffene spezifische Bereitstellungsentscheidung inzident überprüft werden,[274] unter Beachtung des insoweit bestehenden Beurteilungsspielraums der Bundesnetzagentur.[275]

Ob und inwieweit auch Unternehmen, denen es nicht um den Zugang zu den knappen Frequenzen selbst geht, in Bezug auf die einzelnen Vergabeentscheidungen klagebefugt sind, ist umstritten.

Das betrifft in erster Linie die allgemeinen Vergabebedingungen mit den darin enthaltenen Frequenznutzungsbestimmungen. Für Nutzer anderer Frequenzbereiche, die fürchten, durch die künftige Nutzung des zur Vergabe

270 BVerwGE 140, 221, 241 Rn. 51 (Urt. v. 17.8.2011 – Az. 6 C 9.10).
271 BVerwG, Buchholz 442.066 § 55 TKG Nr. 13 Rn. 17 (Urt. v. 24.6.2020 – Az. 6 C 3.19).
272 BVerwG, Buchholz 442.066 § 55 TKG Nr. 13 Rn. 16 (Urt. v. 24.6.2020 – Az. 6 C 3.19) m. w. N.
273 BVerwG, Buchholz 442.066 § 61 TKG Nr. 1 Rn. 12 (Urt. v. 22.6.2011 – Az. 6 C 40.10).
274 BVerwG, Buchholz 442.066 § 55 TKG Nr. 13 Rn. 32 (Urt. v. 24.6.2020 – Az. 6 C 3.19).
275 Siehe dazu Fn. 246.

gestellten Spektrums werde es zu unzumutbaren Störungen ihrer eigenen Frequenznutzung kommen, hat die Rechtsprechung einen entsprechenden Drittschutz verneint. Sie sind danach vielmehr auf Rechtsmittel gegen die anschließenden Zuteilungen an die erfolgreichen Teilnehmer des Vergabeverfahrens beschränkt und werden hierdurch auch hinreichend geschützt.[276]

Auch die Frage, ob demgegenüber Drittschutz zugunsten von Diensteanbietern besteht, die Zugang zu frequenzgestützten Vorleistungen der erfolgreichen Teilnehmer des Vergabeverfahrens benötigen, hat das Bundesverwaltungsgericht mittlerweile geklärt. Danach entfaltet die Ermächtigungsgrundlage für die Vergabebedingungen Drittschutz jedenfalls zugunsten solcher Unternehmen, die im Rahmen des vom Gesetzgeber anerkannten Geschäftsmodells eines Diensteanbieters im Wege einer mittelbaren Mitnutzung der Frequenzen zum Erreichen der Vergabeziele beitragen.[277]

5. Spezifische Maßnahmen zur Förderung des Wettbewerbs und der Versorgung

Mit der TKG-Novelle im Jahr 2021 hat der Gesetzgeber in Umsetzung unionsrechtlicher Vorgaben zahlreiche neue Möglichkeiten geschaffen, um frequenzregulatorisch den Wettbewerb im Mobilfunksektor und die Versorgung der Bevölkerung mit Mobilfunkdiensten zu fördern. Diese Instrumente werfen – auch in ihrem Verhältnis zueinander – noch zahlreiche Fragen auf. Die nachfolgende Darstellung ist daher in besonderem Maße nur als einführende Skizze zu verstehen.

a) Förderung des Wettbewerbs (§ 105 TKG)

§ 105 Abs. 1 TKG betont zunächst noch einmal (eher klarstellend), dass die Bundesnetzagentur auch bei der Erteilung (sowie Änderung und Verlängerung) von Frequenzzuteilungen das Ziel der Förderung eines unverfälschten Wettbewerbs verfolgt. Hieran anknüpfend enthält § 105 Abs. 2 S. 1 TKG eine generalklauselartige Ermächtigung der Bundesnetzagentur, insoweit „geeignete Maßnahmen“ zu ergreifen. Die Vorschrift nennt dann in S. 2 beispielhaft („unter anderem“) fünf Maßnahmengruppen, die nach Auffassung des Gesetzgebers auf dieser Grundlage in Betracht kommen können, zugleich aber auch wettbewerbliche und frequenzregulatorische Risiken bergen:

1. Begrenzung der Frequenzmenge oder Verknüpfung der Nutzungsrechte mit Bedingungen wie der Gewährung des Vorleistungszugangs bzw.

276 Siehe zum Ganzen BVerwG, Buchholz 442.066 § 55 TKG Nr. 9 Rn. 18 ff. (Urt. v. 10.10.2012 – Az. 6 C 36.11).

277 BVerwG, Urt. v. 20.10.2021 – Az. 6 C 8.20. Die Entscheidungsgründe liegen bislang nicht vor. Siehe stattdessen BVerwG, Pressemitteilung Nr. 67/2021 v. 21.10.2021.

(nationalem oder regionalem) Roaming: Auf diese Weise wird der unmittelbare oder zumindest der mittelbare Zugang zu den knappen Frequenzgütern offengehalten, um jedenfalls auf der Diensteebene den Wettbewerb zu beleben. Allerdings kann durch Frequenzobergrenzen eine künstliche Knappheit erzeugt werden und die Auferlegung von Zugangsverpflichtungen kann Geschäftsmodelle der Zuteilungsinhaber gefährden.[278]

2. Reservierung von Frequenzen für neue Marktteilnehmer: Auf diese Weise kann der Marktzutritt neuer Wettbewerber ermöglicht werden. Die Reservierung von Teilen des verfügbaren Spektrums verschärft jedoch die Knappheit im verbleibenden Teil.
3. Verweigerung oder Beschränkung neuer Zuteilungen oder der Erweiterung bestehender Nutzungsmöglichkeiten: Die Anhäufung von Frequenznutzungsrechten durch einzelne Unternehmen oder die Erweiterung der Nutzungsmöglichkeiten bestehender Zuteilungen können den bestehenden Wettbewerb regulatorisch verzerren,[279] etwa weil die Grundlage früherer Markteintrittsentscheidungen nachträglich geändert wird. Deshalb kann es u. U. gerechtfertigt sein, entsprechende Entwicklungen zu verhindern oder zumindest regulatorisch einzuhegen, indem wettbewerbssichernde Bedingungen auferlegt werden. Solche Maßnahmen können aber zugleich auch einer eigentlich gewünschten Steigerung der Nutzungseffizienz entgegenwirken.
4. Beschränkung der Übertragung von Frequenznutzungsrechten: Zu einer u. U. wettbewerbsverzerrenden Anhäufung von Frequenznutzungsrechten kann es nicht nur durch neue Zuteilungen, sondern auch durch die Übertragung von Zuteilungen kommen. Auch diesbezüglich kann es daher gerechtfertigt sein, durch regulatorische Maßnahmen eine solche Übertragung zu verhindern oder zumindest an wettbewerbssichernde Bedingungen zu knüpfen.
5. Änderung bestehender Rechte zur nachträglichen Beseitigung von Wettbewerbsverzerrungen: Ist es durch eine Übertragung oder Anhäufung von Zuteilungen bereits zu Wettbewerbsverzerrungen gekommen, kann es geboten sein, bestehende Nutzungsrechte zu ändern. Auch solche Eingriffe laufen dabei Gefahr, eine effiziente Frequenznutzung zu behindern.

Angesichts der herausforderungsvollen Abwägung zwischen dem Nutzen und den Risiken eines wettbewerbsfördernden Eingriffs sieht das Gesetz verschiedene verfahrensrechtliche Absicherungen vor. Insbesondere muss

278 Siehe die Begründung zum Gesetzentwurf der Bundesregierung, BT-Drs. 19/26108, 200, 316 (zu Art. 1 § 104).

279 Begründung zum Gesetzentwurf der Bundesregierung, BT-Drs. 19/26108, 200, 316 (zu Art. 1 § 104).

sich die Bundesnetzagentur für eine entsprechende Entscheidung auf eine objektive, vorausschauende Bewertung stützen. In diese muss sie die Wettbewerbsverhältnisse sowie die Notwendigkeit, einen wirksamen Wettbewerb zu schützen, und die voraussichtlichen Auswirkungen auf das Investitionsverhalten der Marktteilnehmer einbeziehen (§ 105 Abs. 2 S. 3 TKG). Bevor sie Maßnahmen nach § 105 Abs. 2 TKG ergreift, muss die Bundesnetzagentur überdies den interessierten Kreisen Gelegenheit geben, zu einem entsprechenden Maßnahmenentwurf Stellung zu nehmen (§ 105 Abs. 3 TKG).

Noch ungeklärt ist das Verhältnis dieser Vorschrift insbesondere zu den Bestimmungen über das Vergabeverfahren. Formal sind beide Instrumente nicht miteinander verknüpft. Viele der von § 105 Abs. 2 TKG adressierten Fragen stellen sich aber gerade im Falle einer Frequenzknappheit, in der es in aller Regel zu einem solchen Vergabeverfahren kommt. Es ist daher denkbar, dass die nach § 105 TKG zu treffenden Entscheidungen in der Praxis oftmals in den Rahmen eines Vergabeverfahrens eingebettet erfolgen werden.

b) Versorgungsoptimierende Zugangsverpflichtungen (lokales Roaming und Zugang zu Netzinfrastrukturen) (§ 106 TKG)

Eine andere Zielrichtung – nämlich die Verbesserung der Mobilfunkversorgung – verfolgt das in § 106 TKG enthaltene Regulierungsinstrument. Es dient dabei nicht der Schließung „weißer Flecken“,[280] also solcher Gebiete, in denen überhaupt kein Mobilfunknetz vorhanden ist. Stattdessen soll es dafür Sorge tragen, dass Mobilfunknetzbetreiber ihren Kunden unter bestimmten Voraussetzungen auch dann eine Mobilfunkversorgung dort ermöglichen können, wo bisher nur ein anderer Mobilfunknetzbetreiber sein Netz errichtet hat („grauer Fleck“). Zu diesem Zwecke kann die Bundesnetzagentur diesen Betreiber verpflichten, in dem betreffenden – räumlich umgrenzten – Gebiet Zugang zu passiven oder aktiven Netzinfrastrukturen oder lokales Roaming zu gewähren. Passive Netzinfrastrukturen sind dabei z. B. insbesondere Masten und Türme, während aktive Netzinfrastrukturen etwa die Funkanlagen selbst sind. Beim (lokalen) Roaming hingegen nutzen die Kunden des einen Mobilfunknetzbetreibers in dem betreffenden Gebiet das Netz des anderen Mobilfunknetzbetreibers (§ 3 Nr. 48 TKG).

Diese drei versorgungsoptimierenden Zugangsverpflichtungen unterscheiden sich damit insbesondere im Umfang des Eigenanteils, der von dem begünstigten Netzbetreiber zu leisten ist: Während er beim Roaming keine eigene Infrastruktur in dem von ihm nicht versorgten Gebiet errichten muss,

280 Begründung zum Gesetzentwurf der Bundesregierung, BT-Drs. 19/26108, 200, 316 (zu Art. 1 § 105).

wird er beim Zugang zu aktiven Netzinfrastrukturen in aller Regel zumindest eine Anbindung an sein eigenes Netz herstellen und beim Zugang zu passiven Netzinfrastrukturen auch aktive Netztechnik (Funkanlagen) errichten müssen. Aus diesem Grund dürfen lokales Roaming und die Verpflichtung zur Gewährung von Zugang zu aktiven Netzinfrastrukturen nur dann auferlegt werden, wenn der Zugang zu passiven Netzinfrastrukturen nicht ausreicht.[281] Der Zugang zu aktiven Netzinfrastrukturen und das lokale Roaming stehen demgegenüber zwar in keinem rechtlichen Stufenverhältnis zueinander.[282] Dennoch können die geschilderten Unterschiede auch insoweit bei der Ausübung des Ermessens zu berücksichtigen sein.

Da jede der drei möglichen Maßnahmen den Mobilfunknetzbetreiber, der sein Netz ausgebaut hat, dazu verpflichtet, seine Betriebsmittel seinen unmittelbaren Wettbewerbern zur Verfügung zu stellen, kommen sie nur unter sehr engen Voraussetzungen in Betracht:[283]

1. Unzureichende Versorgung aufgrund unüberwindbarer Ausbauhindernisse: Hierbei handelt es sich um eine zweigliedrige Voraussetzung. Zum einen muss ein marktgesteuerter, also auf eine betriebswirtschaftlich sinnvolle Investitionsentscheidung gestützter Netzausbau ausgeschlossen sein.[284] Das kann auf tatsächlichen Gegebenheiten beruhen, etwa wenn z. B. entlang von Straßen oder Schienen aus statischen Gründe keine weitere Basisstation errichtet werden kann.[285] Es kann aber vor allem auch wirtschaftliche Gründe geben, gerade wenn angesichts einer abgeschiedenen Lage der ökonomische Mehrwert die Erschließungskosten auch bei einer langfristigen Betrachtungsweise nicht rechtfertigt.[286] Die Hürden sind dabei freilich hoch anzusetzen („unüberwindbar“). Liegen derartige Hindernisse für den marktgetriebenen Netzausbau vor, müssen sie

281 Für lokales Roaming ergibt sich das unmittelbar aus § 106 Abs. 1 TKG, für den Zugang zu aktiven Netzinfrastrukturen aus Art. 61 Abs. 4 UAbs. 1 S. 3 des Kommunikationskodex.

282 Begründung zum Gesetzentwurf der Bundesregierung, BT-Drs. 19/26108, 200, 318 (zu Art. 1 § 105 Abs. 4).

283 Siehe auch *Freese,* N&R 2021, 149, 155.

284 Auch unter Einbeziehung der spezifischen Mitnutzungsmöglichkeiten des Netzausbaurechts, siehe die Begründung zum Gesetzentwurf der Bundesregierung, BT-Drs. 19/26108, 200, 317 (zu Art. 1 § 105 Abs. 1 Nr. 1).

285 Begründung zum Gesetzentwurf der Bundesregierung, BT-Drs. 19/26108, 200, 317 (zu Art. 1 § 105 Abs. 1 Nr. 1).

286 Etwas vage sind dabei nach der Begründung zum Gesetzentwurf der Bundesregierung, BT-Drs. 19/26108, 200, 317 (zu Art. 1 § 105 Abs. 1 Nr. 1), die „Umstände des Einzelfalls“ maßgeblich, die „objektiv“ zu bewerten seien, wobei in wenig überzeugender Weise beispielhaft allein auf die entstehenden Kosten (und nicht auch auf den erzeugten Nutzen) abgestellt wird.

sich zum anderen auch in signifikanten Versorgungslücken niederschlagen („äußerst lückenhaften Zugang").

2. Unmittelbare Erforderlichkeit: Die Mitnutzung[287] muss zur Herstellung der Versorgung auf der lokalen Ebene „unmittelbar erforderlich" sein. Das bedeutet, dass das Angebot der öffentlichen Mobilfunkdienste in diesem Bereich nicht auf andere Weise erfolgen kann (Erforderlichkeit) und die Mitnutzung hierfür gegenwärtig und tatsächlich benötigt wird (Unmittelbarkeit).[288]

3. Fehlen alternativer Zugangswege: Ein Einsatz der in § 106 TKG vorgesehenen Regulierungsinstrumente setzt weiter voraus, dass keinem anderen[289] (als dem potentiell zu verpflichtenden[290]) Mobilfunknetzbetreiber alternative Zugangswege zu den Endnutzern in dem betreffenden Gebiet zur Verfügung gestellt werden. Dahinter steht der Gedanke, dass die defizitäre Versorgung ggf. auch auf andere Weise als über eine entsprechende Mitnutzungsverpflichtung auf freiwilliger Basis sichergestellt werden kann. Zu denken ist dabei nicht nur an Vorleistungen des potentiell verpflichteten Mobilfunknetzbetreibers.[291] Auch die Bereitstellung von Vorleistungen durch ein anderes Unternehmen oder eine andere Stelle kommt in Betracht, etwa die Mitnutzung passiver Infrastrukturen eines Schienenwegebetreibers oder einer Kommune. Es reicht allerdings nicht jeder alternative Zugangsweg. Vielmehr muss dieser tragfähig und vergleichbar sein, also eine tatsächliche Alternative zur Mitnutzung des Mobilfunknetzes darstellen. Seine Inanspruchnahme muss überdies – objektiv[292] – zu fairen und angemessenen Bedingungen ermöglicht werden.

---

287 Die Vorschrift bezieht sich nur auf „lokales Roaming", so dass sich – jenseits der analogen Anwendung auf den Zugang zu aktiver Netztechnik nach § 106 Abs. 4 TKG – die Frage stellen könnte, ob sie (oder evtl. sogar der gesamte Voraussetzungskatalog nach § 106 Abs. 1 TKG) auch auf den Zugang zu passiven Netzinfrastrukturen anwendbar ist. Aus dem EU-rechtlichen Hintergrund folgt aber, dass die Vorschrift insgesamt „in beiden Fällen" greifen soll (Art. 61 Abs. 4 UAbs. 1 S. 1 des Kommunikationskodex). Es handelt sich damit um einen Redaktionsfehler.

288 Begründung zum Gesetzentwurf der Bundesregierung, BT-Drs. 19/26108, 200, 317 (zu Art. 1 § 105 Abs. 1 Nr. 2).

289 Diese Engführung erscheint in einem Mehrbetreiberumfeld potentiell konfliktbehaftet, wenn so etwa nur einem von mehreren Wettbewerbern die Möglichkeit eingeräumt wird, auf eine alternative Versorgungsgrundlage zurückzugreifen.

290 Begründung zum Gesetzentwurf der Bundesregierung, BT-Drs. 19/26108, 200, 317 (zu Art. 1 § 105 Abs. 1 Nr. 3).

291 Siehe die Begründung zum Gesetzentwurf der Bundesregierung, BT-Drs. 19/26108, 200, 317 (zu Art. 1 § 105 Abs. 1 Nr. 3).

292 Begründung zum Gesetzentwurf der Bundesregierung, BT-Drs. 19/26108, 200, 317 (zu Art. 1 § 105 Abs. 1 Nr. 3).

4. Vorherige Bekanntgabe: Um die Vorhersehbarkeit der Regulierung und den Vertrauensschutz der Unternehmen zu wahren,[293] muss die Möglichkeit der Verpflichtung „ausdrücklich vorgesehen“ werden. Wenn ein Vergabeverfahren durchgeführt wird, hat diese Bekanntgabe nach dem Wortlaut des Gesetzes „in den Vergabebedingungen der Frequenzzuteilung“ zu erfolgen. Außerhalb eines Vergabeverfahrens ist die diesbezügliche Transparenz „rechtzeitig vor der Frequenzzuteilung“ herzustellen. Hierdurch wird zwar deutlich, dass die versorgungsoptimierenden Zugangsverpflichtungen als nachträgliche Maßnahmen in Bezug auf konkrete örtliche Versorgungsprobleme konzipiert sind.[294] Was aus dem Vorhersehbarkeitserfordernis im Einzelnen folgt, ist aber noch unklar. Im Prinzip ist die Möglichkeit einer Verpflichtung nach § 106 TKG bereits seit Schaffung der diesbezüglichen Ermächtigungsgrundlage „ausdrücklich vorgesehen“ und erkennbar. Wenn man die bloße Existenz der Vorschrift – bzw. einen entsprechenden Hinweis in den Vergabebedingungen – nicht für ausreichend hält, wird es einer konkreten, sinnvollerweise wohl frequenzbereichsbezogenen Bezugnahme auf diese Verpflichtungsmöglichkeit bedürfen. Eine weitergehende Vorprüfung der einzelnen Tatbestandsmöglichkeiten ist jedenfalls vom Gesetzeswortlaut demgegenüber nicht indiziert. Sie dürfte wohl auch dem Ziel der Schaffung eines flexiblen Regulierungsinstruments zur Verbesserung der Mobilfunkversorgung zuwiderlaufen.
5. Angemessener Versorgungsbeitrag: Die Schaffung einer Mitnutzungsmöglichkeit in wirtschaftlich unattraktiven Gebieten birgt die Gefahr, dass mit Blick auf etwaige „Trittbrettfahrer“ noch verbleibende Anreize zum Netzausbau in unversorgten Gebieten beseitigt werden.[295] Es sollen daher nur solche Mobilfunknetzbetreiber von einer entsprechenden Mitnutzungsverpflichtung profitieren dürfen, die selbst einen angemessenen Beitrag zur Versorgung solcher Gebiete leisten.

---

293 Begründung zum Gesetzentwurf der Bundesregierung, BT-Drs. 19/26108, 200, 317 (zu Art. 1 § 105 Abs. 1 Nr. 4).

294 Offen bleibt damit insbesondere die Frage, ob sich hieraus eine Sperrwirkung ergibt, die etwa allgemeine Mitnutzungsverpflichtungen in Bezug auf aktive oder passive Netzinfrastrukturen oder (lokale) Roamingverpflichtungen insbesondere als Bestandteil ursprünglicher Frequenznutzungsbestimmungen ausschließt. Das Ziel, das regulatorische Instrumentarium zur Verbesserung der Mobilfunkversorgung auszubauen, dürfte gegen eine solche absolute Sperrwirkung sprechen, siehe auch *Cornils,* N&R 2021, 194, 202. Denkbar ist aber, dass entsprechende Verpflichtungen in Frequenznutzungsbestimmungen zumindest an vergleichbar hohen Eingriffsvoraussetzungen zu messen sind.

295 Begründung zum Gesetzentwurf der Bundesregierung, BT-Drs. 19/26108, 200, 318 (zu Art. 1 § 105 Abs. 1 Nr. 5).

6. Erfolglose Verhandlungen: Schließlich darf es innerhalb von drei Monaten[296] nicht zu einer Vereinbarung zwischen den beteiligten Betreibern gekommen sein. Hiermit wird der Vorrang der Privatautonomie normativ verankert.[297]

Sind alle diese Bedingungen erfüllt, steht es im Ermessen der Bundesnetzagentur („kann"), ob sie den lokal tätigen Mobilfunknetzbetreiber zur Gewährung eines Zugangs zur (passiven oder aktiven) Infrastruktur oder zur Ermöglichung eines lokalen Roamings verpflichtet. Ihr Ermessen wird dabei durch einen Katalog von sieben besonders zu berücksichtigenden Aspekten in § 106 Abs. 2 TKG gelenkt. Hierzu zählt neben dem Versorgungsinteresse der Endnutzer und der effizienten Frequenznutzung auch die „vorrangige Notwendigkeit", zunächst Ausbauanreize für das ggf. zu verpflichtende Unternehmen[298] zu schaffen.

Entscheidet sich die Bundesnetzagentur – nach Durchführung eines Konsultations- und Konsolidierungsverfahrens entsprechend § 12 TKG (vgl. § 106 Abs. 3 TKG) – zur Auferlegung einer versorgungsoptimierenden Zugangsverpflichtung, ist es wieder zunächst an den beteiligten Unternehmen, sich über die konkreten Mitnutzungsbedingungen zu einigen. Soweit sie binnen zwei Monaten[299] keine diesbezügliche Einigung erzielen, entscheidet die Bundesnetzagentur auch über diese Bedingungen. Ein Ermessen steht ihr auf dieser Stufe nicht mehr zu („entscheidet"). Der Vorrang der Privatautonomie wird jedoch auch hier gewahrt, da die Entscheidung nur greift, „soweit" es an einer Einigung fehlt. An Bedingungen, über die zwischen den Beteiligten Einigkeit herrscht, ist die Bundesnetzagentur daher gebunden.

Gerade beim lokalen Roaming wird in aller Regel das Netz des verpflichteten Mobilfunknetzbetreibers stärker ausgelastet, da es nun auch von den Kunden des oder der begünstigten Mobilfunknetze mitgenutzt werden kann. § 106 Abs. 6 TKG ermächtigt die Bundesnetzagentur daher, die Begünstigten einer versorgungsoptimierenden Zugangsverpflichtung zu verpflichten, gewissermaßen als Ausgleich hierfür in dem betreffenden Gebiet Frequenzen mit dem verpflichteten Betreiber gemeinsam zu nutzen. Der dahinterstehende Gedanke ist, dass ein begünstigter Betreiber mangels eigener

296 Die Frist kann im allseitigen Einverständnis um einen weiteren Monat verlängert werden.

297 Begründung zum Gesetzentwurf der Bundesregierung, BT-Drs. 19/26108, 200, 318 (zu Art. 1 § 105 Abs. 1 Nr. 6).

298 Das ist insoweit etwas irritierend, als dieses Unternehmen sein Netz im Gegensatz zu seinen Wettbewerbern jedenfalls in dem konkret betrachteten Bereich ja gerade bereits ausgebaut *hat*.

299 Diese Frist kann – ohne dass es hierfür auf ein Einverständnis der Beteiligten ankäme – um einen weiteren Monat verlängert werden (§ 106 Abs. 5 S. 2 TKG).

Netzinfrastruktur die Frequenzen in diesem Gebiet nicht benötigt, der verpflichtete Betreiber die Kapazität seines Netzes durch die Mitnutzung demgegenüber erhöhen kann. Solche Mitnutzungsverpflichtungen sind für alle versorgungsoptimierenden Zugangsverpflichtungen vorgesehen, dürften aber in der Praxis vor allem beim lokalen Roaming Sinn ergeben. Das Gesetz lässt offen, auf welcher Ebene sie auferlegt werden sollen. Viel dürfte dafür sprechen, sie gleichzeitig mit der grundsätzlichen Zugangsverpflichtung auszusprechen. Ob und zu welchen Bedingungen Frequenzen des begünstigten Betreibers mitgenutzt werden können, wird nämlich von erheblicher Bedeutung für etwaige Verhandlungen über die Bedingungen eines versorgungsoptimierenden Zugangs sein.

Die von der Bundesnetzagentur festgelegten Verpflichtungen und Bedingungen im Zusammenhang mit den versorgungsoptimierenden Zugangsverpflichtungen sind innerhalb von fünf Jahren zu überprüfen und ggf. zu ändern oder aufzuheben (§ 106 Abs. 7 TKG).

c) *Möglichkeiten zur Versorgungsverbesserung (§ 99 Abs. 2 TKG)*

Ein weiteres Instrument zur Verbesserung der Mobilfunkversorgung, das auf den letzten Metern der TKG-Novelle 2021 Eingang in das Gesetz gefunden hat, steht im Zusammenhang mit der Ermächtigung zur Aufnahme von Nebenbestimmungen in Frequenzzuteilungen. Macht die Bundesnetzagentur von dieser Möglichkeit Gebrauch, kann sie nach § 99 Abs. 2 S. 1 TKG u. a. folgende Möglichkeiten vorsehen, insbesondere um eine effektive und effiziente Versorgung sicherzustellen oder die Versorgung zu verbessern:

1. Gemeinsame Nutzung von Funkinfrastruktur oder von Frequenzen: Zuteilungsnehmer nutzen in diesem Fall einzelne Netzbestandteile – etwa Funkmasten oder Funkanlagen – oder sogar Frequenzen gemeinsam. Dadurch lassen sich die Kosten des Netzaufbaus und -ausbaus senken.
2. Kommerzielle Roamingvereinbarungen: Solche Vereinbarungen ermöglichen es den Kunden des einen Mobilfunknetzbetreibers, in einem bestimmten Gebiet (oder sogar generell) das Mobilfunknetz des anderen Betreibers mitzunutzen. Auf diese Weise kann der berechtigte Betreiber seinen Kunden auch dort eine Versorgung anbieten, wo nicht er selbst, sondern nur der andere Betreiber bereits eigene Netzinfrastruktur errichtet hat. Weitreichende Roamingvereinbarungen können Neueinsteigern ermöglichen, bereits in der Phase des sukzessiven Netzausbaus eine umfassende Mobilfunkversorgung anzubieten, um auf diese Weise mit wettbewerbsfähigen Angeboten Kunden zu gewinnen. Aber auch etablierte Mobilfunknetzbetreiber können Roamingvereinbarungen nutzen, um bestehende Versorgungslücken schnell und aufwandsarm zu schließen.

3. Gemeinsamer Ausbau von Funkinfrastruktur: Im Gegensatz zur gemeinsamen Nutzung bereits vorhandener Infrastruktur können Mobilfunknetzbetreiber auch bereits beim Ausbau der Funkinfrastruktur zusammenarbeiten und so ihre Netzausbaukosten senken.

Die genaue Bedeutung dieser 2021 neu geschaffenen Vorschrift ist noch nicht völlig klar.

Z.T. wird sie als Ermächtigung der *Bundesnetzagentur* zur Auferlegung bestimmter Verpflichtungen im Rahmen der Nebenbestimmungen verstanden.[300] Danach wären über § 99 Abs. 2 S. 1 Nr. 1 TKG also etwa Auflagen zulässig, auf entsprechende Anfrage Vereinbarungen über die gemeinsame Frequenznutzung oder über ein Roaming abzuschließen. Für eine solche Sichtweise spricht, dass entsprechende Vorgaben unter dem früheren TKG zuletzt umstritten waren. § 99 Abs. 2 S. 1 TKG erschiene dementsprechend als gesetzgeberische Klarstellung. Und wenn § 99 Abs. 2 S. 3 TKG von „gemäß diesem Absatz auferlegten Bedingungen" spricht, legt dies ebenfalls ein Verständnis nahe, wonach es um verpflichtende Vorgaben geht.

Die Regelung kann aber auch als Klarstellung oder Erweiterung der Handlungsmöglichkeiten des *Zuteilungsinhabers* verstanden werden, mit denen er Verpflichtungen erfüllen kann, die ihm in den Nebenbestimmungen auferlegt wurden. Sollte der Zuteilungsinhaber beispielsweise verpflichtet sein, eine bestimmte Versorgung sicherzustellen, könnte er diese also ggf. auch durch die gemeinsame Nutzung von Funkbasisstationen in bestimmten Gebieten erfüllen. Die ausdrückliche Einräumung solcher Handlungsmöglichkeiten erscheint insbesondere deshalb sinnvoll, weil die Bundesnetzagentur in ständiger Entscheidungspraxis die Notwendigkeit einer wettbewerblichen Unabhängigkeit in Vergabesituationen betont. Kooperationen zwischen den Zuteilungsnehmern könnten potentiell in ein gewisses Spannungsverhältnis hierzu geraten.[301] Für eine solche Lesart sprechen der Wortlaut, der eben von „Möglichkeiten" und nicht von „Geboten" oder „Verpflichtungen" spricht, und die Anknüpfung an bereits festgelegte Nebenbestimmungen. Auch die Gesetzesmaterialien deuten in diese Richtung. Dort wird § 99 Abs. 2 TKG als Fortschreibung der regulierungsbehördlichen Praxis verstanden, als Nebenbestimmungen auferlegte Versorgungspflichten dadurch abzumildern, dass einerseits der Ausbau durch die anderen Anbieter angerechnet wird und andererseits die Kosten des Ausbaus durch Kooperationen wie die

300 In diese Richtung *Cornils,* N&R 2021, 194, 201; siehe auch den Vorschlag a. a. O., S. 202, die Vorschrift als Grundlage für qualifizierte Verhandlungsgebote zu verstehen.

301 Zu diesem Spannungsverhältnis siehe Bundesnetzagentur, Beschl. v. 26.10.2018 – Az. BK1-17/001, Rn. 18 ff.

Mitnutzung von Infrastruktur oder Roaming auf vertraglicher Basis gesenkt werden können.[302]

6. Befristung und Verlängerung

Von wesentlicher Bedeutung für die Nutzung von Frequenzen ist die Dauer, für welche dem Zuteilungsnehmer das (grundsätzlich) exklusive Recht zur Frequenznutzung eingeräumt wird.

a) Befristung

Die Frequenzzuteilung erfolgt in der Regel befristet (§ 92 Abs. 1 S. 1 TKG). Die Befristung ist allerdings so zu bemessen, dass sie für die Nutzung angemessen ist und die Amortisation der nötigen Investitionen berücksichtigt (§ 92 Abs. 1 S. 2 TKG). Ob dem Frequenznutzer tatsächlich eine solche Amortisation gelingt, ist aber sein wirtschaftliches Risiko.[303] Durch die Befristung wird die dauerhafte Blockade eines Frequenzbereichs durch einen einzelnen Zuteilungsnehmer bzw. zugunsten einer bestimmten Frequenznutzung verhindert. Zugleich werden regelmäßige Möglichkeiten für eine Überprüfung der Zuteilungslage eröffnet. Hierdurch kann etwa Änderungen der planerischen Grundlagen Rechnung getragen oder auf eine zwischenzeitlich eingetretene Frequenzknappheit reagiert werden.

Eine Sonderregelung enthält das Gesetz insoweit in Bezug auf harmonisierte Frequenzen für drahtlose Breitbanddienste. Bei diesen handelt es sich um Frequenzen, deren Verfügbarkeit und/oder Nutzung für entsprechende Anwendungen durch Maßnahmen auf Grundlage der Frequenzentscheidung Nr. 676/2002/EG EU-weit harmonisiert wurde (vgl. § 3 Nr. 22 TKG). Für solche Frequenzen sieht § 92 Abs. 3 S. 1 TKG eine regelhafte Mindestbefristung von 15 Jahren vor, um den Zuteilungsnehmern insoweit entsprechende Planungs- und Investitionssicherheit zu geben.[304] Unter bestimmten, im Einzelnen in § 91 Abs. 3 S. 2 TKG aufgeführten Voraussetzungen kann die Bundesnetzagentur allerdings auch Zuteilungen von harmonisierten Frequenzen für drahtlose Breitbanddienste kürzer als 15 Jahre befristen. Das gilt beispielsweise für bestimmte kurzfristige Projekte (§ 91 Abs. 3 S. 2 Nr. 2 TKG) oder wenn die Geltungsdauer verschiedener Frequenznutzungsrechte angepasst werden soll (§ 91 Abs. 3 S. 2 Nr. 5 TKG). Letzteres ist bisweilen

---

302 Bericht des Ausschusses für Wirtschaft und Energie, BT-Drs. 19/28865, 370, 397 f. (zu § 99 Abs. 2); vgl. Bundesnetzagentur, Beschl. v. 26.10.2018 – Az. BK1-17/001, Ziff. III.4.5. ff., Rn. 241.

303 BVerwG, MMR 2012, 130, 133 Rn. 37 (Urt. v. 22.6.2011 – Az. 6 C 3.10).

304 Begründung zum Gesetzentwurf der Bundesregierung, BT-Drs. 19/26108, 200, 311 (zu Art. 1 § 91 Abs. 3).

sinnvoll, um dann über die künftige Nutzung größerer Frequenzbereiche insgesamt neu entscheiden zu können.

b) Verlängerung

Zwar werden Frequenznutzungsrechte – nicht nur in Bezug auf harmonisierte Frequenzen für drahtlose Breitbanddienste – in der Regel befristet zugeteilt. Das TKG sieht aber ausdrücklich vor, dass befristete Zuteilungen verlängert werden, wenn die Zuteilungsvoraussetzungen (weiter) vorliegen und Hinderungsgründe (weiter) nicht entgegenstehen (§ 91 Abs. 2 S. 1 TKG). Dieser Bestimmung hätte es eigentlich nicht bedurft. Denn unter diesen Voraussetzungen besteht ohnehin ein Zuteilungsanspruch und die positive Entscheidung für eine Verlängerung ist in der Sache nichts anderes als eine (weitere) Zuteilung, die sich zeitlich an eine vorherige Zuteilung anschließt und mit ihr gleichsam eine Kette bildet.[305] Dementsprechend kann die Bundesnetzagentur auch bei einer Verlängerung wie bei einer erstmaligen Zuteilung Art und Umfang der Frequenznutzung sowie Nebenbestimmungen festlegen (§ 92 Abs. 5 S. 1 TKG).

Problematisch sind allerdings die Konstellationen, in denen Frequenzen knapp sind und folglich nach § 91 Abs. 9 S. 1 TKG grundsätzlich ein Vergabeverfahren vorgesehen ist. Hier kollidieren auch in der Verlängerungskonstellation die grundrechtlichen Nutzungsansprüche der verschiedenen Zuteilungsinteressenten. In diesen Fällen muss die Bundesnetzagentur daher auch bei einer möglichen Zuteilungsverlängerung entscheiden, ob der Verlängerungsanspruch durch Erlass einer Vergabeanordnung gesperrt werden soll (§ 92 Abs. 2 S. 3 TKG). Dabei bleibt es grundsätzlich dabei, dass das Ermessen der Bundesnetzagentur wie im Falle einer erstmaligen Zuteilung in Richtung einer Vergabeanordnung vorgeprägt ist. Eine Sonderregelung besteht allerdings für den Fall, dass es um Nutzungsrechte für harmonisierte Frequenzen[306] geht. Dann wird die Ermessensvorprägung insoweit etwas aufgelockert, als die Bundesnetzagentur in der Situation einer möglichen Zuteilungsverlängerung sieben ausdrücklich vorgegebene Gesichtspunkte zu berücksichtigen hat (§ 92 Abs. 2 S. 3 Nr. 1 bis 7 TKG). Diese Aspekte können gegen die Durchführung eines Vergabeverfahrens und für die Verlängerung der bisherigen Zuteilung sprechen, z. B. mit Blick auf die Vermeidung von Störungen der Dienste (durch eine Beendigung der bisherigen Nutzung). Sie können aber, wie die Nachfrage durch andere Unternehmen,

305 Siehe hierzu BVerwGE 134, 368, 371 Rn. 15 (Urt. v. 1.9.2009 – Az. 6 C 4.09); BVerwG, MMR 2012, 130, 133 Rn. 36 (Urt. v. 22.6.2011 – Az. 6 C 3.10).

306 In diesem Zusammenhang kommt es nicht darauf an, ob diese Frequenzen zur Nutzung für drahtlose Breitbanddienste harmonisiert wurden.

gerade auch den Erlass einer Vergabeanordnung nahelegen und somit die Ermessensvorprägung stärken.

Wie schon für die ursprüngliche Befristung gibt es auch für die Verlängerung eine Sonderregelung für harmonisierte Frequenzen für drahtlose Breitbanddienste. Das Gesetz sieht für derartige Zuteilungen allgemeine Verlängerungskriterien vor (§ 92 Abs. 3 S. 6 TKG). Diese beziehen sich mit dem Schutz des menschlichen Lebens, der Gewährleistung der öffentlichen Sicherheit und Ordnung sowie der Wahrung nationaler Sicherheits- und Verteidigungsinteressen zum einen auf sehr abstrakte Gesichtspunkte. Zum anderen spielen hier aber auch typische frequenzregulatorische Zielsetzungen eine Rolle, namentlich die Sicherstellung[307] einer effizienten und störungsfreien Nutzung der betreffenden Frequenzen, die Förderung einer flächendeckenden Mobilfunkversorgung auf hohem Qualitätsniveau und der technischen Innovation sowie die Sicherstellung eines chancengleichen Wettbewerbs. Anknüpfend an all diese Punkte muss die Bundesnetzagentur allgemeine Verlängerungskriterien festlegen, wenn sie harmonisierte Frequenzen für drahtlose Breitbanddienste zuteilt. Diese Kriterien, die letztlich an die Stelle der Zuteilungsvoraussetzungen nach § 91 Abs. 5 TKG treten,[308] sind in die entsprechenden Zuteilungen aufzunehmen (§ 99 Abs. 1 S. 1 Nr. 2 TKG). Dadurch soll dem Zuteilungsnehmer die Verlängerungsmöglichkeit transparent gemacht werden.[309] Sind die allgemeinen Verlängerungskriterien erfüllt, ist die Zuteilung – grundsätzlich ohne inhaltliche Änderungen (§ 92 Abs. 5 S. 2 TKG) – zu verlängern (§ 92 Abs. 3 S. 3 TKG).[310] Es spricht jedoch viel dafür, dass im Falle einer Frequenzknappheit auch bei harmonisierten Frequenzen für drahtlose Breitbanddienste der Verlängerungsanspruch durch den Erlass einer Vergabeanordnung gesperrt werden kann (§ 92 Abs. 3 S. 5 i. V. m. Abs. 2 S. 3 TKG).[311]

Über eine Verlängerung entscheidet die Bundesnetzagentur rechtzeitig vor Ablauf der bestehenden Befristung (§ 92 Abs. 4 S. 1 TKG), und zwar auf Antrag des Zuteilungsinhabers oder nunmehr auch von Amts wegen (§ 92 Abs. 4 S. 2 TKG). Diese allgemeine Vorgabe wird für harmonisierte Frequenzen in zweierlei Hinsicht zeitlich begrenzt: Zum einen ist die Entscheidung bei entsprechenden Zuteilungen *frühestens* fünf Jahre vor dem Ablauf

307 Das Gesetz spricht hier bemerkenswerterweise von „Gewährung".

308 Vgl. die Begründung zum Gesetzentwurf der Bundesregierung, BT-Drs. 19/26108, 200, 311 (zu Art. 1 § 91 Abs. 3).

309 Begründung zum Gesetzentwurf der Bundesregierung, BT-Drs. 19/26108, 200, 312 (zu Art. 1 § 98 Abs. 1).

310 Die Verlängerung hat angemessen zu erfolgen und soll eine Vorhersehbarkeit des Regulierungsrahmens von mindestens 20 Jahren sicherstellen. Angesichts der regelmäßigen Mindestbefristung der ursprünglichen Zuteilung von 15 Jahren dürfte dieser Maßgabe nur noch eine sehr begrenzte Steuerungswirkung zukommen.

311 So etwa *Freese,* N&R 2021, 149, 153.

der Befristung auf Antrag zu treffen (§ 92 Abs. 4 S. 3 TKG). Damit wird sichergestellt, dass sich die Entscheidung nicht in zu ferner Zeit und daher nur mit erheblichen Unsicherheiten prognostizierbar auswirken wird. Handelt es sich bei den harmonisierten Frequenzen überdies um solche für drahtlose Breitbanddienste, dann muss die Bundesnetzagentur *spätestens* zwei Jahre vor Ablauf der Befristung klären, ob die allgemeinen Verlängerungskriterien eingehalten werden. Hierdurch wird für eine entsprechende Planungs- und Rechtssicherheit des Zuteilungsinhabers gesorgt.

7. Widerruf und Verzicht

Weil (wirtschaftlich nutzbare) Frequenzen eine knappe Ressource sind, an deren effizienter und störungsfreier Nutzung ein gesamtgesellschaftliches Interesse besteht, sieht das TKG gegenüber § 49 Abs. 2 VwVfG erweiterte Möglichkeiten eines Widerrufs vor (§ 102 Abs. 1 TKG). Die Frequenzzuteilung kann danach ganz oder auch nur teilweise widerrufen werden. Das ist insbesondere möglich, wenn Frequenzen nicht genutzt werden. Gleiches gilt, wenn Verpflichtungen, die sich – wie z. B. Versorgungsauflagen – aus der Zuteilung ergeben, signifikant verletzt werden. Sind Frequenznutzungsrechte im Rahmen eines Versteigerungsverfahrens erworben worden, besteht dann kein Anspruch auf Rückzahlung des Versteigerungspreises (§ 102 Abs. 6 TKG).[312] Der Zuteilungsnehmer kann auf sein Frequenznutzungsrecht schließlich auch durch schriftliche oder elektronische Erklärung gegenüber der Bundesnetzagentur verzichten (§ 102 Abs. 8 TKG).

8. Sonderregelungen für den Rundfunk

Neben spezifischen Regelungen für eine Reihe von Frequenznutzungen wie für Satelliten (§ 95 TKG) sowie für Luftverkehr, Schifffahrt und sicherheitsrelevante Funkanwendungen (§ 96 Abs. 2 ff. TKG) enthält das TKG insbesondere auch Sonderregelungen für den Rundfunk. Da hier regelmäßig Landeskompetenzen und -interessen betroffen sind, sieht das TKG an mehreren Stellen eine direkte oder mittelbare Beteiligung der Länder vor. Das betrifft nicht nur die Planungsebene, auf welcher die Frequenzverordnung der Zustimmung des Bundesrates bedarf (§ 89 Abs. 1 S. 3 TKG). Es betrifft auch die Zuteilungsebene. So ist etwa bei der Zuteilung von Rundfunkfrequenzen das Benehmen mit der zuständigen Landesbehörde herzustellen (§ 96 Abs. 1 S. 1 TKG). Entsprechende Zuteilungen sollen widerrufen werden, wenn die rundfunkrechtlichen Festlegungen entfallen sind (§ 102 Abs. 4 S. 1 TKG).

312 Vgl. auch BVerwGE 140, 221, 240 ff. Rn. 47 ff. (Urt. v. 17.8.2011 – Az. 6 C 9.10).

Kommt es in Knappheitssituationen bei Frequenzen für die Rundfunkübertragung im Zuständigkeitsbereich der Länder zu einem Vergabeverfahren, ist das Versteigerungsverfahren ausgeschlossen (§ 100 Abs. 2 S. 2 TKG).

E. Netzausbaurecht

Während Marktregulierung und Frequenzverwaltung klassische Kernbereiche des Telekommunikationsrechts seit seiner Herausbildung als Bereich des modernen Wirtschaftsverwaltungsrechts Ende des 20. Jahrhunderts sind, hat ein anderer Teilbereich erst vor etwa fünf Jahren an Bedeutung gewonnen. Es handelt sich um eine Reihe von Vorschriften, mit denen die Kosten für den Netzausbau gesenkt werden sollen.

Dahinter steht ein technologischer Umbruch: Bei Inkrafttreten des ersten TKG im Jahr 1996 bestand die Telekommunikationsinfrastruktur noch in erster Linie aus einem bundesweiten Kupferkabelnetz, das durch ein ausschließlich zur Verbreitung von Rundfunksignalen genutztes Fernsehkabelnetz und (z. T. noch kaum ausgebaute) Mobilfunknetze ergänzt wurde. Die Nachfrage im Massenmarkt konzentrierte sich im Wesentlichen auf Sprachtelefondienstleistungen und in Randbereichen auf schmalbandige Internetanschlüsse, die mit Hilfe von Modems über die Telefonleitungen realisiert wurden. Hinzu kam die Nachfrage nach einer Rundfunkversorgung, die im Wesentlichen über den terrestrischen Rundfunk einerseits und das erwähnte Fernsehkabelnetz andererseits befriedigt wurde.

Durch die technologische Entwicklung und die Konvergenz der einzelnen Plattformen und Dienste, die durch den Siegeszug des Internet getrieben wurde, haben sich diese Rahmenbedingungen grundlegend geändert. Sowohl die Festnetzinfrastruktur – einschließlich des früheren Fernsehkabelnetzes – als auch die Mobilfunknetze werden mittlerweile in erheblichem Maße für die breitbandige Datenübertragung genutzt. Bewegtbildübertragungen und Sprachübermittlung sind zunehmend nur noch spezifische Anwendungen in einem (IP-basierten) Datennetz. Die Endkunden fragen dementsprechend zunehmend hohe Übertragungskapazitäten nach, die über die bisherige Kupferkabelinfrastruktur nicht mehr bereitgestellt werden können. Stattdessen können die nachgefragten Bandbreiten seit einiger Zeit nur noch durch eine zunehmende Ertüchtigung der Netze mit Glasfaserelementen bereitgestellt werden. Dabei steigt die realisierbare Bandbreite, je weiter die Glasfaserelemente an den Anschluss des einzelnen Endkunden herangeführt werden und die bestehenden Kupferkabel ersetzen. Reicht das Glasfasernetz bis zum Gebäude, spricht man von „Fibre To The Building“ (FTTB). Reicht es sogar bis in die Wohnung des Endkunden, wird der Ausbauzustand als „Fibre To The Home“ (FTTH) bezeichnet. Solche Netze werden – wie auch Netze mit vergleichbarer Leistungsfähigkeit – im Telekommunikationsrecht als Netze mit sehr hoher Kapazität bezeichnet (§ 3 Nr. 33 TKG).

Angesichts von rund 41 Millionen Haushalten bundesweit ist offensichtlich, dass eine flächendeckende Ersetzung aller Kupferkabelanschlüsse durch FTTB/H-Anschlüsse einen erheblichen Investitionsaufwand auslöst. Im Jahr

2015/16 wurden die Kosten für den flächendeckenden Aufbau einer Hochgeschwindigkeitsnetzinfrastruktur in Deutschland auf 20 bis 80 Milliarden Euro geschätzt.[313] Die Dimension dieser Herausforderung wird deutlich, wenn man sich vor Augen hält, dass die Telekommunikationsbranche *insgesamt* zwischen rund 6 und (mittlerweile) 10 Milliarden Euro jährlich in Sachanlagen investiert.[314] Das umfasst neben sämtlichen Investitionen aller Festnetzbetreiber auch die Investitionen der Mobilfunknetzbetreiber. Hinzu kommen ökonomische Hindernisse. So war die Zahlungsbereitschaft für Hochgeschwindigkeitsanschlüsse etwa bisweilen noch eher gering. Und der ehemalige Monopolist hatte (und hat) nur begrenzte Anreize, sein Netz außerhalb der Ballungsräume, in denen mit dem früheren Fernsehkabelnetz eine starke Wettbewerbsinfrastruktur besteht, unter erheblichem Kostenaufwand auszubauen.

Der europäische und der deutsche Gesetzgeber haben auf diese Herausforderungen mit der Schaffung eines zunehmend ausdifferenzierten Regelungsrahmens reagiert, der die Kosten für den Netzausbau reduzieren soll. Deren wichtigster Bestandteil sind die Tiefbaukosten, also die Kosten, die durch die Verlegung neuer Leitungen insbesondere unter der Erde entstehen. Hierauf entfallen Schätzungen zufolge über 80 % der Kosten des Netzausbaus.[315] Als wichtigster Meilenstein zur Senkung dieses Ausbauhindernisses kann die Verabschiedung der Kostensenkungsrichtlinie 2014/61/EU gelten, die in Deutschland über das sog. DigiNetzG[316] umgesetzt wurde, das im Wesentlichen entsprechende Änderungen und Ergänzungen im TKG vorsah.

Die damit neu geschaffenen Regelungen zielen in erster Linie darauf ab, die Mitnutzung bereits vorhandener Netzinfrastrukturen zu ermöglichen. Das umfasst gerade auch Infrastrukturen außerhalb des Telekommunikationssektors, wie beispielsweise Energieversorgungsnetze. Der gesetzliche Ansatz geht jedoch darüber hinaus und beruht im Kern auf zwei Säulen,[317] die wiederum durch zentrale Regulierungsinstrumente überformt werden.

---

313 Begründung zum Gesetzentwurf der Bundesregierung, BT-Drs. 18/8332, 28, 32.

314 Siehe dazu *Neumann/Sickmann,* IRNIK-Diskussionspapier Nr. 5, 2018, S. 11 f.

315 Begründung zum Gesetzentwurf der Bundesregierung, BT-Drs. 18/8332, 28.

316 Gesetz zur Erleichterung des Ausbaus digitaler Hochgeschwindigkeitsnetze (DigiNetzG), BGBl. 2016 I, 2473.

317 Zu der etwas abweichenden Kategorisierung zum DigiNetzG siehe die Begründung zum Gesetzentwurf der Bundesregierung, BT-Drs. 18/8332, 28, 32.

Abbildung 6: Systematik der netzausbaurechtlichen Vorschriften

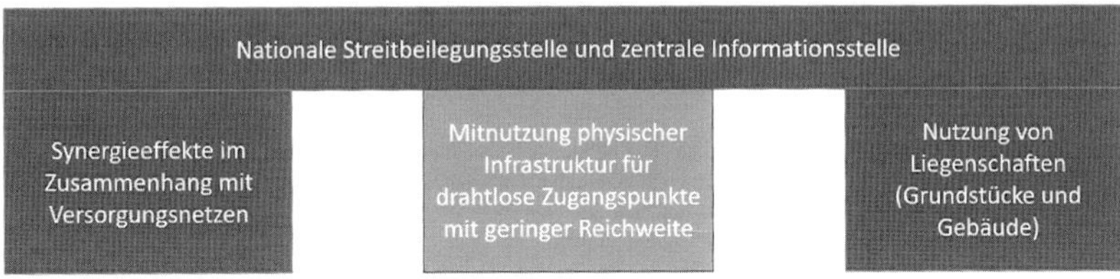

Mit dem Telekommunikationsmodernisierungsgesetz sind nun auch Vorschriften über die Mitnutzung sonstiger physischer Infrastruktur für drahtlose Zugangspunkte mit geringer Reichweite dazugekommen (§§ 153 f. TKG). Damit sollen insbesondere das Straßenmobiliar, die öffentliche Straßenbeleuchtung, Verkehrsschilder, Lichtzeichenanlagen, Reklametafeln und Litfaßsäulen, Bus- und Straßenbahnhaltestellen und U-Bahnhöfe (vgl. § 3 Nr. 54 TKG) für den Ausbau drahtloser Netze jenseits der Netztopologie der Fest- und Mobilfunknetze nutzbar gemacht werden.[318] Die Vorschriften sind in wesentlichen Teilen den nachfolgend im Einzelnen dargestellten Regelungen zur Mitnutzung von Versorgungsnetzen nachgebildet und sollen daher hier nicht vertiefend erörtert werden.

Die Übersicht verdeutlicht allerdings bereits, dass sich der gewählte Regelungsansatz insgesamt von dem der Marktregulierung unterscheidet: Bei jener handelt es sich um Regulierungsverwaltung im Sinne einer Steuerung unternehmerischen Verhaltens durch konkrete behördliche Vorgaben. Der Schwerpunkt der Netzausbauregulierung liegt demgegenüber auf der Stärkung der Verhandlungspositionen für privatautonome Mitnutzungs- und Zugangsvereinbarungen. Das liegt auch darin begründet, dass sich hier viel mehr Betroffene gegenüberstehen als im Bereich der Marktregulierung. Dort geht es in der Regel um eine überschaubare Zahl an Telekommunikationsunternehmen, die Zugang zu den Einrichtungen eines marktmächtigen Unternehmens begehren. Bei den Netzausbauvorschriften geht es demgegenüber um potentielle Verpflichtungen, die eine Vielzahl von Infrastrukturbetreibern oder -eigentümern – oftmals in Form kommunaler Stadtwerke oder Betreibergesellschaften – und sogar Grundstücks- und Hauseigentümer treffen können.

I. Synergieeffekte im Zusammenhang mit Versorgungsnetzen

Den flächendeckenden Ausbau von hochleistungsfähigen Telekommunikationsnetzen will der Gesetzgeber dabei in erster Linie durch eine Aktivierung von Synergieeffekten vorantreiben, die sich aus der Existenz und

318 Siehe einführend auch *Reuße/Karrer,* N&R 2021, 90, 92.

Errichtung anderer raumüberwindender Versorgungsnetzinfrastrukturen ergeben. Anknüpfungspunkt sind insoweit in der Regel öffentliche Versorgungsnetze (§ 3 Nr. 43 TKG). Hierbei handelt es sich um entstehende, betriebene oder stillgelegte physische Infrastrukturen für die öffentliche Bereitstellung bestimmter Versorgungsdienste. Erfasst sind zum einen Erzeugungs-, Leitungs- und Verteilungsdienste für

- Telekommunikation,
- Gas,
- Elektrizität,
- Fernwärme und
- Wasser (mit der Ausnahme von Trinkwasser).

Zum anderen zählen auch Verkehrsdienste zu denjenigen Versorgungsdiensten, deren infrastrukturelle Grundlagen als öffentliche Versorgungsnetze für den Netzausbau nutzbar gemacht werden. Zu den öffentlichen Versorgungsnetzen gehören damit beispielsweise Telekommunikationsnetze, die Energieversorgungsnetze, die Infrastrukturen für die öffentliche Straßenbeleuchtung, die Kanalisation, aber auch Schienenwege, Straßen, Wasserstraßen, Brücken, Häfen und Flugplätze. Erfasst sind allerdings grundsätzlich nur solche Netzinfrastrukturen, die für öffentlich bereitgestellte Versorgungsleistungen genutzt werden (oder wurden).[319] Geschlossene Firmen- oder Behördennetze für Energie- oder Telekommunikationsdienstleistungen oder private Verkehrswege sind somit keine öffentlichen Versorgungsnetze.

1. Synergieeffekte bei der Durchführung von Bauarbeiten

Um die besonders kostenrelevanten Tiefbauarbeiten nicht doppelt ausführen zu müssen, kann es sinnvoll sein, bei Bauarbeiten an öffentlichen Versorgungsnetzen zugleich Komponenten für moderne Telekommunikationsnetze[320] zu verlegen.[321] Auf diese Weise können zusätzlich zu den

319 Hierzu und zum Folgenden die Begründung zum Gesetzentwurf der Bundesregierung, BT-Drs. 18/8332, 28, 35 (zu Art. 1 Nr. 2 lit. c [§ 3 Nr. 16b]).

320 Bisher diente das Netzausbaurecht in erster Linie dazu, den Aufbau digitaler Hochgeschwindigkeitsnetze zu fördern. Hierunter waren nach § 3 Nr. 7a TKG 2004 Telekommunikationsnetze zu verstehen, welche die Möglichkeit bieten, Datendienste mit Geschwindigkeiten von mindestens 50 Megabit pro Sekunde bereitzustellen. Künftig wird es insoweit stattdessen um die Errichtung von Netzen mit sehr hoher Kapazität gehen. Das sind nach § 3 Nr. 33 TKG, wie bereits erwähnt, Netze mit einer Leistungsfähigkeit, die grundsätzlich der eines Glasfasernetzes (FTTH/B) entspricht. Dabei kommt es nicht darauf an, ob das betreffende Netz tatsächlich auch entsprechend seiner Leistungsfähigkeit betrieben werden soll, sondern ob es so betrieben werden kann, siehe die Begründung zum Gesetzentwurf der Bundesregierung, BT-Drs. 19/26108, 200, 336 (zu Art. 1 § 141).

321 Hierzu und zum Folgenden die Begründung zum Gesetzentwurf der Bundesregierung, BT-Drs. 18/8332, 28, 50 (zu Art. 1 Nr. 15 [§ 77i]).

Kosteneinsparungseffekten auch Beeinträchtigungen für Anlieger und Verkehrsteilnehmer verringert werden, zu denen es bei aufeinanderfolgenden oder parallelen Bauarbeiten käme. Das Netzausbaurecht sieht für eine solche Hebung von Synergieeffekten bei Bauarbeiten an Versorgungsnetzen drei Anknüpfungspunkte vor.

a) *Informationen über Bauarbeiten (§ 142 TKG)*

Die Frage, ob Bauarbeiten an öffentlichen Versorgungsnetzen genutzt werden können, um Komponenten für moderne Telekommunikationsnetze mitzuverlegen, stellt sich einem ausbauwilligen Telekommunikationsunternehmen nur, wenn ihm bekannt ist, ob solche Bauarbeiten geplant sind oder gegenwärtig stattfinden. § 142 TKG sieht deshalb entsprechende Informationsansprüche vor. Diese sollen die notwendige Transparenz als Grundlage für die Anbahnung von Koordinierungsvereinbarungen schaffen.[322]

Eigentümern[323] und Betreibern[324] öffentlicher Telekommunikationsnetze[325] (im Folgenden: „Telekommunikationsunternehmen") wird deshalb ein Auskunftsanspruch eingeräumt.[326] Sie können von den Eigentümern oder Betreibern[327] öffentlicher Versorgungsnetze (im Folgenden: „Versorgungsunternehmen") die Erteilung der hierzu benötigten Informationen verlangen (§ 142 Abs. 1 S. 1 TKG). Ein solcher Antrag muss das geplante Ausbaugebiet erkennen lassen (§ 142 Abs. 1 S. 2 TKG) und kann schriftlich oder elektronisch gestellt werden (§ 147 Abs. 1 TKG).

322 Begründung zum Gesetzentwurf der Bundesregierung, BT-Drs. 18/8332, 28, 49 (zu Art. 1 Nr. 15 [§ 77h]).

323 Eigentümer ist, wer das zivilrechtliche Eigentum innehat, siehe *Scherer/Butler,* in: Fetzer/Scherer/Graulich, TKG, 3. A., 2020, § 77b Rn. 12.

324 Betreiber ist, wer die rechtliche und tatsächliche Kontrolle über die Gesamtheit der relevanten Funktionen ausübt (Funktionsherrschaft), siehe *Scherer/Butler* (Fn. 323), § 77b Rn. 12.

325 Ob es angesichts der Zielsetzung, den Netzausbau zu fördern, ausreicht, dass ein solches Telekommunikationsnetz erst errichtet werden soll, ist strittig, siehe einerseits bejahend die Begründung zum Gesetzentwurf der Bundesregierung, BT-Drs. 18/8332, 28, 45 (zu Art. 1 Nr. 14 [§ 77d]), sowie unter Bezugnahme auf die unionsrechtlichen Grundlagen *Scherer/Butler* (Fn. 323), § 77d Rn. 13, andererseits unter Hinweis auf den Wortlaut ablehnend *Stelter,* in: Scheurle/Mayen, TKG, 3. A., 2018, § 77d Rn. 10.

326 Begründung zum Gesetzentwurf der Bundesregierung, BT-Drs. 18/8332, 28, 49 (zu Art. 1 Nr. 15 [§ 77h]).

327 Insoweit steht dem Auskunftsberechtigten ein Wahlrecht zu, siehe die Begründung zum Gesetzentwurf der Bundesregierung, BT-Drs. 18/8332, 28, 49 (zu Art. 1 Nr. 15 [§ 77h]). Wegen der größeren Sachnähe dürfte in der Praxis eine Anfrage an den Betreiber des Versorgungsnetzes regelmäßig zielführender sein als eine Anfrage an einen hiervon u. U. abweichenden Netzeigentümer, siehe die Begründung zum Gesetzentwurf der Bundesregierung, BT-Drs. 18/8332, 28, 49 (zu Art. 1 Nr. 15 [§ 77h]).

aa) Ablehnungsgründe

Der Informationsantrag kann in bestimmten Fällen ganz oder teilweise abgelehnt werden. Das Gesetz nennt hierzu folgende Ablehnungsgründe.[328] Dabei ist es erforderlich, aber auch ausreichend, wenn insoweit jeweils konkrete Anhaltspunkte[329] vorliegen (§ 142 Abs. 4 TKG):

1. Die Sicherheit oder Integrität der Versorgungsnetze oder die öffentliche Sicherheit oder die öffentliche Gesundheit würden durch Erteilung der Informationen gefährdet.
2. Die in § 148 TKG vorgesehene Vertraulichkeit der Informationen würde durch die Erteilung verletzt.
3. Es sind Bauarbeiten betroffen, deren anfänglich geplante[330] Dauer acht Wochen nicht überschreitet. Hierdurch soll sichergestellt werden, dass nur solche Bauarbeiten zu Auskunftsansprüchen führen, die dann im Falle einer tatsächlichen Koordinierung auch spürbare und nicht lediglich unerhebliche Kostensenkungseffekte haben.[331] Es ist umstritten, ob diese Schwelle zu hoch gegriffen (und die Regelung damit unionsrechtlichen Bedenken ausgesetzt) ist.[332]
4. Von dem Antrag sind besonders schutzbedürftige und funktionsessenzielle Teile einer kritischen Infrastruktur[333] betroffen, die bei Erteilung

328 Zur Frage, ob angesichts des mit dem Informationsanspruch verfolgten Zwecks seine Inanspruchnahme außerdem voraussetzt, dass tatsächlich Bauarbeiten zum Ausbau eines modernen Telekommunikationsnetzes anstehen, siehe (bejahend) *Scherer/Butler* (Fn. 323), § 77h Rn. 17; *Stelter* (Fn. 325), § 77h Rn. 10.

329 Dies gilt nur in eingeschränktem Maße für die Ablehnungsgründe (in Nr. 5 und 6), mit denen mögliche Ablehnungsgründe für die anschließende Koordinierung vorweggenommen werden, für die das Vorliegen „konkreter Anhaltspunkte" jedoch gerade nicht ausreicht, siehe *Scherer/Butler* (Fn. 323), § 77h Rn. 32. Insoweit kommt allerdings dem Umstand Bedeutung zu, dass der Informationsanspruch binnen kürzerer Frist zu erfüllen ist, so dass „konkrete Anhaltspunkte" hier – gewissermaßen umgekehrt – nur vorliegen, wenn das Vorliegen des Ablehnungsgrunds offensichtlich ist, siehe auch die Begründung zum Gesetzentwurf der Bundesregierung, BT-Drs. 18/8332, 28, 43 (zu Art. 1 Nr. 14 [§ 77b]).

330 Auf die faktische Dauer kommt es nicht an, um hier eine rechtssichere Beurteilung zu ermöglichen, siehe die Begründung zum Gesetzentwurf der Bundesregierung, BT-Drs. 18/8332, 28, 49 f. (zu Art. 1 Nr. 15 [§ 77h]).

331 Begründung zum Gesetzentwurf der Bundesregierung, BT-Drs. 18/8332, 28, 50 (zu Art. 1 Nr. 15 [§ 77h]), 51 (zu Art. 1 Nr. 15 [§ 77i]).

332 Zweifelnd insoweit etwa *Stelter* (Fn. 325), § 77h Rn. 25.

333 Siehe zur Definition kritischer Infrastrukturen § 2 Abs. 10 BSIG i. V. m. der BSI-KritisV.

der Informationen nur durch unverhältnismäßige Maßnahmen hinreichend geschützt[334] werden könnten.

5. Die Koordinierung von Bauarbeiten wäre unzumutbar. Das Gesetz verweist damit entsprechend der Zielsetzung, durch die Informationserteilung eine spätere Koordinierung von Bauarbeiten zu fördern, auf den spezifischen Auschlussgrund der Unzumutbarkeit eines etwaigen Koordinierungsantrags[335].[336]
6. Es liegt ein Versagungsgrund für eine Koordinierung von Bauarbeiten nach § 143 Abs. 4 TKG vor.[337] Auch damit wird letztlich dem Umstand Rechnung getragen, dass der Informationsanspruch seinen Zweck nicht erfüllen kann, wenn eine auf die Information gestützte Koordinierung von Bauarbeiten nicht in Betracht kommt.

Durch Rechtsverordnung können weitere Ablehnungsgründe festgelegt werden (§ 151 Abs. 2 TKG).

bb) Informationsanspruch

Liegt kein Ablehnungsgrund vor, hat das Telekommunikationsunternehmen einen Informationsanspruch.[338] Das Versorgungsunternehmen muss die beantragten Informationen dann binnen zwei Wochen ab Antragseingang erteilen (§ 142 Abs. 2 S. 1 TKG). Die Informationen müssen sich zunächst auf solche Bauarbeiten an passiven Netzinfrastrukturen öffentlicher Versorgungsnetze beziehen, die bereits gegenwärtig erfolgen. Sie müssen sich aber auch auf bislang lediglich geplante Bauarbeiten erstrecken. Das ist allerdings nur der Fall, wenn für diese Bauarbeiten bereits eine Genehmigung erteilt wurde, wenn ein Genehmigungsverfahren anhängig ist (§ 142 Abs. 3 S. 1 TKG) oder wenn geplant ist, innerhalb von sechs Monaten nach

---

334 Die entsprechenden Schutzpflichten können sich u. a. aus dem BSIG, dem EnWG und dem TKG ergeben siehe die Begründung zum Gesetzentwurf der Bundesregierung, BT-Drs. 18/8332, 28, 43 (zu Art. 1 Nr. 14 [§ 77b]).

335 Siehe zu den Voraussetzungen einer solchen Unzumutbarkeit unten, unter b) cc) aaa) (2) (S. 120 ff.).

336 *Stelter* (Fn. 325), § 77h Rn. 29.

337 Siehe dazu sogleich, unter b) cc) aaa) (1) (S. 120).

338 *Scherer/Butler* (Fn. 323), § 77h Rn. 20; *Stelter* (Fn. 325), § 77h Rn. 13. Da die Ablehnungsgründe eine Ablehnung nur erlauben, nicht aber erfordern („kann“), steht es dem Versorgungsunternehmen grundsätzlich frei, dem Informationsantrag auch dann zu entsprechen, wenn die Voraussetzungen für eine Ablehnung bestehen. In diese Richtung auch *Scherer/Butler* (Fn. 323), § 77h Rn. 30 („Einwendung“). Etwas anderes gilt allerdings dann, wenn es durch die Informationserteilung gesetzliche Verpflichtungen (etwa Schutzpflichten für kritische Infrastruktur) oder Rechte Dritter verletzen würde; siehe entsprechend auch (in Bezug auf die Ermöglichung einer Vor-Ort-Untersuchung) *Stelter* (Fn. 325), § 77c Rn. 11.

Eingang des Informationsantrags einen entsprechenden Genehmigungsantrag zu stellen (§ 142 Abs. 3 S. 2 TKG).

Inhaltlich müssen die zu erteilenden Informationen eine erste Einschätzung dazu ermöglichen, ob es sinnvoll ist, etwaige Bauarbeiten für den Telekommunikationsnetzausbau zu koordinieren.[339] Zugleich sollen sie eine mögliche Kontaktaufnahme mit dem Versorgungsunternehmen und einen etwaigen Koordinierungsantrag erleichtern. § 142 Abs. 3 S. 1 TKG sieht daher vor, dass die Informationen Angaben enthalten müssen zu:

1. der geographischen Lage des Standortes[340] und der Art der Bauarbeiten,
2. den betroffenen Netzkomponenten,
3. dem geschätzten Beginn (sofern es sich um erst geplante Bauarbeiten handelt) und der geplanten Dauer der Bauarbeiten sowie
4. den Kontaktdaten für zumindest einen Ansprechpartner beim Versorgungsunternehmen.

cc) Bedingungen der Informationserteilung

Die Informationen müssen unter verhältnismäßigen, diskriminierungsfreien und transparenten Bedingungen erteilt werden (§ 142 Abs. 2 S. 2 TKG). Diese gesetzlich nicht weiter ausdifferenzierten Kriterien lehnen sich an bekannte Rechtsbegriffe an und werden daher hierauf aufbauend auszulegen sein. Das legt bei der Prüfung der Verhältnismäßigkeit ein Verständnis nahe, wonach die Bedingungen der Informationserteilung geeignet, erforderlich und angemessen sein müssen.[341] Diese Verhältnismäßigkeitsprüfung ist jedoch in ihrem originären Anwendungsbereich ein Mittel zur Begrenzung hoheitlicher Grundrechtseingriffe. Als Bewertungsmaßstab für ein Verhalten im Gleichordnungsverhältnis, das durch einen gegenseitigen Interessensausgleich gekennzeichnet ist, eignet sie sich nicht ohne weiteres. Es spricht daher einiges dafür, den Begriff i. S. d. Verhältnismäßigkeit im engeren Sinne, die im deutschen Recht als Angemessenheit bezeichnet wird, zu verstehen. Bei der Beurteilung dieser Angemessenheit – die auch als Bestandteil der „klassischen“ Verhältnismäßigkeitsprüfung zu erfolgen hätte – sind die Belange der Beteiligten und die gesetzlich vorgegebenen Ziele anhand der

339 Hierzu und zum Folgenden die Begründung zum Gesetzentwurf der Bundesregierung, BT-Drs. 18/8332, 28, 49 (zu Art. 1 Nr. 15 [§ 77h]).

340 Diese Informationen müssen sich auf den gesamten Streckenabschnitt der geplanten Bauarbeiten erstrecken, siehe die Begründung zum Gesetzentwurf der Bundesregierung, BT-Drs. 18/8332, 28, 49 (zu Art. 1 Nr. 15 [§ 77h]).

341 In diesem Sinne *Scherer/Butler* (Fn. 323), § 77h Rn. 21.

Umstände des konkreten Einzelfalls gegeneinander abzuwägen.[342] Diskriminierungsfrei sind die Bedingungen, wenn Antragsteller in vergleichbarer Situation nicht unterschiedlich und in unterschiedlicher Situation nicht gleich behandelt werden, sofern nicht jeweils ein sachlicher Grund für die betreffende Behandlung vorliegt.[343] Und transparent sind die Bedingungen der Informationserteilung, wenn alle Regelungen, die im Zusammenhang mit der Information stehen, dem Antragsberechtigten zugänglich (formelle Transparenz) und dabei klar und verständlich formuliert sind (materielle Transparenz).[344]

dd) Anderweitige Veröffentlichung

Unter bestimmten Voraussetzungen kann das Versorgungsunternehmen schließlich von der Erteilung der beantragten Informationen absehen, auch wenn dem Grunde nach ein entsprechender Anspruch besteht. Das ist der Fall, wenn die betreffenden Informationen im gesetzlich vorgesehenen Umfang[345] bereits von dem Bauherrn selbst oder über die zentrale Informationsstelle[346] elektronisch veröffentlicht worden sind. Dann kann das Versorgungsunternehmen das antragstellende Telekommunikationsunternehmen einfach auf diese anderweitige Veröffentlichung verweisen (§ 142 Abs. 5 TKG).

Um diesen einfachen Informationszugang zu fördern und entsprechende Effizienzen zu heben, ist das Versorgungsunternehmen verpflichtet, auf einen Informationsantrag hin erteilte Informationen innerhalb der Zwei-Wochen-Frist auch der zentralen Informationsstelle zu übermitteln (§ 142 Abs. 6 S. 1 TKG).

b) Koordinierung von Bauarbeiten (§ 143 TKG)

Die bloße Information über laufende oder anstehende Bauarbeiten in Bezug auf öffentliche Versorgungsnetze trägt unmittelbar noch nichts zum Ausbau moderner Telekommunikationsnetze bei. Ein solcher Mehrwert entsteht erst, wenn die Bauarbeiten dann auch tatsächlich genutzt werden, um zusätzlich

---

342 *Scherer/Butler* (Fn. 323), § 77h Rn. 21. Siehe hierzu in Bezug auf die Forderung fairer und angemessener Bedingungen auch *Scherer/Butler* (Fn. 323), § 77d Rn. 30; *Stelter* (Fn. 325), § 77d Rn. 24.

343 Vgl. (in Bezug auf den Aspekt der Ungleichbehandlung) *Scherer/Butler* (Fn. 323), § 77b Rn. 24; *Stelter* (Fn. 325), § 77b Rn. 13.

344 Siehe zu diesem regulatorischen Transparenzbegriff etwa VG Köln, N&R 2019, 313, 316 (Urt. v. 22.2.2019 – Az. 18 K 11831/16). Nur auf Angaben zum Detaillierungsgrad beschränkt demgegenüber *Scherer/Butler* (Fn. 323), § 77b Rn. 25; *Stelter* (Fn. 325), § 77b Rn. 14.

345 *Stelter* (Fn. 325), § 77h Rn. 32; siehe auch *Scherer/Butler* (Fn. 323), § 77h Rn. 36.

346 Siehe zu dieser ausführlich unten, unter III. 2. (S. 165 ff.).

zu den Arbeiten an dem Versorgungsnetz Komponenten für ein solches Telekommunikationsnetz zu verlegen. Man spricht insoweit von der bereits erwähnten „Koordinierung“ von Bauarbeiten.[347] Zu einer solchen Koordinierung kann es auf Grundlage eines entsprechenden Informationsersuchens nach § 142 TKG, aber auch unabhängig hiervon kommen.[348]

aa) Recht auf Abschluss von Koordinierungsvereinbarungen (§ 143 Abs. 1 TKG)

§ 143 Abs. 1 TKG statuiert zunächst, dass Versorgungsunternehmen berechtigt sind, mit Telekommunikationsunternehmen entsprechende Koordinierungsvereinbarungen abzuschließen. Hierbei handelt es sich vor dem Hintergrund der Privatautonomie letzten Endes im Wesentlichen um eine Selbstverständlichkeit.[349] Etwas anderes könnte u. U. für Versorgungsunternehmen gelten, die der öffentlichen Verwaltung zuzuordnen sind. Diesbezüglich ist aber unklar, inwieweit Bundesrecht hier die in der Regel landesrechtlichen Vorgaben überspielen kann.[350] Die praktische Bedeutung der Vorschrift ist daher gering.[351] Ihr Zweck besteht in erster Linie in der ausdrücklichen und vollständigen Umsetzung von Art. 5 Abs. 1 der Kostensenkungsrichtlinie 2014/61/EU.[352] Außerdem verdeutlicht die Vorschrift, dass die Initiative zum Abschluss einer Koordinierungsvereinbarung nicht zwingend von dem Telekommunikationsunternehmen ausgehen muss. Gerade privatrechtlich organisierte Versorgungsunternehmen können u. U. ein Eigeninteresse daran haben, durch den Abschluss einer Koordinierungsvereinbarung die Kosten geplanter Bauarbeiten zu verringern.

bb) Recht auf Beantragung einer Koordinierung (§ 143 Abs. 2 S. 1 TKG)

Auch eher eine Selbstverständlichkeit ist die weitere Regelung, dass Telekommunikationsunternehmen bei Versorgungsunternehmen die

---

347 Siehe zu einer weitgehenden Gleichsetzung der „Koordinierung“ mit der „Mitverlegung“ auch Bundesnetzagentur, Grundsätze nach § 77i Abs. 4 TKG zur Umlegung der mit der Koordinierung von Bauarbeiten verbundenen Kosten, 2020, S. 3.

348 Als Vorstufe der Koordinierung von Bauarbeiten kann auch noch eine Vor-Ort-Untersuchung der passiven Netzinfrastrukturelemente des Versorgungsnetzes zwischen eine etwaige Information über die Bauarbeiten und deren Durchführung treten, siehe dazu ausführlich unten, unter 2. b) (S. 133 ff.).

349 Siehe auch die Begründung zum Gesetzentwurf der Bundesregierung, BT-Drs. 18/8332, 28, 50 (zu Art. 1 Nr. 15 [§ 77i]), die sich auf die „im ersten Absatz postuliert[e] Vertragsfreiheit“ bezieht.

350 Ablehnend *Stelter* (Fn. 325), § 77i Rn. 8.

351 *Stelter* (Fn. 325), § 77i Rn. 8; ähnlich *Scherer/Butler* (Fn. 323), § 77i Rn. 7.

352 Zu diesem Umsetzungsziel siehe die Begründung zum Gesetzentwurf der Bundesregierung, BT-Drs. 18/8332, 28, 50 (zu Art. 1 Nr. 15 [§ 77i]).

Koordinierung von Bauarbeiten beantragen können (§ 143 Abs. 2 S. 1 TKG).[353] Denn dieser Vorschrift ist kein Anspruch auf Abschluss einer solchen Vereinbarung zu entnehmen.[354] Durch die ergänzende Vorgabe, dass in einem solchen Antrag[355] Art und Umfang der zu koordinierenden Bauarbeiten und die zu errichtenden Komponenten des modernen Telekommunikationsnetzes zu benennen sind (§ 143 Abs. 2 S. 1 TKG),[356] soll indes ein zügiger Abschluss einer Kooperationsvereinbarung gefördert werden.[357] Auch besteht die Möglichkeit, die Bundesnetzagentur zur Streitbeilegung anzurufen, kommt binnen eines Monats keine Einigung zustande (§ 149 Abs. 1 Nr. 3 TKG). Dennoch bleibt es dabei, dass es Versorgungsunternehmen grundsätzlich freisteht, ob sie einem entsprechenden Antrag stattgeben oder auf eine Koordinierung der Bauarbeiten verzichten wollen.

cc) Anspruch auf Abschluss einer Koordinierungsvereinbarung (§ 143 Abs. 3 TKG)

Etwas anderes gilt allerdings, wenn die Bauarbeiten[358] überwiegend[359] aus öffentlichen Mitteln finanziert werden. In diesem Fall kann das Telekommunikationsunternehmen einen Anspruch auf Abschluss einer Koordinierungsvereinbarung haben (§ 143 Abs. 3 S. 1 TKG). Dahinter steht die Überlegung, dass bei einem dominierenden Einsatz öffentlicher Mittel eine besondere Verantwortung zur Steigerung der Gesamtwohlfahrt besteht, die es

353 *Stelter* (Fn. 325), § 77i Rn. 9.

354 *Scherer/Butler* (Fn. 323), § 77i Rn. 9; *Stelter* (Fn. 325), § 77i Rn. 9. Vgl. auch die deutliche Abgrenzung zwischen Abs. 2 und 3 in der Begründung zum Gesetzentwurf der Bundesregierung, BT-Drs. 18/8332, 28, 51 (zu Art. 1 Nr. 15 [§ 77i]): „In Abgrenzung [zu] dem Recht auf Beantragung der Baustellenkoordinierung gemäß Absatz 2 … enthält Absatz 3 eine Koordinierungsverpflichtung".

355 Dieser kann schriftlich oder elektronisch gestellt werden (§ 147 Abs. 1 TKG).

356 Trotz dieser Vorgabe spricht nichts dafür, dass es Telekommunikationsunternehmen verboten sein sollte, unabhängig von den gesetzlichen Vorgaben an ein Versorgungsunternehmen mit dem Ziel einer Koordinierung von Bauarbeiten heranzutreten, ohne einen Antrag zu stellen, der diesen Anforderungen genügt; so auch *Scherer/Butler* (Fn. 323), § 77i Rn. 9; *Stelter* (Fn. 325), § 77i Rn. 10.

357 Begründung zum Gesetzentwurf der Bundesregierung, BT-Drs. 18/8332, 28, 51 (zu Art. 1 Nr. 15 [§ 77i]).

358 Diese müssen von dem Versorgungsunternehmen „direkt oder indirekt" ausgeführt werden, also entweder durch eigenes Personal oder auf Veranlassung des Versorgungsunternehmens insbesondere auf Grundlage eines Auftragsverhältnisses, eines Dienst- oder Werkvertrags, siehe *Scherer/Butler* (Fn. 323), § 77i Rn. 16; *Stelter* (Fn. 325), § 77i Rn. 14.

359 Nach § 77i Abs. 3 S. 1 TKG 2004 reichte es noch aus, dass die Bauarbeiten „teilweise" aus öffentlichen Mitteln finanziert werden. Das führte bei wortlautgetreuer Auslegung dazu, dass jeder noch so kleine Beitrag aus öffentlichen Mitteln die Koordinierungsverpflichtung auslöste.

rechtfertigt, die positiven externen Effekte der Bauarbeiten für den Ausbau einer modernen Telekommunikationsinfrastruktur zu nutzen.[360] Von einer „überwiegenden“ Finanzierung aus öffentlichen Mitteln ist dabei davon auszugehen, wenn mehr als die Hälfte der Kosten aus öffentlichen Mitteln gedeckt wird. Und eine Finanzierung aus öffentlichen Mitteln liegt vor, wenn Mittel öffentlicher Haushalte, staatliche Beihilfen jedweder Art oder staatliche Finanzierungshilfen anderer Art in Anspruch genommen werden.[361] Nicht ausreichend ist jedoch eine bloße Unternehmensbeteiligung der öffentlichen Hand an einem privatwirtschaftlich organisierten Betreiber, soweit dieses Unternehmen nicht gesetzliche Aufgaben der Gemeinde erfüllt.[362]

aaa) Ausschlussgründe

Der grundsätzlich bestehende Anspruch auf eine Koordinierung von Bauarbeiten ist jedoch ausgeschlossen,[363] soweit

1. ein solcher Antrag unzumutbar ist (§ 143 Abs. 3 S. 1 TKG),
2. von dem Antrag besonders schutzbedürftige und funktionsessenzielle Teile einer kritischen Infrastruktur betroffen sind, die bei einer Koordinierung nur durch unverhältnismäßige Maßnahmen hinreichend geschützt werden könnten (§ 143 Abs. 4 Nr. 1 und 2 TKG[364])[365] oder
3. es zum Überbau eines geplanten öffentlich geförderten Glasfasernetzes mit offenem Netzzugang käme (§ 143 Abs. 4 Nr. 3 TKG).

---

360 Siehe die Begründung zum Gesetzentwurf der Bundesregierung, BT-Drs. 18/8332, 28, 51 (zu Art. 1 Nr. 15 [§ 77i]).

361 *Stelter* (Fn. 325), § 77i Rn. 12.

362 Vgl. für Telekommunikationsnetzbetreiber (als Versorgungsunternehmen) die Begründung zum Gesetzentwurf der Bundesregierung, BT-Drs. 19/6336, 6, 10. Siehe auch *Scherer/Butler* (Fn. 323), § 77i Rn. 14 f.

363 Hierdurch werden vorliegend die ausdrücklich normierten Ablehnungsgründe mit der Anspruchsvoraussetzung der Zumutbarkeit begrifflich zusammengefasst.

364 Nach der früheren Rechtslage mussten beide Voraussetzungen (Betroffenheit besonders bedeutsamer Infrastruktur und Unverhältnismäßigkeit etwaiger Schutzmaßnahmen) dem Wortlaut zufolge kumulativ („und“) vorliegen; siehe auch die Begründung zum Gesetzentwurf der Bundesregierung, BT-Drs. 18/8332, 28, 52 (zu Art. 1 Nr. 15 [§ 77i]) („Zudem“). Der Wortlaut der Neuregelung spricht nun eher dafür, dass es ausreicht, wenn eine der beiden Voraussetzungen gegeben ist, da die beiden Aspekte jetzt mit einem neuen Aspekt (dem Überbauschutz) durch ein „oder“ verbunden sind. Angesichts des systematischen Zusammenhangs mit § 142 Abs. 4 Nr. 4 TKG und der ausdrücklichen Vorgabe in den Gesetzesmaterialien, dass der neue „Absatz 4 Nummer 1 und 2 dem bisherigen Absatz 5“ entspricht, siehe die Begründung zum Gesetzentwurf der Bundesregierung, BT-Drs. 19/26108, 200, 337 (zu Art. 1 § 142), dürfte es sich allerdings auch künftig um kumulative Voraussetzungen für einen Ablehnungsgrund handeln.

365 Zu diesem Ablehnungsgrund siehe bereits oben, unter a) (S. 112).

Dieser Kreis der Ablehnungsgründe kann verordnungsrechtlich erweitert werden (§ 151 Abs. 3 TKG).

(1) Überbauschutz

Unter dem TKG 2004 nur als ein gesetzliches Beispiel für eine mögliche Unzumutbarkeit vorgesehen, ist der sog. Überbauschutz nun ein echter Ablehnungsgrund. Er greift, wenn durch die zu koordinierenden Bauarbeiten ein geplantes öffentlich gefördertes Glasfasernetz, das einen diskriminierungsfreien, offenen Netzzugang zur Verfügung stellt, überbaut würde. Ein solcher Überbau liegt vor, wenn das neu errichtete moderne Telekommunikationsnetz denselben Versorgungsbereich hat wie das geplante Glasfasernetz. Durch die Einstufung eines Überbaus als Ablehnungsgrund soll verhindert werden, dass eine eigentlich im öffentlichen Interesse stehende Koordinierungsverpflichtung die ebenfalls im öffentlichen Interesse vorgesehene Förderung eines Glasfasernetzes entwertet.[366] Dahinter steht die Überlegung, dass die Rentabilitätserwägungen, auf deren Grundlage der Förderbedarf kalkuliert wurde, nachhaltig gestört würden, wenn der Betreiber sich der Konkurrenz durch ein zweites Netz mit ähnlichen Leistungsmerkmalen ausgesetzt sähe. Durch die öffentliche Förderung des einen Netzausbaus würde damit die öffentliche Förderung eines anderen Netzausbaus behindert. Da das geplante Glasfasernetz nur dann zum Ausschluss des Koordinierungsanspruchs führt, wenn es einen diskriminierungsfreien, offenen Netzzugang zur Verfügung stellt, ist ein solcher Ausschluss auch unter Wettbewerbsaspekten hinnehmbar. Denn über diesen Netzzugang können Diensteanbieter die angeschlossenen Endkunden mit eigenen Wettbewerbsangeboten versorgen.

(2) Unzumutbarkeit

Im Gegensatz zu den ausdrücklichen Ablehnungsgründen ist die Frage, ob ein Anspruch auf Koordinierung wegen Unzumutbarkeit ausgeschlossen ist, von einer Abwägung im Einzelfall abhängig.[367] Das Gesetz enthält lediglich eine explizite Zumutbarkeitswertung für eine praktisch bedeutsame Konstellation. Liegen deren Voraussetzungen kumulativ[368] vor, *sind* Anträge

366 Begründung zum Gesetzentwurf der Bundesregierung, BT-Drs. 19/6336, 6.

367 *Scherer/Butler* (Fn. 323), § 77i Rn. 22.

368 Ergab sich das aus dem Wortlaut von § 77i Abs. 3 S. 2 TKG 2004 nicht ausdrücklich, kommt der kumulative Charakter nun im Wortlaut deutlich zum Ausdruck („und“), siehe überdies die Begründung zum Gesetzentwurf der Bundesregierung, BT-Drs. 19/26108, 200, 337 (zu Art. 1 § 142) („kumulativ“). Irreführend ist es deshalb, wenn a. a. O. von „Fallgruppen“ die Rede ist, was die Annahme verschiedener Konstellationen nahelegt, in denen jeweils für sich genommen von der Zumutbarkeit eines Antrags auszugehen wäre.

zumutbar. Es spricht daher viel dafür, dass eine Ablehnung dann nur noch in Betracht kommt, wenn ein ausdrücklicher Ablehnungsgrund vorliegt (bzw. die zulässigen Bedingungen, unter denen eine Koordinierung ermöglicht wird, nicht eingehalten werden).[369] Im Einzelnen ist ein Antrag auf Koordinierung von Bauarbeiten dabei zumutbar (§ 143 Abs. 3 S. 2 Nr. 1 bis 3 TKG), wenn

1. keine zusätzlichen Kosten für die ursprünglich geplanten Bauarbeiten verursacht werden,[370]
2. die Kontrolle über die Koordinierung der Bauarbeiten nicht behindert wird,[371]
3. der Koordinierungsantrag rechtzeitig, d. h. spätestens einen Monat vor Einreichung des endgültigen Projektantrags, bei der zuständigen Genehmigungsbehörde gestellt wird,
4. Bauarbeiten betrifft, deren anfänglich geplante Dauer acht Wochen überschreitet,[372] und
5. der Hauptzweck der Bauarbeiten nicht beeinträchtigt wird.

Mit der letztgenannten Voraussetzung, dass der Hauptzweck der Bauarbeiten durch die Koordinierung nicht gefährdet werden darf, wird ein ähnlicher Zweck verfolgt wie mit dem Überbauschutz für öffentlich geförderte Glasfasernetze. Denn ausweislich der Gesetzesmaterialien bezieht sich diese zusätzliche Voraussetzung nur auf den Fall, dass es sich bei dem öffentlichen Versorgungsnetz, bei dem anstehende Bauarbeiten für die Verlegung von Komponenten moderner Telekommunikationsnetze koordiniert werden sollen, seinerseits auch um ein öffentliches Telekommunikationsnetz

369 In diese Richtung *Scherer/Butler* (Fn. 323), § 77i Rn. 23. A. A. möglicherweise *Stelter* (Fn. 325), § 77i Rn. 20.

370 Schon nach dem Gesetzeswortlaut gelten dabei eine geringfügige zeitliche Verzögerung der Planung und geringfügige Mehraufwendungen für die Bearbeitung des Koordinierungsantrags nicht als zusätzliche Kosten der ursprünglich geplanten Bauarbeiten; siehe zu dieser „Legalfiktion" auch die Begründung zum Gesetzentwurf der Bundesregierung, BT-Drs. 18/8332, 28, 51 (zu Art. 1 Nr. 15 [§ 77i]).

371 Hierfür muss der zusätzliche Koordinierungsaufwand die Durchführbarkeit des Bauvorhabens erheblich erschweren, siehe *Scherer/Butler* (Fn. 323), § 77i Rn. 19.

372 Zu dieser Schwelle, mit der sichergestellt werden soll, dass die Koordinierung einen wirksamen Beitrag zur Kostensenkung leistet, siehe bereits oben, unter a) aa) (S. 113). Anders als im Zusammenhang mit der Information über Bauarbeiten bildet die Einhaltung der Schwelle vorliegend jedoch nur einen Aspekt der Zumutbarkeitsfiktion, so dass ein Koordinierungsanspruch auch bei kürzeren Bauarbeiten nicht per se ausgeschlossen ist, wenn er sich insgesamt als zumutbar erweist, siehe *Scherer/Butler* (Fn. 323), § 77i Rn. 21.

handelt.[373] Der Geschäftsplan, der seiner Errichtung zugrunde liegt, kann durch den Aufbau eines konkurrierenden Telekommunikationsnetzes so maßgeblich gestört werden, dass der Ausbau und Betrieb ökonomisch nicht mehr realisierbar ist. Damit würde der Hauptzweck der Bauarbeiten, der im zügigen und ökonomisch vertretbaren Ausbau von modernen Telekommunikationsnetzen liegt, verfehlt. Da der Koordinierungsanspruch nur besteht, wenn die Bauarbeiten an dem Versorgungsnetz zumindest überwiegend aus öffentlichen Mitteln finanziert werden, greift auch hier der Gedanke, dass durch die öffentliche Förderung des einen Netzausbaus die öffentliche Förderung eines anderen Netzausbaus nicht behindert werden soll. Dabei schützt der als Ablehnungsgrund formulierte Überbauschutz jedenfalls auch solche (dritten) (Glasfaser-) Netze, die nicht Gegenstand der zu koordinierenden Bauarbeiten sind.[374] Demgegenüber wird mit dem hier vorgesehenen Überbauschutz gerade das öffentliche Versorgungsnetz geschützt, an dem die Bauarbeiten erfolgen, die für den Ausbau des neuen Telekommunikationsnetzes genutzt werden sollen. Allerdings entfällt die gesetzliche Vermutung der Zumutbarkeit nicht immer schon dann, wenn es sich bei dem Versorgungsnetz auch um ein Telekommunikationsnetz handelt. Ob der Hauptzweck der diesbezüglichen Bauarbeiten beeinträchtigt wird, hängt vielmehr vom Einzelfall ab, nämlich von den absehbaren Auswirkungen auf den zugrundeliegenden Geschäftsplan. Deshalb schreibt § 143 Abs. 3 S. 2 Nr. 4 S. 2 TKG ausdrücklich vor, dass der Hauptzweck der Bauarbeiten insbesondere dann nicht beeinträchtigt wird, wenn hierbei ein Glasfasernetz, das einen offenen und diskriminierungsfreien Netzzugang gewährt, nur geringfügig überbaut würde.

bbb) Bedingungen der Koordinierung

Liegt kein Ausschlussgrund vor, ist einem Antrag auf Koordinierung von Bauarbeiten[375] zu transparenten und diskriminierungsfreien Bedingungen stattzugeben (§ 143 Abs. 3 S. 1 TKG). Eine ausdrückliche Fristvorgabe hierfür enthält das Gesetz nicht. Kommt binnen eines Monats keine Einigung zustande, kann ein Beteiligter jedoch die Bundesnetzagentur anrufen, um eine behördliche Streitbeilegung[376] zu erreichen (§ 149 Abs. 1 Nr. 3 TKG). Die inhaltlichen Anforderungen an die beantragte Koordinierung (transparent und diskriminierungsfrei) sind dabei zunächst wie beim Anspruch auf Information über Baustellen i. S. d. allgemeinen rechtlichen

373 Siehe hierzu und zum Folgenden die Begründung zum Gesetzentwurf der Bundesregierung, BT-Drs. 19/26108, 200, 337 (zu Art. 1 § 142).

374 *Reuße/Karrer*, N&R 2021, 90, 93.

375 Auch dieser kann schriftlich oder elektronisch gestellt werden (§ 147 Abs. 1 TKG).

376 Siehe dazu unten, unter III. 1. (S. 163 ff.).

Sprachgebrauchs auszulegen.[377] Aus den Vorschriften über die Streitbeilegung lässt sich überdies ableiten, dass die Bedingungen auch „fair" sein müssen (vgl. § 149 Abs. 4 TKG). Mit Blick auf die unionsrechtlichen Grundlagen spricht viel dafür, diesen Begriff im vorliegenden Kontext im Sinne von „verhältnismäßig" zu verstehen.[378] Die Bedingungen der Koordinierung müssen also jedenfalls auch angemessen sein, wobei die betroffenen Belange und Ziele gegeneinander abzuwägen sind.[379]

Für die in der Praxis wohl bedeutsamste Bedingung der Koordinierung sieht das Netzausbaurecht allerdings weitergehende Konkretisierungen vor. So veröffentlicht die Bundesnetzagentur Grundsätze dazu, wie die Kosten, die mit der Koordinierung von Bauarbeiten verbunden sind, auf das Telekommunikationsunternehmen umgelegt werden sollen (§ 143 Abs. 6 S. 1 TKG). Diese Grundsätze, die im November 2020 veröffentlicht wurden,[380] sind zwar als bloße Verwaltungsvorschriften[381] für die an einer Kooperationsvereinbarung Beteiligten nicht unmittelbar verbindlich.[382] Sie bieten jedoch bereits einen wichtigen Orientierungspunkt für eine etwaige privatautonome Übereinkunft hinsichtlich der Kostenumlegung und fördern so den Einigungsprozess und die Vorhersehbarkeit der zu erwartenden Belastungen aus Sicht des Telekommunikationsunternehmens.[383] Darüber hinaus ist die Bundesnetzagentur im Rahmen der Streitbeilegung an die von ihr veröffentlichten Grundsätze gebunden (§ 143 Abs. 6 S. 2 TKG). Dabei ist den Gesetzesmaterialien zu entnehmen, dass das Verursacherprinzip gelten soll, bei dem das berechtigte Telekommunikationsunternehmen den Mehraufwand zu tragen hat, der durch die Koordinierung entsteht und deshalb gesondert zu erfassen ist.[384] Dieses Prinzip wurde dann in den von der Bundesnetzagentur veröffentlichten Grundsätzen auch umgesetzt, indem die Kosten, die einzelnen Parteien direkt zugeordnet werden können, von diesen zu tragen sind.[385] Bei diesen direkt zuordenbaren Kosten handelt es sich um die Kosten für Maßnahmen, die ausschließlich den Bauarbeiten an dem Versorgungsnetz oder ausschließlich den Bauarbeiten an dem mitzuverlegenden Telekommunikationsnetz dienen. Für die nicht direkt zuordenbare Kosten –

377 Siehe hierzu ausführlich oben, unter a) cc) (S. 115 f.).

378 *Scherer/Butler* (Fn. 323), § 77i Rn. 26.

379 Siehe ausführlicher oben, unter a) cc) (S. 115 f.), sowie ähnlich auch *Scherer/Butler* (Fn. 323), § 77i Rn. 26.

380 Siehe Fn. 347.

381 *Scherer/Butler* (Fn. 323), § 77i Rn. 29; *Stelter* (Fn. 325), § 77i Rn. 23.

382 Bundesnetzagentur (Fn. 347), S. 3.

383 Siehe die Begründung zum Gesetzentwurf der Bundesregierung, BT-Drs. 18/8332, 28, 51 (zu Art. 1 Nr. 15 [§ 77i]).

384 Begründung zum Gesetzentwurf der Bundesregierung, BT-Drs. 18/8332, 28, 51 (zu Art. 1 Nr. 15 [§ 77i]).

385 Siehe Bundesnetzagentur (Fn. 347), S. 5.

etwa für den Aushub eines gemeinsam genutzten Grabens – enthalten die Grundsätze verschiedene Aufteilungsmethoden, die u.a. danach differenzieren, ob durch die Mitverlegung ein modernes Telekommunikationsnetz tangiert wird: Ist das nicht der Fall, dann kann es den Grundsätzen zufolge sinnvoll sein, dass der Antragsteller (nur) die Zusatzkosten trägt. In diesem Fall profitiert er also alleine von den Synergieeffekten, was für akzeptabel erachtet wird, weil so die Kosten des ursprünglichen Bauvorhabens unverändert bleiben.[386] Sollen Anreize zur Gewährung der Mitnutzung gesetzt werden oder wird durch die Mitverlegung ein modernes Telekommunikationsnetz tangiert, kann eine darüber hinausgehende Kostenteilung sinnvoll sein. Hierbei werden die Gesamtkosten so zwischen den Parteien aufgeteilt, dass das antragstellende Telekommunikationsunternehmen mehr als nur die Zusatzkosten der Koordinierung trägt.[387]

dd) Neu: Information der Bundesnetzagentur über Koordinierungsvereinbarungen (§ 143 Abs. 5 TKG)

Als Neuerung sieht § 143 Abs. 5 TKG schließlich vor, dass Versorgungsunternehmen Koordinierungsvereinbarungen innerhalb von zwei Monaten nach deren Abschluss der Bundesnetzagentur zur Kenntnis zu geben haben. Damit sollen eine bessere Marktübersicht geschaffen und Informationen über marktübliche Kostenteilungsregeln gewonnen werden.[388] Von ihrem Wortlaut her ist diese Verpflichtung nicht auf solche Vereinbarungen beschränkt, die aufgrund eines entsprechenden Anspruchs – also im Falle von öffentlich (mit-) finanzierten Bauarbeiten – abgeschlossen werden. Auch die Entstehungsgeschichte gibt für eine solche Engführung nichts her. Und Sinn und Zweck sprechen ebenfalls dafür, die Basis für die Marktübersicht möglichst breit anzulegen. Damit dürften auch freiwillig abgeschlossene Koordinierungsvereinbarungen von den daran beteiligten Versorgungsunternehmen vorzulegen sein.

c) Mitverlegung von Netzkomponenten (§ 146 TKG)

Das Netzausbaurecht knüpft an Bauarbeiten im Zusammenhang mit öffentlichen Versorgungsnetzen aber nicht nur an, um Telekommunikationsunternehmen die Möglichkeit zu geben, bei dieser Gelegenheit Komponenten für das eigene Telekommunikationsnetz zu verlegen. Es nimmt auch die Möglichkeit in den Blick, dass das Versorgungsunternehmen selbst solche Komponenten verlegt.

---

386 Bundesnetzagentur (Fn. 347), S. 8 ff.

387 Bundesnetzagentur (Fn. 347), S. 10 ff.

388 Begründung zum Gesetzentwurf der Bundesregierung, BT-Drs. 19/26108, 200, 337 (zu Art. 1 § 142).

aa) Recht auf Mitverlegung

Dazu wird zunächst das Recht der Versorgungsunternehmen betont, im Rahmen von Bauarbeiten[389] passive Netzinfrastrukturen mitzuverlegen, um eine Mitnutzung oder den Betrieb eines modernen Telekommunikationsnetzes zu ermöglichen (§ 146 Abs. 1 TKG). Das wird in der Praxis insbesondere Leer- und Leitungsrohre für die Aufnahme von (Glasfaser-) Kabeln betreffen. Eine Mitverlegung solcher Komponenten verursacht nur geringe Mehrkosten, kann aber zugleich sehr hohe Synergieeffekte und Kosteneinsparungen für den Breitbandausbau erzielen und ist daher gesamtwirtschaftlich wünschenswert.[390] Der Formulierung eines diesbezüglichen Rechts scheint in erster Linie Appellcharakter zuzukommen. Denn das Unternehmen, das die Bauarbeiten ausführt, kann im Prinzip – wenn auch im Rahmen der rechtlichen Vorgaben – ohnehin selbst bestimmen, welche Komponenten es bei dieser Gelegenheit verlegt. Allerdings greift die Vorschrift evtl. darüber hinaus, wenn man sie in dem Sinne versteht, dass sie dieses Recht unabhängig von insoweit ggf. erforderlichen (etwa straßen- oder baurechtlichen) Genehmigungen verleiht.[391]

bb) Pflicht zur Sicherstellung der Mitverlegung (§ 146 Abs. 2 TKG)

Noch bedeutsamer ist die weitergehende Regelung, die in bestimmten Fällen nicht nur ein Recht zur Mitverlegung passiver Netzinfrastrukturen, sondern eine Pflicht zur Sicherstellung einer solchen Mitverlegung begründet (§ 146 Abs. 2 TKG).

aaa) Bedarfsgerechte Mitverlegung bei größeren Bauarbeiten an Verkehrsinfrastrukturen im Falle einer öffentlichen Mitfinanzierung (§ 146 Abs. 2 S. 1 TKG)

Dies betrifft an erster Stelle Bauarbeiten für die Bereitstellung von Verkehrsdiensten, also insbesondere Bauarbeiten an Schienenwegen, Straßen, Wasserstraßen, Brücken, Häfen und Flugplätzen (vgl. § 3 Nr. 43 lit. b TKG). Das Gesetz stellt hier ausdrücklich nicht auf *öffentliche* Versorgungsnetze ab. Erfasst werden also insbesondere auch Bauarbeiten an Infrastrukturen,

389 Dabei spielt es keine Rolle, ob es sich um Bauarbeiten für den Erstausbau oder um spätere Ausbauarbeiten handelt, siehe die Begründung zum Gesetzentwurf der Bundesregierung, BT-Drs. 18/8332, 28, 52 (zu Art. 1 Nr. 15 [§ 77i]).

390 Begründung zum Gesetzentwurf der Bundesregierung, BT-Drs. 18/8332, 28, 52 (zu Art. 1 Nr. 15 [§ 77i]).

391 In diesem Sinne wohl *Stelter* (Fn. 325), § 77i Rn. 29; skeptisch *Scherer/Butler* (Fn. 323), § 77i Rn. 34.

die der Bereitstellung nicht öffentlicher Verkehrsdienste dienen, also z.B. von Werksbahnen oder Privatstraßen.

Tendenziell gegenläufige Voraussetzung ist allerdings stets, dass die Bauarbeiten ganz oder teilweise aus öffentlichen Mitteln finanziert werden. Anders als bei dem Anspruch auf die Koordinierung von Bauarbeiten[392] bleibt es insoweit auch dabei, dass die „teilweise" Finanzierung aus öffentlichen Mitteln ausreicht. Für eine Aktivierung der Pflicht zur Mitverlegung reicht daher weiterhin jede noch so geringfügige Mitfinanzierung der Bauarbeiten aus öffentlichen Mitteln aus.

Die Mitverlegungsverpflichtung besteht aber unabhängig davon nur, wenn die anfänglich geplante Dauer der Bauarbeiten acht Wochen überschreitet. Hierin kommt wieder der bereits aus den Vorschriften zur Information über Bauarbeiten und eine entsprechende Koordinierung bekannte De-minimis-Gedanke zum Ausdruck, dass zusätzliche Verpflichtungen auf die Fälle beschränkt werden sollen, in denen ein signifikanter Beitrag zum Netzausbau geleistet werden kann.[393] Hier passt er freilich noch weniger, weil es bei der Mitverlegung im Rahmen selbst verantworteter Bauarbeiten nicht darum geht, den Aufwand einer Koordinierung mit einem externen Telekommunikationsunternehmen zu vermeiden.

Sind alle diese Voraussetzungen (Bereitstellung von Verkehrsdiensten, zumindest teilweise Finanzierung aus öffentlichen Mitteln, geplante Mindestdauer von acht Wochen) erfüllt, ist sicherzustellen, dass geeignete passive Netzinfrastrukturen bedarfsgerecht mitverlegt werden, um den Betrieb eines modernen Telekommunikationsnetzes durch einen Betreiber[394] öffentlicher Telekommunikationsnetze zu ermöglichen (§ 146 Abs. 2 S. 1 TKG). Dies werden in der Praxis erneut in erster Linie Leer- und Leitungsrohre sein.[395] Die Sicherstellungspflicht trifft den jeweiligen Bauherrn.[396] Sie wandelt sich nur dann in eine eigenständige Ausbauverpflichtung, wenn der Bauherr die Mitverlegung durch Dritte nicht sicherstellen kann.[397]

---

392 Siehe dazu oben, unter b) cc) (S. 118 Fn. 359).

393 Siehe bereits oben, unter a) aa) (S. 113).

394 Nach früherer Rechtslage musste es sich um einen „privaten" Betreiber handeln. Diese Voraussetzung ist jedenfalls dem Wortlaut nach nunmehr entfallen. Aufgrund des Privatwirtschaftlichkeitsgebots aus Art. 87f Abs. 2 S. 1 GG muss der spätere Betrieb der mitverlegten Infrastruktur aber ohnehin durch privatwirtschaftlich organisierte Telekommunikationsnetzbetreiber erfolgen, siehe die Begründung zum Gesetzentwurf der Bundesregierung, BT-Drs. 19/26108, 200, 338 (zu Art. 1 § 145).

395 Siehe auch die Begründung zum Gesetzentwurf der Bundesregierung, BT-Drs. 18/8332, 28, 52 (zu Art. 1 Nr. 15 [§ 77i]).

396 Begründung zum Gesetzentwurf der Bundesregierung, BT-Drs. 18/8332, 28, 52 (zu Art. 1 Nr. 15 [§ 77i]). Problematisierend *Stelter* (Fn. 325), § 77i Rn. 33.

397 Begründung zum Gesetzentwurf der Bundesregierung, BT-Drs. 18/8332, 28, 52 (zu Art. 1 Nr. 15 [§ 77i]).

Der konkrete Umfang der Verpflichtung wird dabei allerdings durch die Anforderung bestimmt, dass der Ausbau „bedarfsgerecht“ erfolgen muss. Die Mitverlegung muss also dem derzeitigen und erwarteten künftigen Bedarf vollständig Rechnung tragen.[398] Hierbei ist insbesondere[399] zu berücksichtigen, ob und in welchem Umfang im Bereich der Baustelle eine noch nicht gedeckte Nachfrage nach entsprechenden Netzanschlüssen besteht oder zu erwarten ist, in deren Lichte der Auf- und Ausbau eines modernen Telekommunikationsnetzes erforderlich ist.[400] Generell sind technisch oder wirtschaftlich unzweckmäßige Projekte nicht als bedarfsgerecht zu qualifizieren.[401]

bbb) Mitverlegung bei der Erschließung von Neubaugebieten (§ 146 Abs. 2 S. 2 TKG)

Neben diese allgemeine Verpflichtung zur Mitverlegung passiver Netzinfrastrukturen im Falle von größeren Bauvorhaben, die zumindest z. T. öffentlich finanziert sind, tritt schließlich eine weitere Mitverlegungsverpflichtung, die weder an einen bestimmten Umfang der Bauarbeiten noch an eine öffentliche Mitfinanzierung geknüpft ist:[402] Im Rahmen der Erschließung von Neubaugebieten ist vielmehr *stets* sicherzustellen, dass geeignete passive Netzinfrastrukturen für moderne Telekommunikationsnetze mitverlegt werden (§ 146 Abs. 2 S. 2 TKG). Dabei sind sowohl Wohn- als auch Gewerbegebiete erfasst.[403] Hinter dieser uneingeschränkten Verpflichtung steht die Überlegung, dass der Ausbau eines modernen Telekommunikationsnetzes in neu erschlossenen Ansiedlungsflächen stets notwendig und damit bedarfsgerecht ist. Einiges spricht dafür, dass Adressat der Sicherstellungsverpflichtung für Neubaugebiete die Gemeinde als Trägerin der Erschließungslast nach § 123 Abs. 1 BauGB ist.[404] Die Ausführung der Mitverlegung kann sie dann auf Dritte übertragen, insbesondere im Wege eines Erschließungsvertrages.[405]

398 *Stelter* (Fn. 325), § 77i Rn. 35.

399 Die Begrenzung auf einen bedarfsgerechten Ausbau schließt auch die Verpflichtung zur Errichtung größerer Infrastrukturelemente wie Masten, Antennenanlagen und Kontrollkammern aus, siehe die Begründung zum Gesetzentwurf der Bundesregierung, BT-Drs. 18/8332, 28, 52 (zu Art. 1 Nr. 15 [§ 77i]).

400 Begründung zum Gesetzentwurf der Bundesregierung, BT-Drs. 18/8332, 28, 52 (zu Art. 1 Nr. 15 [§ 77i]).

401 Gegenäußerung der Bundesregierung, BT-Drs. 18/8332, 81, 86 (zu Nr. 19 [zu Art. 1 Nr. 15 (§ 77i Abs. 7 S. 1 TKG)]).

402 Siehe auch *Scherer/Butler* (Fn. 323), § 77i Rn. 36 und 44.

403 Hierzu und zum Folgenden die Begründung zum Gesetzentwurf der Bundesregierung, BT-Drs. 18/8332, 28, 53 (zu Art. 1 Nr. 15 [§ 77i]).

404 *Scherer/Butler* (Fn. 323), § 77i Rn. 44. Zur verfassungsrechtlichen Kritik *Scherer/Butler* (Fn. 323), § 77i Rn. 46.

405 *Scherer/Butler* (Fn. 323), § 77i Rn. 44.

ccc) Neu: Auskunftsanspruch (§ 146 Abs. 3 TKG)

Die Mitverlegungsverpflichtungen waren nach der früheren Rechtslage von einem späteren Betrieb des Telekommunikationsnetzes auf Grundlage der mitverlegten Netzkomponenten weitgehend entkoppelt. Es blieb – im Rahmen der Vorgabe der Bedarfsgerechtigkeit – mehr oder weniger der Einschätzung des Verpflichteten überlassen, welche Infrastrukturkomponenten er mitverlegen (lassen) wollte. Hier hat sich der Gesetzgeber nun um eine bessere Anknüpfung an die tatsächlichen Anforderungen der Telekommunikationsnetzbetreiber bemüht, um damit die Effizienz und Praxistauglichkeit der Mitverlegungsverpflichtung zu verbessern.[406] Dazu wurde dem Verpflichteten nun ein Anspruch gegenüber Betreibern öffentlicher Telekommunikationsnetze auf Auskunft über die wesentlichen Bedingungen für den Betrieb einer modernen Telekommunikationsnetzinfrastruktur eingeräumt (§ 146 Abs. 3 S. 1 TKG). Von dem Anspruch umfasst sind insbesondere auch die Modalitäten eines Anschlusses der Infrastruktur an das eigene öffentliche Telekommunikationsnetz einschließlich der relevanten Übergabepunkte (§ 146 Abs. 3 S. 2 TKG). Diese Informationen erlauben es demjenigen, der verpflichtet ist, eine Mitverlegung sicherzustellen, bei der Mitverlegung bereits die späteren Praxisanforderungen zu berücksichtigen.[407]

Welche Telekommunikationsunternehmen der Verpflichtete anspricht, bleibt grundsätzlich genauso ihm überlassen[408] wie der Zeitpunkt der Anfrage[409]. Die angefragten Betreiber haben die Auskunft innerhalb von zwei Monaten zu erteilen. Dabei können sie sich bei ihrer Auskunft inhaltlich am Stand ihrer jeweiligen Planungen orientieren.[410] Die Anfrage kann über ihre unmittelbare Zielsetzung hinaus ggf. auch als Anlass genommen werden, mit dem betreffenden Betreiber bereits Verhandlungen über den späteren Betrieb aufzunehmen.[411]

406 Begründung zum Gesetzentwurf der Bundesregierung, BT-Drs. 19/26108, 200, 338 (zu Art. 1 § 145).

407 Begründung zum Gesetzentwurf der Bundesregierung, BT-Drs. 19/26108, 200, 338 (zu Art. 1 § 145).

408 Begründung zum Gesetzentwurf der Bundesregierung, BT-Drs. 19/26108, 200, 338 (zu Art. 1 § 145).

409 Begründung zum Gesetzentwurf der Bundesregierung, BT-Drs. 19/26108, 200, 339 (zu Art. 1 § 145).

410 Siehe die Begründung zum Gesetzentwurf der Bundesregierung, BT-Drs. 19/26108, 200, 339 (zu Art. 1 § 145).

411 Begründung zum Gesetzentwurf der Bundesregierung, BT-Drs. 19/26108, 200, 338 (zu Art. 1 § 145).

2. Mitnutzung öffentlicher Versorgungsnetze

Die Verpflichtung zur Mitverlegung von Infrastrukturkomponenten für ein modernes Telekommunikationsnetz führt bereits zu dem zweiten Regelungskomplex über, mit dem das Netzausbaurecht Synergieeffekte im Zusammenhang mit Versorgungsdiensten heben will. Bei einer Koordinierung von Bauarbeiten (und den darauf gerichteten Informationsansprüchen) bleibt es noch dabei, dass das Telekommunikationsunternehmen seine eigene Netzinfrastruktur errichtet – und hierzu lediglich den Tiefbauaufwand mit dem Versorgungsunternehmen teilt. Es ist jedoch auch möglich, Komponenten des Versorgungsnetzes selbst zum Ausbau eines modernen Telekommunikationsnetzes mitzunutzen. Diese Möglichkeit greift das Netzausbaurecht in weiteren Bestimmungen auf.[412] Anknüpfungspunkt ist hier die passive Netzinfrastruktur der öffentlichen Versorgungsnetze. Das sind die Komponenten jener Netze, die andere Netzkomponenten aufnehmen sollen, selbst jedoch nicht zu aktiven Netzkomponenten werden (§ 3 Nr. 45 TKG), also z. B. Leer- und Leitungsrohre, Kabelkanäle, Gebäude und Trägerstrukturen wie etwa Türme und Masten. Diese Komponenten können unter bestimmten Voraussetzungen auch Komponenten eines Telekommunikationsnetzes aufnehmen, ohne dass der Versorgungsdienst selbst dadurch beeinträchtigt wird.[413] So können etwa Glasfaserkabel in vorhandene Leerrohre eingezogen oder über bestehende Masten verlegt werden.

a) Informationen über passive Netzinfrastrukturen (§ 136 TKG)

Wie bei der Koordinierung von Bauarbeiten setzt das Netzausbaurecht dabei auch hinsichtlich einer solchen Mitnutzung der passiven Netzinfrastrukturkomponenten von Versorgungsnetzen zunächst im Vorfeld an und etabliert einen diesbezüglichen Informationsanspruch.

412 Die Vorschriften werden dabei über den Ausbau moderner Telekommunikationsnetze hinaus generell auf die Verlegung von Telekommunikationslinien für anwendbar erklärt, wenn deren Errichtung auf öffentlichen Verkehrswegen unwirtschaftlich wäre (§ 128 Abs. 2 TKG), siehe auch die Begründung zum Gesetzentwurf der Bundesregierung, BT-Drs. 18/8332, 28, 38 (zu Art. 1 Nr. 10 [§ 70]). Jedenfalls dem Wortlaut nach werden sie außerdem über den Kreis der Versorgungsunternehmen hinaus erweitert, soweit Arbeiten an Telekommunikationslinien auf Grundstücken, die keine Verkehrswege sind, oder der Anschluss von auf solchen Grundstücken stehenden Gebäuden an moderne Telekommunikationsnetze nicht mit verhältnismäßigem Aufwand möglich sind bzw. ist (§ 134 Abs. 4 TKG). Insoweit ist noch nicht geklärt, ob es sich um eine Rechtsfolgenverweisung handelt, die unter den weiteren Voraussetzungen der Mitnutzungsvorschriften eine Mitnutzung sämtlicher passiven Netzinfrastrukturen Dritter erlaubt, oder um eine Rechtsgrundverweisung, die somit nur die passiven Netzinfrastrukturen von Versorgungsunternehmen erfassen würde.

413 Begründung zum Gesetzentwurf der Bundesregierung, BT-Drs. 18/8332, 28, 44 (zu Art. 1 Nr. 14 [§ 77d]).

Zum Zwecke des Ausbaus moderner Telekommunikationsnetze können danach Telekommunikationsunternehmen bei Versorgungsunternehmen[414] die Erteilung von Informationen über die passive Netzinfrastruktur ihrer öffentlichen Versorgungsnetze beantragen (§ 136 Abs. 1 S. 1 TKG). Ein solcher Antrag muss das geplante Netzausbaugebiet ausweisen (§ 136 Abs. 1 S. 2 TKG) und kann schriftlich oder elektronisch gestellt werden (§ 147 Abs. 1 TKG).

aa) Ablehnungsgründe

Wie ein Antrag auf Erteilung von Informationen über Bauarbeiten kann auch der Antrag auf Erteilung von Informationen über passive Netzinfrastrukturen in bestimmten Fällen ganz oder teilweise abgelehnt werden.[415] Die Ablehnungsgründe entsprechen weitgehend – unter Ausklammerung der baustellenspezifischen Aspekte (Mindestdauer und Koordinierung) – den Gründen, aus denen auch ein Antrag auf Erteilung von Informationen über geplante Bauarbeiten abgelehnt werden kann.[416] Insoweit ist es ebenfalls erforderlich, aber auch ausreichend, wenn jeweils konkrete Anhaltspunkte[417] vorliegen (§ 136 Abs. 4 TKG):

1. Die Sicherheit oder Integrität der Versorgungsnetze oder die öffentliche Sicherheit oder die öffentliche Gesundheit würden durch Erteilung der Informationen gefährdet.
2. Die in § 148 TKG vorgesehene Vertraulichkeit der Informationen würde durch die Erteilung verletzt.
3. Von dem Antrag sind besonders schutzbedürftige und funktionsessenzielle Teile einer kritischen Infrastruktur betroffen, die bei Erteilung der Informationen nur durch unverhältnismäßige Maßnahmen hinreichend geschützt werden könnten.

---

414 Insoweit besteht auch hier ein Wahlrecht, ob der Antrag bei dem Eigentümer oder dem – bei aktuell betriebenen Netzen in aller Regel wohl sachnäheren – Betreiber des Versorgungsnetzes gestellt wird, vgl. die Begründung zum Gesetzentwurf der Bundesregierung, BT-Drs. 18/8332, 28, 42 (zu Art. 1 Nr. 14 [§ 77b]).

415 Auch hier stellt sich die Frage, ob ein Antrag darüber hinaus abgelehnt werden kann, wenn er nicht dem Zwecke des Ausbaus von modernen Telekommunikationsnetzen dient, siehe hierzu bereits in Fn. 328, sowie (bejahend) *Scherer/Butler* (Fn. 323), § 77b Rn. 16; *Stelter* (Fn. 325), § 77b Rn. 7.

416 Es kann daher zur weiteren Erläuterung auf die diesbezüglichen Ausführungen verwiesen werden, siehe oben, unter 1. a) aa) (S. 113 f.).

417 Dies gilt aber auch hier nur in eingeschränktem Maße für den Ablehnungsgrund (in Nr. 4), mit dem mögliche Ablehnungsgründe für eine anschließende Mitnutzung vorweggenommen werden, für welche das Vorliegen „konkreter Anhaltspunkte“ jedoch gerade nicht (bzw. jedenfalls nicht immer) ausreicht. Siehe hierzu bereits in Fn. 329.

4. Es liegt ein Ablehnungsgrund für eine Mitnutzung nach § 141 Abs. 2 TKG vor. Hiermit wird dem – auch im Bereich der Bauarbeiten entsprechend relevanten – Umstand Rechnung getragen, dass die Einholung von Informationen über passive Netzinfrastrukturen letzten Endes der Vorbereitung ihrer Mitnutzung dient.[418] Ist eine solche Mitnutzung ausgeschlossen, dann bedarf es bereits keiner sie vorbereitenden Informationen, deren Erteilung nur unnötigen Verwaltungsaufwand verursachen würde.[419]

Durch Rechtsverordnung können weitere Ablehnungsgründe festgelegt werden (§ 151 Abs. 1 TKG). Eine Ablehnung darf nur „soweit" erfolgen, wie dies durch einen Ablehnungsgrund gerechtfertigt ist („teilweise"). Es ist daher ggf. für jede einzelne Netzinfrastrukturkomponente,[420] jedenfalls aber für jeden abgrenzbaren Teil des Versorgungsnetzes[421] zu überprüfen, ob der Ablehnungsgrund insoweit greift.

bb) Informationsanspruch

Liegt kein Ablehnungsgrund vor, ist das Versorgungsunternehmen zur Auskunft verpflichtet und hat das Telekommunikationsunternehmen einen entsprechenden Anspruch.[422] Die Informationen sind dann binnen zwei Monaten ab Antragseingang zu erteilen (§ 136 Abs. 2 S. 1 TKG). Inhaltlich müssen sie dem Telekommunikationsunternehmen eine erste Einschätzung darüber erlauben, ob eine Mitnutzung der passiven Netzinfrastrukturen möglich und sinnvoll erscheint.[423] Zugleich soll die Informationserteilung eine entsprechende Kontaktaufnahme mit dem Versorgungsunternehmen erleichtern. Die zu erteilenden Informationen müssen daher mindestens folgende Angaben enthalten (§ 136 Abs. 3 TKG):

1. die geographische Lage des Standortes und der Leitungswege der passiven Netzinfrastrukturen,

418 *Scherer/Butler* (Fn. 323), § 77b Rn. 6 und 37 f.; *Stelter* (Fn. 325), § 77b Rn. 22.

419 Siehe die Begründung zum Gesetzentwurf der Bundesregierung, BT-Drs. 18/8332, 28, 43 (zu Art. 1 Nr. 14 [§ 77b]).

420 Begründung zum Gesetzentwurf der Bundesregierung, BT-Drs. 18/8332, 28, 42 (zu Art. 1 Nr. 14 [§ 77b]).

421 Dahingehend *Stelter* (Fn. 325), § 77b Rn. 18.

422 *Scherer/Butler* (Fn. 323), § 77b Rn. 20; *Stelter* (Fn. 325), § 77b Rn. 9. Auch hier ist das Versorgungsunternehmen – in den Grenzen entgegenstehender rechtlicher Verpflichtungen – nicht daran gehindert, die Auskunft auch dann zu erteilen, wenn ein entsprechender Anspruch nicht besteht, siehe entsprechend bereits in Fn. 338.

423 Begründung zum Gesetzentwurf der Bundesregierung, BT-Drs. 18/8332, 28, 41 f. (zu Art. 1 Nr. 14 [§ 77b]). Die Gesetzesmaterialien nennen als weiteren Zweck die Vermeidung von Schäden an bestehenden passiven Netzinfrastrukturen.

2. die Art und gegenwärtige Nutzung der passiven Netzinfrastrukturen[424] und
3. die Kontaktdaten für zumindest einen Ansprechpartner beim Versorgungsunternehmen.

Auskunft ist dabei jedoch nur zu den passiven Netzinfrastrukturen des Versorgungsunternehmens selbst zu erteilen, nicht über passive Netzinfrastrukturen, die – wie z. B. Leerrohre in einem Verkehrsweg – von Dritten in dem Versorgungsnetz des Versorgungsunternehmens betrieben werden.[425] Obwohl der Begriff der öffentlichen Versorgungsnetze auch solche Infrastrukturen umfasst (§ 3 Nr. 43 TKG), die noch errichtet werden, ist umstritten, ob auch erst noch entstehende Netzkomponenten vom Auskunftsanspruch erfasst sind.[426]

cc) Bedingungen der Informationserteilung

Auch die Informationen zu passiven Netzinfrastrukturen müssen unter verhältnismäßigen, diskriminierungsfreien und transparenten Bedingungen erteilt werden (§ 136 Abs. 2 S. 2 TKG). Insoweit kann auf die diesbezüglichen Ausführungen zu den Informationen über Bauarbeiten verwiesen werden.[427]

dd) Anderweitige Veröffentlichung

Ähnlich wie im Falle der Informationen über Bauarbeiten kann das Versorgungsunternehmen schließlich von der Erteilung der beantragten Informationen absehen, wenn die betreffenden Informationen im gesetzlich vorgesehenen Umfang[428] bereits über die zentrale Informationsstelle des Bundes[429] verfügbar sind.[430] Dann kann das Versorgungsunternehmen das antragstellende Telekommunikationsunternehmen einfach auf die Möglichkeit verweisen, die Informationen dort einzusehen (§ 136 Abs. 5 S. 1 TKG).

---

424 Diese Informationen sollen nur eine Einschätzung, aber keine abschließende Entscheidung über die Tauglichkeit zur Mitnutzung ermöglichen, siehe die Begründung zum Gesetzentwurf der Bundesregierung, BT-Drs. 18/8332, 28, 42 (zu Art. 1 Nr. 14 [§ 77b]).

425 Begründung zum Gesetzentwurf der Bundesregierung, BT-Drs. 18/8332, 28, 41 (zu Art. 1 Nr. 14 [§ 77b]).

426 *Scherer/Butler* (Fn. 323), § 77b Rn. 15.

427 Siehe oben, unter 1. a) cc) (S. 115 f.).

428 Siehe auch die Begründung zum Gesetzentwurf der Bundesregierung, BT-Drs. 18/8332, 28, 43 (zu Art. 1 Nr. 14 [§ 77b]).

429 Siehe zu dieser ausführlich unten, unter III. 2. (S. 165 ff.).

430 Eine etwaige Veröffentlichung durch das Versorgungsunternehmen selbst ist in Bezug auf passive Netzinfrastrukturen demgegenüber nicht vorgesehen, kann also auch nicht die Informationserteilung ersetzen.

Anders als bei den Informationen über Bauarbeiten ist das Versorgungsunternehmen allerdings nicht – und auch nicht nach einem entsprechenden Informationsantrag – von Gesetzes wegen verpflichtet, die Informationen über die passiven Netzinfrastrukturen seines Versorgungsnetzes zur zentralen Einsichtnahme bereitzustellen.[431] Denn während Bauarbeiten jedenfalls in aller Regel öffentlich sichtbar und überdies auch temporärer Natur sind, kann das Versorgungsunternehmen ohne weiteres ein Interesse daran haben, Informationen über die passiven Netzinfrastrukturen eines Versorgungsnetzes möglichst vertraulich zu behandeln. Das Gesetz überlässt es daher seiner Entscheidung, ob es diese Informationen der zentralen Informationsstelle des Bundes zur Verfügung stellen will (§ 136 Abs. 5 S. 2 TKG).

b) *Vor-Ort-Untersuchung passiver Netzinfrastrukturen (§ 137 TKG)*

Die vorab übermittelten Informationen reichen nicht immer aus, um ein Telekommunikationsunternehmen in die Lage zu versetzen, dass es über die Mitnutzung passiver Netzinfrastrukturen eines Versorgungsnetzes entscheiden kann. Vielmehr kann es sinnvoll und erforderlich sein, diese Infrastrukturkomponenten vor Ort in Augenschein zu nehmen, um die vorliegenden Informationen zu ergänzen.[432] Nur so lässt sich letzten Endes tatsächlich beurteilen, ob und in welcher Weise die passiven Netzinfrastrukturen für den Ausbau des eigenen Telekommunikationsnetzes geeignet sind bzw. welche Vorbereitungen hierfür noch getroffen werden müssen. Auch hierfür hält das Netzausbaurecht eine eigenständige Regelung bereit.[433]

Dieser zufolge können Telekommunikationsunternehmen bei Versorgungsunternehmen eine Vor-Ort-Untersuchung der passiven Netzinfrastrukturen beantragen (§ 137 Abs. 1 S. 1 TKG). Dabei sind die von dem geplanten Ausbau eines modernen Telekommunikationsnetzes betroffenen Netzkomponenten in dem Antrag anzugeben (§ 137 Abs. 1 S. 2 TKG), der schriftlich oder elektronisch gestellt werden kann (§ 147 Abs. 1 TKG).

aa) Ausschlussgründe

Auch ein solcher Antrag kann in bestimmten Fällen ganz oder teilweise abgelehnt werden.[434] Wie bei der Koordinierung von Bauarbeiten lassen sich

431 *Scherer/Butler* (Fn. 323), § 77b Rn. 40.

432 Siehe die Begründung zum Gesetzentwurf der Bundesregierung, BT-Drs. 18/8332, 28, 44 (zu Art. 1 Nr. 14 [§ 77c]). Zu diesem Ergänzungsverhältnis zum Informationsanspruch siehe auch *Stelter* (Fn. 325), § 77c Rn. 22.

433 Diese gilt nicht nur für die geplante Mitnutzung des Versorgungsnetzes, sondern auch zur Vorbereitung koordinierter Bauarbeiten, siehe dazu oben, unter 1. b) (S. 116 ff.).

434 Erneut stellt sich die Frage, ob ein Antrag darüber hinaus abgelehnt werden kann,

auch hier ausdrückliche Ablehnungsgründe von der (tatbestandlichen) Anforderung der Zumutbarkeit unterscheiden.

aaa) Ausdrückliche Ablehnungsgründe

Die ausdrücklichen Ablehnungsgründe entsprechen der Sache nach den Gründen, aus denen bereits ein Antrag auf Erteilung von Informationen über passive Netzinfrastrukturen abgelehnt werden kann.[435] Wie dort ist es auch im vorliegenden Zusammenhang gleichermaßen erforderlich wie ausreichend, dass jeweils konkrete Anhaltspunkte[436] vorliegen (§ 137 Abs. 3 TKG):

1. Die Sicherheit oder Integrität der Versorgungsnetze oder die öffentliche Sicherheit oder die öffentliche Gesundheit würden durch eine Vor-Ort-Untersuchung gefährdet.
2. Die in § 148 TKG vorgesehene Vertraulichkeit würde durch die Vor-Ort-Untersuchung verletzt.
3. Von dem Antrag sind besonders schutzbedürftige und funktionsessenzielle Teile einer kritischen Infrastruktur betroffen, die bei Durchführung der Vor-Ort-Untersuchung nur durch unverhältnismäßige Maßnahmen hinreichend geschützt werden könnten.
4. Es liegt ein Ablehnungsgrund für eine Mitnutzung nach § 141 Abs. 2 TKG vor.[437] Erneut soll also unnötiger Aufwand vermieden werden, der entstünde, wenn eine Vor-Ort-Untersuchung durchgeführt wird, obwohl eine Mitnutzung, deren Vorbereitung diese Untersuchung dient, ausgeschlossen ist.[438]

Auch hier können durch Rechtsverordnung weitere Ablehnungsgründe festgelegt werden (§ 151 Abs. 1 TKG) und darf eine Ablehnung nur „soweit“ erfolgen, wie dies durch einen Ablehnungsgrund gerechtfertigt ist.

wenn er nicht dem Zwecke des Ausbaus von modernen Telekommunikationsnetzen dient, siehe hierzu bereits in Fn. 328, sowie (bejahend) *Stelter* (Fn. 325), § 77c Rn. 6.

435 Siehe hierzu oben, unter a) aa) (S. 130 f.).

436 Zu der Frage, inwieweit das auch für den Ablehnungsgrund (in Nr. 4) gilt, mit dem etwaige Ablehnungsgründe für eine anschließende Mitnutzung vorweggenommen werden, siehe bereits oben, in Fn. 329.

437 Soll die Vor-Ort-Untersuchung demgegenüber der Koordinierung von Bauarbeiten dienen, dann kann der Antrag abgelehnt werden, wenn ein diesbezüglicher Ausschlussgrund (einschließlich einer etwaigen Unzumutbarkeit) vorliegt.

438 Begründung zum Gesetzentwurf der Bundesregierung, BT-Drs. 18/8332, 28, 44 (zu Art. 1 Nr. 14 [§ 77c]).

bbb) Unzumutbarkeit

Selbst wenn kein ausdrücklicher Ablehnungsgrund vorliegt, ist ein Anspruch auf Vor-Ort-Untersuchung allerdings ausgeschlossen, sofern er sich als unzumutbar erweist. Da eine Vor-Ort-Untersuchung einen hohen Aufwand für das Versorgungsunternehmen bedeutet und die Erbringung des Versorgungsdienstes stören kann, soll durch die Prüfung der Zumutbarkeit ein angemessenes Verhältnis von Informationsbedürfnis einerseits und damit einhergehender Belastung andererseits sichergestellt werden.[439] Im Sinne einer gesetzlichen Fiktion wird dann jedoch klargestellt, dass ein Antrag insbesondere zumutbar ist, wenn die Untersuchung für eine gemeinsame Nutzung passiver Netzinfrastrukturen[440] erforderlich ist (§ 137 Abs. 2 S. 2 TKG). Das spricht zum einen dafür, dass es in diesem Falle keiner weiteren Abwägung bedarf, der Antrag also an sich zumutbar ist und nur abgelehnt werden darf, wenn ein ausdrücklicher Ablehnungsgrund vorliegt.[441] Erforderlich ist die Vor-Ort-Untersuchung allerdings auch nur dann, wenn kein milderes Mittel gleich gut geeignet ist, eine gemeinsame Nutzung der passiven Netzinfrastrukturen vorzubereiten.[442] Und zum anderen scheint jedenfalls dem Wortlaut nach ein Anspruch auf eine Vor-Ort-Untersuchung im Einzelfall aber auch dann denkbar zu sein, wenn die Untersuchung keine Mitnutzung passiver Netzinfrastrukturen vorbereiten soll (oder hierfür zumindest nicht erforderlich ist).

bb) Anspruch auf Vor-Ort-Untersuchung

Liegt kein Ausschlussgrund im vorgenannten Sinne vor, ist das Versorgungsunternehmen verpflichtet, dem Telekommunikationsunternehmen die Vor-Ort-Untersuchung binnen eines Monats ab Antragseingang zu gewähren (§ 137 Abs. 2 S. 1 TKG).[443] Das Versorgungsunternehmen muss es dem Telekommunikationsunternehmen also gestatten, die betreffenden passiven Netzinfrastrukturen durch eigenes oder beauftragtes Personal unmittelbar – ggf. durch den Einsatz technischer Hilfsmittel (Sonden usw.) – in Augenschein zu nehmen.[444] Der Umfang der zu gestattenden Tätigkeiten (Begehung, Ausmessen, Bildaufnahmen usw.) hängt dabei letzten Endes davon ab, was auf der einen Seite zur Erreichung des Untersuchungszwecks – ins-

439 So die Begründung zum Gesetzentwurf der Bundesregierung, BT-Drs. 18/8332, 28, 44 (zu Art. 1 Nr. 14 [§ 77c]).

440 Oder die Koordinierung von Bauarbeiten.

441 A.A. wohl *Scherer/Butler* (Fn. 323), § 77c Rn. 16.

442 *Scherer/Butler* (Fn. 323), § 77c Rn. 15; *Stelter* (Fn. 325), § 77c Rn. 8.

443 Zur Frage, ob das Versorgungsunternehmen auch bei Vorliegen eines Ablehnungsgrunds dem Antrag entsprechen kann, oben, in Fn. 338.

444 So auch *Scherer/Butler* (Fn. 323), § 77c Rn. 11. Z.T. wird jedoch davon ausgegangen, dass nur das Versorgungsunternehmen die Vor-Ort-Untersuchung durchzuführen habe.

besondere der Vorbereitung einer künftigen Mitnutzung – erforderlich ist, ohne auf der anderen Seite einen Ablehnungsgrund zur Folge zu haben.

cc) Bedingungen der Gewährung

Die Vor-Ort-Untersuchung muss unter verhältnismäßigen, diskriminierungsfreien und transparenten Bedingungen gewährt werden (§ 137 Abs. 4 S. 1 TKG). Hierzu kann deshalb grundsätzlich erneut auf die diesbezüglichen Ausführungen zu den Informationen über Bauarbeiten verwiesen werden.[445]

Insoweit gibt es jedoch zwei Besonderheiten. Zum einen sieht das Netzausbaurecht bei der Gewährung von Vor-Ort-Untersuchungen ausdrücklich vor, dass die jeweiligen besonderen Sicherheitserfordernisse des öffentlichen Versorgungsnetzes zu beachten sind (§ 137 Abs. 4 S. 2 TKG). Damit soll dem Umstand Rechnung getragen werden, dass bei einer Vor-Ort-Untersuchung Personen, die nicht dem Versorgungsnetzunternehmen unterstehen, unmittelbaren Zugriff auf Netzinfrastrukturen erhalten, die zur Versorgung der Öffentlichkeit mit in der Regel bedeutsamen Dienstleistungen genutzt werden. Indem das Gesetz die sich daraus ergebenden Sicherheitserfordernisse besonders betont und deren Beachtung (und nicht lediglich Berücksichtigung) fordert, wird deutlich, dass Einschränkungen bei der Gewährung der Vor-Ort-Untersuchung, die sich hieraus ergeben können, ggf. hinzunehmen und nicht etwa als unverhältnismäßig zu qualifizieren sind.

Und zum anderen wird eine ausdrückliche Regelung für die Kostenfrage als einer praktisch besonders bedeutsamen Bedingung der Anspruchserfüllung getroffen: Danach trägt das antragstellende Telekommunikationsunternehmen die für die Vor-Ort-Untersuchung erforderlichen und angemessenen Kosten (§ 137 Abs. 5 S. 1 TKG).[446] Entsprechend der Regelung bei der Koordinierung von Bauarbeiten trägt somit das Telekommunikationsunternehmen die Zusatzkosten, die letzten Endes von ihm verursacht werden und ihm zugute kommen.[447] Allerdings schreibt das Netzausbaurecht hier unmittelbar auf gesetzlicher Ebene einen Kontrollmaßstab fest. Denn die Kosten müssen erforderlich und angemessen sein. Das Telekommunikationsunternehmen hat also nur solche Kosten zu tragen, die für das Versorgungsunternehmen zur Gewährung des Vor-Ort-Untersuchung unabwendbar (und

445 Siehe oben, unter 1. a) cc) (S. 115 f.).

446 Zu diesen Kosten zählen insbesondere die Kosten der Vorbereitung, der Absicherung und der Durchführung der Vor-Ort-Untersuchung (§ 137 Abs. 5 S. 2 TKG).

447 Begründung zum Gesetzentwurf der Bundesregierung, BT-Drs. 18/8332, 28, 44 (zu Art. 1 Nr. 14 [§ 77c]). *Stelter* (Fn. 325), § 77c Rn. 18, hält das für eine „rechtlich[e] Notwendigkeit“, was angesichts des mit dem Netzausbau verfolgten Allgemeininteresses in dieser Schärfe und mit Blick auf später ggf. generierte Mitnutzungsentgelte evtl. nicht zwingend ist.

damit erforderlich) waren.[448] Ob hierzu neben den konkret zuordenbaren (Einzel-) Kosten auch ein angemessener Zuschlag für leistungsmengenneutrale Gemeinkosten (etwa in Bezug auf eingesetztes Personal) zählt, ist noch nicht abschließend geklärt.[449] Selbst hinsichtlich der erforderlichen Kosten findet jedenfalls noch eine Begrenzung auf diejenigen Kosten statt, die zu dem Zweck der Vor-Ort-Untersuchung nicht außer Verhältnis stehen (also angemessen sind).[450]

c) Mitnutzung passiver Netzinfrastrukturen (§§ 138ff. TKG)

Einen unmittelbaren Beitrag zum Ausbau moderner Telekommunikationsnetze liefert dann schließlich die tatsächliche Mitnutzung passiver Netzinfrastrukturen eines öffentlichen Versorgungsnetzes für den Einbau entsprechender Netzkomponenten. Erachtet ein Telekommunikationsunternehmen eine solche Mitnutzung für sinnvoll, insbesondere (aber nicht zwingend[451]) auf Grundlage entsprechender Auskünfte des Versorgungsunternehmens und/oder einer Vor-Ort-Untersuchung, dann kann es diese beim Versorgungsunternehmen beantragen (§ 138 Abs. 1 S. 1 TKG). Auch ein solcher Antrag kann wieder schriftlich oder elektronisch gestellt werden (§ 147 Abs. 1 TKG).

Um zügige und effiziente Verhandlungen zu fördern,[452] muss der Antrag umfassende Angaben zu dem geplanten Vorhaben enthalten (§ 138 Abs. 1 S. 1 TKG). Im Einzelnen muss er das Projekt und die Komponenten des öffentlichen Versorgungsnetzes, für welche die Mitnutzung beantragt wird, detailliert beschreiben, einen genauen Zeitplan für die Umsetzung der beantragten Mitnutzung enthalten und das Gebiet angeben, das mit dem modernen Telekommunikationsnetz erschlossen werden soll.[453]

aa) Ablehnungsgründe

Das Versorgungsunternehmen ist nicht stets verpflichtet, einem solchen Antrag zu entsprechen. Vielmehr sieht das Netzausbaurecht hier ebenfalls

448 Siehe die Begründung zum Gesetzentwurf der Bundesregierung, BT-Drs. 18/8332, 28, 44 (zu Art. 1 Nr. 14 [§ 77c]), der zufolge die Vor-Ort-Untersuchung „in einer möglichst effizienten Art und Weise" ermöglicht werden soll.

449 Befürwortend *Stelter* (Fn. 325), § 77c Rn. 21.

450 Siehe die Begründung zum Gesetzentwurf der Bundesregierung, BT-Drs. 18/8332, 28, 44 (zu Art. 1 Nr. 14 [§ 77c]), der zufolge „[ü]berzogene" Kostenansätze vermieden werden sollen.

451 *Scherer/Butler* (Fn. 323), § 77d Rn. 12.

452 Siehe die Begründung zum Gesetzentwurf der Bundesregierung, BT-Drs. 18/8332, 28, 45 (zu Art. 1 Nr. 14 [§ 77d]).

453 Dieses Gebiet muss nicht mit dem Standort der passiven Netzinfrastruktur, die mitgenutzt werden soll, übereinstimmen; erforderlich ist nur, dass es über die Mitnutzung (ggf. mittelbar) erschlossen wird, siehe *Scherer/Butler* (Fn. 323), § 77d Rn. 21.

Ablehnungsgründe vor,[454] und zwar angesichts der Intensität des in Rede stehenden Eingriffs in die Betriebsorganisation des Versorgungsunternehmens sogar eine ganze Reihe solcher Gründe. Diese müssen tatsächlich vorliegen, d.h. konkrete Anhaltspunkte reichen hier anders als bei dem Informationsanspruch und dem Anspruch auf eine Vor-Ort-Untersuchung nicht aus. Das wird in seinen praktischen Konsequenzen allerdings dadurch gemindert, dass für einzelne der Gründe, aus denen eine Mitnutzung abgelehnt werden, dann doch wieder ausdrücklich das Vorliegen konkreter Anhaltspunkte ausreicht.[455] Im Einzelnen kann eine Mitnutzung passiver Netzinfrastrukturen eines Versorgungsnetzes aus den folgenden eng auszulegenden[456] Gründen abgelehnt werden (§ 141 Abs. 2 TKG):[457]

1. Die passiven Netzinfrastrukturen sind für die beabsichtigte Unterbringung der Komponenten eines modernen Telekommunikationsnetzes nicht geeignet.
2. Für die beabsichtigte Unterbringung der Komponenten eines digitalen Telekommunikationsnetzes ist in dem öffentlichen Versorgungsnetz gegenwärtig[458] oder zukünftig[459] kein Platz.[460]

---

454 Auch bei der Mitnutzung stellt sich außerdem die Frage, ob ein Antrag überdies abgelehnt werden kann, wenn er nicht dem Zwecke des Ausbaus von modernen Telekommunikationsnetzen dient, siehe hierzu bereits in Fn. 328.

455 Grund hierfür ist, dass bei einem rein abstrakten Gefährdungsmaßstab Mitnutzungsansprüche aufgrund der besonderen Bedeutung öffentlicher Versorgungsnetze per se ins Leere laufen könnten, siehe die Begründung zum Gesetzentwurf der Bundesregierung, BT-Drs. 18/8332, 28, 47 (zu Art. 1 Nr. 15 [§ 77g]).

456 Bundesnetzagentur, Beschl. v. 25.3.2021 – Az. BK11-20/003, S. 33 Rn. 139.

457 Zu der Frage, ob der betreffende Grund sich auch im konkreten Fall als objektiv, transparent und verhältnismäßig erweisen muss (§ 141 Abs. 1 TKG), siehe (bejahend) *Scherer/Butler* (Fn. 323), § 77g Rn. 9; *Stelter* (Fn. 325), § 77g Rn. 6. Jedenfalls die Anforderungen der Objektivität und Transparenz dürften allerdings durch die explizite Normierung in § 141 Abs. 2 TKG stets erfüllt sein. Demgegenüber gerade die Anforderung der Verhältnismäßigkeit (aufgrund der ausdrücklichen gesetzlichen Normierung von Ablehnungsgründen) für wenig bedeutsam erachtend *Stelter* (Fn. 325), § 77g Rn. 9.

458 Maßgeblich ist insoweit der Zeitpunkt des Antragseingangs.

459 Ob zukünftig Platz fehlt, muss das Versorgungsunternehmen anhand der Investitionsplanung für die nächsten fünf Jahre ab Antragstellung konkret darlegen. Dieser Prognosezeitraum ist ein Kompromiss zwischen den Belangen der regelmäßig langfristig zu planenden Versorgungsnetze und der Haushaltsplanungen der öffentlichen Verwaltung einerseits und der dynamischen Telekommunikationsbranche andererseits, siehe die Begründung zum Gesetzentwurf der Bundesregierung, BT-Drs. 18/8332, 28, 48 (zu Art. 1 Nr. 15 [§ 77g]).

460 Es spricht viel dafür, dass damit nur die tatsächliche Kapazität gemeint ist, nicht aber deren bloß rechtliche Reservierung für Dritte (z.B. durch exklusive Mietverträge), siehe *Scherer/Butler* (Fn. 323), § 77g Rn. 19.

3. Es liegen konkrete Anhaltspunkte dafür vor,[461] dass die beantragte Mitnutzung die öffentliche Sicherheit oder die öffentliche Gesundheit gefährdet.
4. Es liegen konkrete Anhaltspunkte dafür vor, dass die beantragte Mitnutzung die Integrität oder Sicherheit öffentlicher Versorgungsnetze, insbesondere nationaler kritischer Infrastrukturen, gefährdet. Das wird vermutet, wenn von dem Antrag besonders schutzbedürftige und funktionsessenzielle Teile einer kritischen Infrastruktur betroffen sind, die im Falle der Mitnutzung nur durch unverhältnismäßige Maßnahmen hinreichend geschützt werden könnten.
5. Es gibt Anhaltspunkte[462] für die Erwartung, dass die geplanten Telekommunikationsdienste[463] den Versorgungsdienst erheblich (qualitativ oder quantitativ[464]) stören werden.
6. Das Versorgungsunternehmen bietet zu fairen und angemessenen Bedingungen tragfähige Alternativen zur beantragten Mitnutzung passiver Netzinfrastrukturen an, die sich für die Bereitstellung moderner Telekommunikationsnetze eignen. Anders als die anderen Ablehnungsgründe, die lediglich negativ den Aufbau des Telekommunikationsnetzes in der beabsichtigten Weise verhindern, steht dieser Ablehnungsgrund nur der Inanspruchnahme der betreffenden Netzelemente entgegen. Zugleich wird sichergestellt, dass der Aufbau des modernen Telekommunikationsnetzes auf andere Weise erfolgen kann. Dabei nennt das Gesetz als mögliche Alternativen („können“)[465] geeignete Vorleistungsprodukte für Telekommunikationsdienste, den Zugang zu bestehenden Telekommunikationsnetzen oder die Mitnutzung anderer als der beantragten passiven Netzinfrastrukturen (was auch einen abweichenden Trassenverlauf umfassen kann[466]). Eine Verweisung auf eine solche Alternative ist nur möglich, wenn sie

---

461 Im Wege einer gesetzlichen Fiktion ist von konkreten Anhaltspunkten für die Gefährdung der öffentlichen Sicherheit auszugehen, soweit sich die geplante Mitnutzung auf Teile eines öffentlichen Versorgungsnetzes bezieht, die durch den Bund zur Verwirklichung einer sicheren Behördenkommunikation genutzt werden.

462 Konkrete Anhaltspunkte sind diesbezüglich nicht erforderlich, so dass die Schwelle, ab welcher der Ablehnungsgrund eingreift, geringer ist; a.A. *Scherer/Butler* (Fn. 323), § 77g Rn. 25; *Stelter* (Fn. 325), § 77g Rn. 20, allerdings mit dem berechtigten Hinweis, dass die lediglich entfernte Möglichkeit einer Störung nicht ausreicht.

463 Zur Frage, ob über den Wortlaut hinaus auch bereits die Verlegung der Komponenten zum Ausbau des modernen Telekommunikationsnetzes und nicht lediglich die über das geplante Netz erbrachten Telekommunikationsdienste erfasst sind, bejahend *Scherer/Butler* (Fn. 323), § 77g Rn. 26.

464 *Scherer/Butler* (Fn. 323), § 77g Rn. 24; *Stelter* (Fn. 325), § 77g Rn. 21.

465 Die Gesetzesmaterialien sprechen von „Regelbeispielen“, siehe die Begründung zum Gesetzentwurf der Bundesregierung, BT-Drs. 18/8332, 28, 48 (zu Art. 1 Nr. 15 [§ 77g]).

466 *Stelter* (Fn. 325), § 77g Rn. 26.

sich für den beabsichtigten Aufbau des modernen Telekommunikationsnetzes eignet[467] – sonst wäre sie von vornherein keine Alternative – und ohne weitere Verzögerung in Anspruch genommen werden kann.[468] Außerdem muss die Inanspruchnahme dieser Alternative zu fairen und angemessenen Bedingungen gewährt werden.[469]

7. Die Mitnutzung würde zu einem Überbau bestehender Glasfasernetze,[470] die einen diskriminierungsfreien, offenen Netzzugang zur Verfügung stellen, führen. Sind solche Netze vorhanden, kann durch die Errichtung eines weiteren modernen Telekommunikationsnetzes letztlich keine Verbesserung der Versorgungslage mehr erzielt werden.[471] Es bedarf daher insoweit keiner gesetzlichen Netzausbauförderung zur Gewährung einer Mitnutzung mehr. Da der Ablehnungsgrund nur zugunsten solcher Glasfasernetze greift, die einen diskriminierungsfreien, offenen Netzzugang zur Verfügung stellen und so die Betätigung konkurrierender Diensteanbieter erlauben, erscheint diese Einschränkung auch unter wettbewerblichen Gesichtspunkten als hinnehmbar.

Dieser Katalog möglicher Ablehnungsgründe ist abschließend[472] und kann auch nicht durch Rechtsverordnung erweitert werden. Allerdings sind es nur Gründe, aus denen das Versorgungsunternehmen die beantragte Mitnutzung ablehnen „darf". Sofern rechtliche Verpflichtungen nicht entgegenstehen, kann es die Mitnutzung deshalb auch dann gewähren, wenn ein Ablehnungsgrund vorliegt.[473] Das dürfte insbesondere für die Möglichkeit eines alternativen Zugangs und für einen etwaigen Überbau[474] relevant werden. Gerade Versorgungsnetzbetreiber, die das vom Überbau bedrohte Glasfasernetz nicht selbst betreiben und auch sonst in keiner Beziehung zu dessen

467 Z. T. wird gefordert, dass sie den Aufbau moderner Telekommunikationsnetze „in gleichem Umfang" erlauben muss wie die Mitnutzung, so etwa *Stelter* (Fn. 325), § 77g Rn. 25. Das könnte mit Blick auf die Bereitstellung aktiver Vorleistungsprodukte nicht unproblematisch sein.

468 Begründung zum Gesetzentwurf der Bundesregierung, BT-Drs. 18/8332, 28, 48 (zu Art. 1 Nr. 15 [§ 77g]).

469 Zur umstrittenen Frage, inwieweit hier die gleichen Kriterien zugrunde zu legen sind wie bei den Bedingungen einer etwaigen Mitnutzung selbst, siehe *Scherer/Butler* (Fn. 323), § 77g Rn. 29 f. Zur Anwendung in der Praxis siehe Bundesnetzagentur, Beschl. v. 25.3.2021 – Az. BK11-20/003, S. 40 Rn. 166 f. und S. 42 ff. Rn. 176 ff.

470 Zur Frage, wann ein Glasfasernetz in diesem Sinne vorliegt, siehe *Scherer/Butler* (Fn. 323), § 77g Rn. 33.

471 Siehe hierzu und zum Folgenden die Begründung zum Gesetzentwurf der Bundesregierung, BT-Drs. 18/8332, 28, 48 (zu Art. 1 Nr. 15 [§ 77g]).

472 Begründung zum Gesetzentwurf der Bundesregierung, BT-Drs. 18/8332, 28, 47 (zu Art. 1 Nr. 15 [§ 77g]).

473 Siehe zu dieser Möglichkeit auch allgemein bereits oben, in Fn. 338.

474 So auch die Begründung zum Gesetzentwurf der Bundesregierung, BT-Drs. 18/8332, 28, 49 (zu Art. 1 Nr. 15 [§ 77g]).

Betreiber stehen, werden nicht immer einen Anreiz haben, die geplante Mitnutzung abzulehnen, um die Interessen eines Dritten wahrzunehmen.[475]

Möchte (bzw. muss) sich ein Versorgungsunternehmen auf einen Ablehnungsgrund berufen,[476] hat es dem antragstellenden Telekommunikationsunternehmen dessen Vorliegen innerhalb einer Frist von zwei Monaten nachzuweisen (§ 141 Abs. 1 TKG).

bb) Anspruch auf Mitnutzungsangebot

Fehlt es an einem Ablehnungsgrund (oder macht das Versorgungsunternehmen einen solchen nicht geltend), muss es dem antragstellenden Telekommunikationsunternehmen innerhalb von zwei Monaten ein Angebot über die Mitnutzung unterbreiten (§ 138 Abs. 2 S. 1 TKG).

Dieses Angebot muss insbesondere faire und angemessene Bedingungen für die Mitnutzung,[477] die operative und organisatorische Umsetzung der Mitnutzung[478] und die Verantwortlichkeiten einschließlich der Möglichkeit, Dritte zu beauftragen, enthalten (§ 138 Abs. 2 S. 2 TKG). Es kann (muss aber nicht) darüber hinaus besondere Vereinbarungen zur Haftung beim Einbau der Netzkomponenten und zu Instandhaltungen, Änderungen, Erweiterungen, Verlegungen und Störungen enthalten (§ 138 Abs. 2 S. 3 TKG). Neben diesen vom Gesetzgeber wegen ihrer praktischen Bedeutung besonders hervorgehobenen Punkten kann ein Angebot aber auch weitere Aspekte umfassen, z. B. Kündigungsregelungen.[479] Geht es um die Mitnutzung eines Energieversorgungsnetzes, gibt das Netzausbaurecht überdies vor, dass diese auch Dachständer, Giebelanschlüsse und die Hauseinführung (§ 139 Abs. 1 TKG) sowie ggf. das (wenn auch entgeltliche[480]) Zurverfügungstellen eines Anschlusses zum Bezug des Betriebsstroms (§ 139 Abs. 2 TKG) umfasst.

475 Ein etwaiger Investitionsschutz zugunsten des bestehenden Glasfasernetzes – hierzu *Stelter* (Fn. 325), § 77g Rn. 32 – wird durch den Ablehnungsgrund daher nur in begrenztem Maße erreicht.

476 Zur Frage, ob insoweit auch eine bloße Teilablehnung möglich bzw. sogar geboten ist, wenn sich die Ablehnungsgründe nur auf einen Teil der beantragten Mitnutzung beziehen, siehe bejahend *Scherer/Butler* (Fn. 323), § 77g Rn. 12.

477 Das bezieht sich namentlich auf den Preis für die Bereitstellung und Nutzung des Versorgungsnetzes sowie auf die zu leistenden Sicherheiten und Vertragsstrafen.

478 Die Umsetzung umfasst die Art und Weise des Einbaus der Komponenten des modernen Telekommunikationsnetzes, die Dokumentationspflichten und den Zeitpunkt oder den Zeitraum der Bauarbeiten.

479 Siehe die Begründung zum Gesetzentwurf der Bundesregierung, BT-Drs. 18/8332, 28, 45 (zu Art. 1 Nr. 14 [§ 77d]). Vgl. allgemein auch *Scherer/Butler* (Fn. 323), § 77d Rn. 35.

480 Für die Bemessung der Entgelte gelten dieselben Anforderungen (fair und angemessen) wie für alle Bedingungen der Mitnutzung, siehe *Stelter* (Fn. 325), § 77e Rn. 16; ähnlich auch *Scherer/Butler* (Fn. 323), § 77e Rn. 9.

Die sich aus einem Antrag auf Mitnutzung (bei fehlenden Ablehnungsgründen) ergebende Verpflichtung ist dabei ausdrücklich auf die Abgabe eines Angebots beschränkt.[481] Dieses führt erst dann zu einem Vertragsschluss, wenn sich Versorgungsunternehmen und Telekommunikationsunternehmen auf seiner Grundlage auf die wesentlichen Vertragsbestandteile geeinigt haben.[482] Erst ein solcher Mitnutzungsvertrag bildet dann wiederum die rechtliche Grundlage für die spätere Mitnutzung.

Ob das Angebot, zu dessen Abgabe das Versorgungsunternehmen ggf. verpflichtet ist, bereits ein Antrag i. S. v. § 145 BGB sein muss, der alle wesentlichen Vertragsbestandteile enthält und durch bloße Zustimmung des Telekommunikationsunternehmens zum Vertragsschluss führt, ist nicht abschließend geklärt. Die Gesetzesmaterialien, die den Zweck des Angebots als bloße „Anbahnung der Mitnutzungsvereinbarung" beschreiben,[483] sprechen tendenziell eher dagegen. Der Normzweck der Gewährung von Mitnutzungsansprüchen und die unionsrechtlichen Hintergründe sprechen eher dafür, dass es sich um ein annahmefähiges Angebot handeln muss (das überdies bestimmten materiellen Vorgaben zu genügen hat).[484]

cc) Bedingungen der Mitnutzung

Wie sich aus der Vorgabe in Bezug auf den Mindestinhalt des Mitnutzungsangebots ergibt, muss die Mitnutzung zu fairen und angemessenen Bedingungen – einschließlich des Preises[485] – gewährt werden.[486] Dabei kann der unbestimmte Rechtsbegriff der Angemessenheit erneut in dem Sinne ausgelegt werden, dass die betroffenen Belange und Ziele unter Berücksichtigung der Umstände des Einzelfalls gegeneinander abzuwägen sind.[487] Der vorliegend zusätzlich verwendete Begriff der Fairness tritt hier anders als im Zusammenhang mit den Entgelten für die Koordinierung von Bauarbeiten[488] neben den Begriff der Angemessenheit und nicht neben den Begriff der Diskriminierungsfreiheit. Das spricht dagegen, ihm einen weitgehend deckungsgleichen Gehalt wie der explizit zusätzlich genannten

481 *Stelter* (Fn. 325), § 77d Rn. 8.
482 *Stelter* (Fn. 325), § 77d Rn. 18.
483 Begründung zum Gesetzentwurf der Bundesregierung, BT-Drs. 18/8332, 28, 45 (zu Art. 1 Nr. 14 [§ 77d]).
484 Befürwortend auch *Scherer/Butler* (Fn. 323), § 77d Rn. 25.
485 Zum Maßstab der Fairness und Angemessenheit des Mitnutzungsentgelts siehe auch § 138 Abs. 2 S. 2 TKG.
486 *Stelter* (Fn. 325), § 77d Rn. 27.
487 Vgl. ausführlicher oben, unter 1. a) cc) (S. 115 f.); siehe auch VG Gera, Urt. v. 3.12.2020 – Az. 3 K 2157/18, Rn. 93 (juris). Die Entscheidung des VG Gera wurde durch BVerwG, Beschl. v. 3.6.2021 – Az. 6 C 4.21, für unwirksam erklärt.
488 Siehe oben, unter 1. b) cc) bbb) (S. 123).

Angemessenheit beizumessen. Vielmehr dürfte er vorliegend eher im Sinne einer gerechten („fairen") Ausgestaltung der Mitnutzungsbedingungen zu verstehen sein und daher Aspekte der Diskriminierungsfreiheit erfassen.[489]

Dabei hebt das Netzausbaurecht ausdrücklich hervor, dass die Mitnutzung den Anforderungen der öffentlichen Sicherheit und der öffentlichen Gesundheit sowie den anerkannten Regeln der Technik[490] genügen muss (§ 138 Abs. 3 TKG). Bestimmungen, mit denen die Einhaltung dieser Anforderungen sichergestellt wird, ohne dass hierfür mildere Mittel zur Verfügung stehen, sind danach fair und angemessen. Insbesondere werden bestehende Normen und technische Standards für die Ausführung von Arbeiten an Versorgungsnetzen[491] hierüber zum Bestandteil der in ihren Anwendungsbereich fallenden Mitnutzungsvereinbarungen gemacht werden müssen.

Für die praktisch besonders bedeutsame Mitnutzungsbedingung des Preises[492] enthalten die Vorschriften über eine etwaige Streitbeilegung durch die Bundesnetzagentur weitere Hinweise darauf, was insoweit als fair und angemessen gelten kann. Diese Regelungen sind zwar für die Beteiligten einer Mitnutzungsvereinbarung bei deren privatautonomer Aushandlung nicht maßgeblich. Als Maßstab einer etwaigen Streitbeilegungsentscheidung kommt ihnen jedoch jedenfalls eine erhebliche faktische Vorwirkung zu.[493] Hinsichtlich des Entgelts für die Mitnutzung eines Versorgungsnetzes differenziert das Netzausbaurecht insoweit zwischen der Mitnutzung eines öffentlichen Telekommunikationsnetzes einerseits und der Mitnutzung eines sonstigen Versorgungsnetzes andererseits. Dahinter stehen ähnliche Erwägungen, wie sie von der Bundesnetzagentur in ihren Entgeltgrundsätzen für die Koordinierung von Bauarbeiten angestellt wurden:[494]

Für den Eigentümer oder Betreiber eines Netzes der öffentlichen Versorgung außerhalb des Telekommunikationssektors spielt es letzten Endes keine Rolle, ob ein Telekommunikationsunternehmen von diesem Netz profitiert. Er

489 Vgl. aber auch *Scherer/Butler* (Fn. 323), § 77d Rn. 30, die im Gebot der Fairness einen zusätzlichen Billigkeitsmaßstab verankert sehen. Nach hiesigem Verständnis ist dieser von dem Gebot der Angemessenheit umfasst.

490 Regeln der Technik sind anerkannt, wenn sie in der Praxis erprobt und bewährt sind und sich deshalb bei der Mehrheit der auf diesem technischen Gebiet tätigen Praktiker durchgesetzt haben, siehe *Stelter* (Fn. 325), § 77d Rn. 35.

491 Siehe die Begründung zum Gesetzentwurf der Bundesregierung, BT-Drs. 18/8332, 28, 45 f. (zu Art. 1 Nr. 14 [§ 77d]).

492 Vgl. die Begründung zum Gesetzentwurf der Bundesregierung, BT-Drs. 18/8332, 28, 45 (zu Art. 1 Nr. 14 [§ 77d]).

493 Vgl. die Begründung zum Gesetzentwurf der Bundesregierung, BT-Drs. 18/8332, 28, 45 (zu Art. 1 Nr. 14 [§ 77d]), 56 (zu Art. 1 Nr. 15 [§ 77n]); VG Gera, Urt. v. 3.12.2020 – Az. 3 K 2157/18, Rn. 69 (juris) (dazu Fn. 487); siehe auch *Scherer/Butler* (Fn. 323), § 77d Rn. 29, § 77n Rn. 7; *Stelter* (Fn. 325), § 77d Rn. 23.

494 Siehe dazu oben, unter 1. b) cc) bbb) (S. 122 f.).

hat vielmehr insbesondere ein Interesse, durch die Mitnutzung nicht mit zusätzlichen Kosten belastet zu werden. Deshalb sind (im Streitbeilegungsverfahren) die zusätzlichen Kosten, die sich für das Versorgungsunternehmen durch die Ermöglichung der Mitnutzung ergeben, die Grundlage für die Höhe des Mitnutzungsentgelts (§ 149 Abs. 2 S. 3 TKG) (Kostendeckungsprinzip der reinen Mitnutzung[495]).[496] Hierunter können die Kosten für Instandhaltungs- und Anpassungsarbeiten sowie für Sicherheits- und für spezifische Haftungsvorkehrungen fallen, die durch die Mitnutzung zusätzlich erforderlich werden.[497] Die für die Errichtung und den Betrieb des Versorgungsnetzes ohnehin anfallenden („Sowieso-") Kosten sind demgegenüber bei der Bestimmung der Zusatzkosten nicht zu berücksichtigen.[498] Anders als die Bundesnetzagentur in ihren Entgeltgrundsätzen für die Koordinierung von Bauarbeiten sieht das Netzausbaurecht dann aber grundsätzlich noch einen angemessenen Aufschlag[499] vor, der als Anreiz zur Gewährung der Mitnutzung[500] dienen soll (§ 149 Abs. 2 S. 4 TKG). Dieser Anreiz wird noch dadurch gefestigt, dass die Versorgungsunternehmen Einnahmen aus solchen Aufschlägen von der Berechnungsgrundlage für diejenigen Entgelte ausnehmen dürfen, die sie Endnutzern für ihren eigentlichen Versorgungsdienst berechnen (§ 140 TKG). Davon profitieren insbesondere solche Versorgungsunternehmen, die gesetzlich auf die Erhebung kostendeckender Endnutzerentgelte beschränkt sind[501] oder – wie in der (bisherigen) energierechtlichen Anreizregulierung[502] – Erlösobergrenzen unterliegen: Soweit sie Einnahmen aus Mitnutzungsentgelten kostenmindernd berücksichtigen

495 VG Freiburg, Urt. v. 11.12.2019 – Az. 4 K 6764/18, Rn. 24 (juris); VG Gera, Urt. v. 3.12.2020 – Az. 3 K 2157/18, Rn. 77 (juris) (dazu Fn. 487).

496 Siehe auch die Begründung zum Gesetzentwurf der Bundesregierung, BT-Drs. 18/8332, 28, 45 (zu Art. 1 Nr. 14 [§ 77d]).

497 Begründung zum Gesetzentwurf der Bundesregierung, BT-Drs. 18/8332, 28, 56 (zu Art. 1 Nr. 15 [§ 77n]).

498 Begründung zum Gesetzentwurf der Bundesregierung, BT-Drs. 18/8332, 28, 56 (zu Art. 1 Nr. 15 [§ 77n]).

499 Dieser war nach § 77b Abs. 2 S. 3 TKG 2004 „[a]uf diese Kosten" zu gewähren. Das wurde bisweilen dahin verstanden, dass der Aufschlag nicht mit dem Umfang der Mitnutzung korrelieren kann, wenn auch die Zusatzkosten (als Basis des Aufschlags) nicht mit diesem Umfang korrelieren. Um eine solche Verbindung auszuschließen, findet sich die betreffende Formulierung in § 149 Abs. 2 S. 3 TKG jetzt nicht mehr, siehe zum Ganzen die Begründung zum Gesetzentwurf der Bundesregierung, BT-Drs. 19/26108, 200, 340 (zu Art. 1 § 148).

500 Er darf aber wiederum nicht so hoch ausfallen, dass er die angestrebte Mitnutzung unattraktiv macht, siehe VG Gera, Urt. v. 3.12.2020 – Az. 3 K 2157/18, Rn. 90 (juris) (dazu Fn. 487).

501 Zu diesbezüglichen kompetenzrechtlichen Bedenken in Bezug auf das Kommunalabgabenrecht siehe *Scherer/Butler* (Fn. 323), § 77f Rn. 5; *Stelter* (Fn. 325), § 77f Rn. 6.

502 Siehe *Stelter* (Fn. 325), § 77f Rn. 4.

müssen, müssten sie in selber Höhe die Endnutzerentgelte senken.[503] Die Mitnutzung würde sich für sie daher ohne die Ausnahme für den Anreizzuschlag als reines Nullsummenspiel darstellen.

Im Gegensatz zur Mitnutzung branchenfremder Versorgungsnetze (Energie, Verkehr, Wasser) greift die Mitnutzung eines öffentlichen Telekommunikationsnetzes zum Ausbau eines modernen Telekommunikationsnetzes durch einen Dritten potentiell erheblich in die Interessen des zur Gewährung der Mitnutzung verpflichteten (Telekommunikations-) Unternehmens ein.[504] Dieses wird u. U. gesetzlich dazu gezwungen, durch eigene Investitionen errichtete Infrastruktur einem unmittelbaren Wettbewerber zur Verfügung zu stellen, damit dieser ggf. in Konkurrenz um dieselben Kunden treten kann. Würde das mitnutzungsberechtigte Telekommunikationsunternehmen in diesem Fall nur die geringen zusätzlichen Kosten der Mitnutzung tragen, würde es allein von den Kosteneinsparungen profitieren, die der Mitnutzungsanspruch ermöglicht. Es hätte also einen potentiell erheblichen Kostenvorteil gegenüber dem verpflichteten Telekommunikationsunternehmen. Das Netzausbaurecht enthält daher besondere Vorgaben für den Fall, dass das mitgenutzte Versorgungsnetz ein Telekommunikationsnetz[505] ist.

Die Bundesnetzagentur muss bei einer Streitschlichtung in einer solchen Konstellation neben dem Entgeltmaßstab der (ggf. um einen Anreizaufschlag ergänzten[506]) Zusatzkosten[507] die Regulierungsziele berücksichtigen (§ 149 Abs. 3 S. 1 TKG). Durch diese für sich genommen recht unscharfe Vorgabe sollen bestehende Regulierungsentscheidungen namentlich aus dem Bereich der Marktregulierung einbezogen werden.[508] Damit sollen

---

503 *Scherer/Butler* (Fn. 323), § 77f Rn. 2; *Stelter* (Fn. 325), § 77f Rn. 4.

504 Vgl. auch VG Gera, Urt. v. 3.12.2020 – Az. 3 K 2157/18, Rn. 70 (juris) (dazu Fn. 487).

505 Es muss sich dabei um ein bereits bestehendes Telekommunikationsnetz handeln, siehe VG Freiburg, Urt. v. 11.12.2019 – Az. 4 K 6764/18, Rn. 25 (juris).

506 Ob bei der Mitnutzung eines öffentlichen Telekommunikationsnetzes auch dieser Entgeltaufschlag zu erfolgen hat, um ein angemessenes Entgelt zu gewährleisten, ist nicht unumstritten. Der Wortlaut von § 149 Abs. 3 S. 1 TKG und das Ziel der Förderung privatautonomer Mitnutzungsvereinbarungen sprechen deutlich dafür, die Beschränkung auf eine Kostendeckung in § 149 Abs. 3 S. 2 TKG tendenziell eher dagegen. Befürwortend VG Gera, Urt. v. 3.12.2020 – Az. 3 K 2157/18, Rn. 88 (juris) (dazu Fn. 487); ablehnend *Scherer/Butler* (Fn. 323), § 77n Rn. 27.

507 Deren Deckung bleibt der Instanzrechtsprechung zufolge auch bei der Mitnutzung eines öffentlichen Telekommunikationsnetzes der maßgebliche Bezugspunkt, siehe VG Freiburg, Urt. v. 11.12.2019 – Az. 4 K 6764/18, Rn. 28 (juris); VG Gera, Urt. v. 3.12.2020 – Az. 3 K 2157/18, Rn. 77 (juris) (dazu Fn. 487).

508 Begründung zum Gesetzentwurf der Bundesregierung, BT-Drs. 18/8332, 28, 56 (zu Art. 1 Nr. 15 [§ 77n]). Es spricht in diesem Zusammenhang allerdings viel dafür, dass ein netzausbaurechtlicher Mitnutzungsanspruch ausgeschlossen ist, soweit die konkrete antragsgegenständliche Nutzung der Marktregulierung unterliegt, siehe *Scherer/Butler* (Fn. 323), § 77d Rn. 23.

regulierte Vorleistungsentgelte als Maßstab herangezogen werden, soweit sich die beantragten Mitnutzungen mit regulierten Zugangsleistungen überschneiden, was etwa beim Zugang zu Kabelkanalanlagen möglich ist.[509] Über diese zumindest tendenzielle Parallelisierung mit dem Marktregulierungsrecht[510] hinaus muss die Bundesnetzagentur bei der vorgesehenen Mitnutzung eines öffentlichen Telekommunikationsnetzes sicherstellen, dass dessen Eigentümer und Betreiber die Möglichkeit haben, ihre Kosten zu decken (§ 149 Abs. 3 S. 2 Hs. 1 TKG). Das klingt zwar zunächst wie eine Wiederholung des allgemeinen Entgeltmaßstabs, mit dem die (zusätzlichen) Kosten des Versorgungsunternehmens gedeckt werden sollen, die durch die Mitnutzung verursacht werden. Allerdings stellt die gesetzliche Regelung ausdrücklich klar, dass bei der spezifischen Kostendeckung, die für Telekommunikationsunternehmen vorgesehen ist, über die zusätzlichen Kosten hinaus auch die Folgen der beantragten Mitnutzung auf den Geschäftsplan dieser Unternehmen einschließlich der Investitionen in das mitgenutzte öffentliche Telekommunikationsnetz zu berücksichtigen sind (§ 149 Abs. 3 S. 2 Hs. 2 TKG). Das greift den Gedanken auf, dass durch die gesetzlich angeordnete Mitnutzung die Investition in das vorhandene Telekommunikationsnetz nicht nachträglich entwertet werden darf,[511] insbesondere indem wesentliche Rahmenbedingungen der ihr zugrundeliegenden geschäftlichen Planungen geändert werden. Bislang noch nicht abschließend geklärt ist allerdings, wie genau diese Vorgaben im konkreten Fall zu operationalisieren sind.[512] Mittlerweile ist zumindest klargestellt, dass bei der Entgeltbestimmung auch eine angemessene Verzinsung der getätigten Investitionen zu berücksichtigen ist (§ 149 Abs. 3 S. 2 Hs. 2 TKG).[513] Darüber hinaus spricht

---

509 Begründung zum Gesetzentwurf der Bundesregierung, BT-Drs. 18/8332, 28, 56 (zu Art. 1 Nr. 15 [§ 77n]).

510 Noch nicht abschließend geklärt ist, inwieweit Unterschieden bei den jeweiligen Zugangsobjekten und den besonderen Effizienzanforderungen des Marktregulierungsrechts bei der Bestimmung der Mitnutzungsentgelte Rechnung zu tragen ist, siehe hierzu VG Gera, Urt. v. 3.12.2020 – Az. 3 K 2157/18, Rn. 77 (juris) (dazu Fn. 487); allgemein gegen eine verbindliche Heranziehung genehmigter Entgelte auch *Stelter* (Fn. 325), § 77n Rn. 21.

511 Begründung zum Gesetzentwurf der Bundesregierung, BT-Drs. 18/8332, 28, 57 (zu Art. 1 Nr. 15 [§ 77n]). Diese Zielsetzung spricht dafür, bereits abgeschriebene Investitionen nicht mehr zu berücksichtigen, so *Scherer/Butler* (Fn. 323), § 77n Rn. 29.

512 Die Gesetzesmaterialien nennen einige Kriterien, die in diesem Zusammenhang zu berücksichtigen sein können, siehe die Begründung zum Gesetzentwurf der Bundesregierung, BT-Drs. 18/8332, 28, 57 (zu Art. 1 Nr. 15 [§ 77n]). Vgl. auch die umfangreichen Erwägungen bei Bundesnetzagentur, Konsultationsdokument „Fragen der Entgeltbestimmung im Hinblick auf die Mitnutzung öffentlicher Versorgungsnetze und die Koordinierung von Bauarbeiten auf Grundlage des DigiNetzG", 2018.

513 Siehe zu den Hintergründen die Begründung zum Gesetzentwurf der Bundesregierung, BT-Drs. 19/26108, 200, 340 (zu Art. 1 § 148).

viel dafür, dass es nur um die Investition in die konkrete Trasse geht, deren Mitnutzung beantragt wird, nicht aber um Investitionen in das Telekommunikationsnetz insgesamt.[514]

Ungeachtet solcher punktuellen Konkretisierungen besteht jedoch ein erheblicher Spielraum bei der Frage, wie die Anforderung „fairer und angemessener" Entgelte im Einzelfall zu konkretisieren ist.[515] Dessen Ausfüllung obliegt auf Ebene des Mitnutzungsanspruchs zunächst den beteiligten Unternehmen.[516]

dd) Transparenz

Kommt es zum Abschluss eines Mitnutzungsvertrages, ist das hieran beteiligte Versorgungsunternehmen verpflichtet, diesen spätestens nach zwei Monaten der Bundesnetzagentur zur Kenntnis zu geben (§ 138 Abs. 4 TKG).[517] Hierdurch soll die Behörde einen möglichst umfassenden Marktüberblick erhalten.[518] Dieser ist gerade auch für ihre Tätigkeit als nationale Streitbeilegungsstelle und für die Herausbildung einer diskriminierungsfreien und konsistenten Mitnutzungspraxis von Bedeutung. Die Verträge sind der Bundesnetzagentur daher auch nicht etwa nur anzuzeigen, sondern vollständig zu übermitteln.[519] Die Bundesnetzagentur wiederum veröffentlicht diese Verträge nicht und stellt sie auch nicht Dritten zur Verfügung.[520]

Eine gerade entgegengesetzte Stoßrichtung hat die außerdem vorgesehene Möglichkeit, dass Versorgungsunternehmen Standardangebote für Mitnutzungen über die Bundesnetzagentur bzw. über die zentrale Informationsstelle des Bundes veröffentlichen können (§ 138 Abs. 5 TKG).[521] Durch die Veröffentlichung standardisierter Vertragsbedingungen wird potentiellen Mitnutzungspetenten eine einfache Möglichkeit aufgezeigt, wie sie zu

514 VG Gera, Urt. v. 3.12.2020 – Az. 3 K 2157/18, Rn. 73 (juris) (dazu Fn. 487).

515 Siehe aus der Perspektive des behördlichen Ermessensspielraums bei der Streitbeilegung die Begründung zum Gesetzentwurf der Bundesregierung, BT-Drs. 18/8332, 28, 56 (zu Art. 1 Nr. 15 [§ 77n]); VG Gera, Urt. v. 3.12.2020 – Az. 3 K 2157/18, Rn. 64, 69 (juris) (dazu Fn. 487).

516 Zur Konkretisierung des angemessenen Aufschlags nach § 149 Abs. 2 S. 3 TKG durch die Bundesnetzagentur siehe *Scherer/Butler* (Fn. 323), § 77n Rn. 24 (20 % eines aus 935 Mitnutzungsverträgen abgeleiteten Referenzpreises).

517 Zum Procedere siehe Bundesnetzagentur, Leitfaden für die Übermittlung von Verträgen über Mitnutzungen öffentlicher Versorgungsnetze (§ 77d Abs. 4 TKG), 2020.

518 Hierzu und zum Folgenden die Begründung zum Gesetzentwurf der Bundesregierung, BT-Drs. 18/8332, 28, 46 (zu Art. 1 Nr. 14 [§ 77d]).

519 *Scherer/Butler* (Fn. 323), § 77d Rn. 41.

520 *Scherer/Butler* (Fn. 323), § 77d Rn. 42.

521 Die Möglichkeit einer separaten Veröffentlichung durch die Versorgungsunternehmen selbst bleibt hiervon unberührt, siehe die Begründung zum Gesetzentwurf der Bundesregierung, BT-Drs. 18/8332, 28, 46 (zu Art. 1 Nr. 14 [§ 77d]).

bestimmten Konditionen das betreffende Versorgungsnetz mitnutzen können. Das kann den Abschluss entsprechender Vereinbarungen beschleunigen und entsprechende Transaktionskosten senken[522] und wird sich primär bei größeren Versorgungsnetzen anbieten. Allerdings ist keine vorherige Prüfung der Standardangebote etwa durch die Bundesnetzagentur vorgesehen. Es ist damit – gerade auch aus Sicht der Telekommunikationsunternehmen – nicht sichergestellt, dass die in ihnen enthaltenen Mitnutzungsbedingungen fair und angemessen sind. Überdies handelt es sich um eine bloße Möglichkeit, wohingegen die Versorgungsunternehmen nicht verpflichtet sind, Standardangebote zu erstellen und zu veröffentlichen.[523]

II. Nutzung von Liegenschaften

Das Netzausbaurecht hebt allerdings nicht nur Synergien im Zusammenhang mit öffentlichen Versorgungsnetzen. Es greift vielmehr darüber hinaus, indem es unter bestimmten Umständen auch die Nutzung von Liegenschaften – Grundstücken und Gebäuden – zum Ausbau von Telekommunikationsnetzen erlaubt. Entsprechende Regelungen waren schon von jeher Bestandteil des Telekommunikationsrechts. Mit dem DigiNetzG wurden sie jedoch noch einmal deutlich ausgebaut, insbesondere um den Aufbau von modernen Telekommunikationsnetzen zu fördern. Die nachfolgende Darstellung konzentriert sich dabei auf die Inanspruchnahme von privaten Grundstücken und Gebäuden, wohingegen das klassische Wegerecht[524] ausgeblendet wird.

1. Netzausbau auf Grundstücken und Anschluss von Gebäuden (§ 134 TKG)

Der flächendeckende Ausbau von Telekommunikationsnetzen bis hin zu den einzelnen Haushalten setzt mehr als die Nutzung der Verkehrswege voraus. Er kann letzten Endes nur unter Inanspruchnahme von anderen, zu wirtschaftlichen oder Wohnzwecken genutzten Grundstücken und mit dem Anschluss der einzelnen Gebäude gelingen. Das Netzausbaurecht sieht daher

522 Begründung zum Gesetzentwurf der Bundesregierung, BT-Drs. 18/8332, 28, 46 (zu Art. 1 Nr. 14 [§ 77d]).

523 *Stelter* (Fn. 325), § 77d Rn. 37.

524 Auf Antrag erhalten die Eigentümer oder Betreiber öffentlicher Telekommunikationsnetze oder öffentlichen Zwecken dienender Telekommunikationslinien die Befugnis, Verkehrswege (öffentliche Wege, Plätze, Brücken und Tunnel sowie die öffentlichen Gewässer) für die öffentlichen Zwecken dienenden Telekommunikationslinien – in Abstimmung mit dem Träger der jeweiligen Wegebaulast – unentgeltlich zu benutzen, soweit dadurch nicht der Widmungszweck der Verkehrswege dauernd beschränkt wird (§ 125 TKG).

eine umfassende Verpflichtung von Grundstückseigentümern vor, unter bestimmten Voraussetzungen diesbezügliche Tätigkeiten auf ihren Grundstücken zu dulden. Insoweit wird ein gesetzliches Schuldverhältnis zwischen dem Eigentümer und dem Nutzungsberechtigten begründet.[525] Im Einzelnen geht es dabei um zwei verschiedene Arten von Maßnahmen:

Mit der Errichtung, dem Betrieb und der Erneuerung von Telekommunikationslinien auf dem Grundstück sind die (unter- und oberirdisch geführten) Kabelanlagen einschließlich ihrer zugehörigen Einrichtungen (wie Schaltschränke, Masten, Kabelschächte und Kabelkanalrohre) angesprochen.[526] Insoweit spielt es keine Rolle, ob die Telekommunikationslinien auf dem Grundstück enden (insbesondere um die dort vorhandenen Gebäude anzuschließen) oder ob sie nur als Teil eines weiterführenden Netzes durch das Grundstück durchgeführt werden.

Die Vorschrift gilt aber auch für den Anschluss der auf dem Grundstück befindlichen Gebäude an moderne Telekommunikationsnetze. Hier geht es nicht bloß um die Verlegung von Kabeln bis zu dem Gebäude. Vielmehr ist von diesem sog. „Hausstich"[527] auch die Schaffung eines Gebäudeanschlusses umfasst, über den die Bewohner des Gebäudes Zugang zu dem Telekommunikationsnetz erhalten.[528]

Beide Maßnahmen muss der Grundstückseigentümer unter bestimmten Umständen dulden.[529] Sie stellen dann keine Störung seines Eigentums dar, zu deren Abwehr er etwa nach § 1004 Abs. 1 BGB befugt wäre.[530] Dabei gelten jedoch nicht alle der gesetzlich normierten Fallgruppen für beide Arten von Beeinträchtigungen.

---

525 *Dörr,* in: Säcker (Fn. 15), § 76 Rn. 1.

526 Siehe zur Legaldefinition § 3 Nr. 64 TKG.

527 Begründung zum Gesetzentwurf der Bundesregierung, BT-Drs. 18/8332, 28, 39 (zu Art. 1 Nr. 12 [§ 76]): „Der Hausstich ist das Recht der Betreiber öffentlicher Telekommunikationsnetze, Grundstücke zum Zweck des Anschlusses der darauf befindlichen Gebäude an ihr Netz in Anspruch zu nehmen."

528 Die Regelung wurde nun auf den Fall erstreckt, dass Gebäude, die sich nicht auf dem betreffenden Grundstück befinden, von diesem (oder einem dort stehenden Gebäude) aus mitversorgt werden (§ 134 Abs. 1 S. 2 TKG), siehe die Begründung zum Gesetzentwurf der Bundesregierung, BT-Drs. 19/26108, 200, 333 (zu Art. 1 § 133).

529 Es handelt sich hierbei um eine verfassungsrechtlich unbedenkliche Inhalts- und Schrankenbestimmung des Eigentums, siehe zu § 76 Abs. 1 TKG 2004: BGH, N&R 2004, 166, 167 = Rn. 12 (juris) (Urt. v. 14.5.2004 – Az. V ZR 292/03); NJW 2000, 3206, 3209 = Rn. 20 ff. (juris) (Urt. v. 7.7.2000 – Az. V ZR 435/98).

530 BGH, N&R 2004, 166 = Rn. 10 (juris) (Urt. v. 14.5.2004 – Az. V ZR 292/03); NJW 2002, 678 = Rn. 7 (juris) (Urt. v. 23.11.2001 – Az. V ZR 419/00); *Dörr* (Fn. 525), § 76 Rn. 1.

a) Verträgliche Nutzung einer durch ein Recht gesicherten Leitung oder Anlage (§ 134 Abs. 1 S. 1 Nr. 1 TKG)

Das betrifft jedenfalls nach dem Wortlaut bereits die erste Fallgruppe, die nämlich ausdrücklich nur für die Errichtung, den Betrieb und die Erneuerung einer Telekommunikationslinie gilt. Zu diesem Zweck besteht eine Duldungspflicht danach, soweit für die Arbeiten an der Telekommunikationslinie auf dem Grundstück einschließlich der Gebäudeanschlüsse eine durch ein Recht gesicherte Leitung oder Anlage genutzt und die Nutzbarkeit des Grundstücks nicht dauerhaft zusätzlich eingeschränkt wird.

Voraussetzung der Duldungspflicht ist also zunächst, dass auf dem Grundstück (ggf. einschließlich der Gebäudeanschlüsse) bereits eine durch ein Recht gesicherte Leitung oder Anlage vorhanden ist. Als Leitungen kommen in erster Linie für andere Zwecke vorhandene Einrichtungen in Betracht, wie z. B. Kabelschutzrohre, die zur Überwachung und Steuerung einer Gaspipeline dienen.[531] Dagegen ist der Anlagenbegriff denkbar weit und kann u. U. auch einen näher bestimmten Bereich im Sinne eines Schutzstreifens erfassen, einschließlich der verlegten Rohre und Zubehöreinrichtungen.[532] Voraussetzung ist allerdings stets, dass die betreffende Leitung oder Anlage durch ein Recht gesichert ist. In Betracht kommen sowohl dingliche Sicherungsrechte, wie z. B. beschränkte persönliche Dienstbarkeiten,[533] als auch schuldrechtliche Nutzungsrechte, wie etwa ein Mietvertrag.[534]

Selbst wenn für die Arbeiten an der Telekommunikationslinie eine solche Leitung oder Anlage genutzt werden kann, gilt die Duldungspflicht allerdings nur, wenn die Nutzbarkeit des Grundstücks nicht dauerhaft zusätzlich eingeschränkt wird. Eine solche Nutzbarkeitseinschränkung liegt vor, wenn die telekommunikative Nutzung nicht nur vorübergehend von der Art der Grundstücksnutzung her über den durch das sichernde Recht vorgegebenen Rahmen hinausgeht.[535] Sie liegt demgegenüber nicht bereits in dem höheren Haftungsrisiko, das durch die erweiterte Nutzung bei abstrakter Betrachtung mit Blick auf vom Grundstückseigentümer verursachte Kabelschäden entsteht.[536]

531 Siehe hierzu etwa BGH, NJW 2000, 3206 = Rn. 1 (juris) (Urt. v. 7.7.2000 – Az. V ZR 435/98).
532 BGH, NJW 2002, 678, 678 f. = Rn. 10 ff. (juris) (Urt. v. 23.11.2001 – Az. V ZR 419/00).
533 BGH, NJW 2000, 3206, 3208 = Rn. 15 (juris) (Urt. v. 7.7.2000 – Az. V ZR 435/98).
534 *Dörr* (Fn. 525), § 76 Rn. 17.
535 BGH, NJW 2002, 678, 680 = Rn. 16 (juris) (Urt. v. 23.11.2001 – Az. V ZR 419/00).
536 BGH, NJW 2000, 3206, 3208 = Rn. 16 (juris) (Urt. v. 7.7.2000 – Az. V ZR 435/98).

b) Keine unzumutbare Beeinträchtigung (§ 134 Abs. 1 S. 1 Nr. 2 TKG)

Die zweite Fallgruppe, in der eine Duldungspflicht des Grundstückseigentümers besteht,[537] gilt für den Fall, dass das Grundstück einschließlich der Gebäude durch die Benutzung nicht unzumutbar beeinträchtigt wird. Hierfür kommt es nicht auf Beeinträchtigungen der physischen Beschaffenheit des Grundstückes, sondern seiner Nutzbarkeit an.[538] Ob eine unzumutbare Beeinträchtigung vorliegt, ist aus der Sicht eines verständigen Durchschnittsbenutzers des betroffenen Grundstücks in seiner durch Natur, Gestaltung und Zweckbestimmung geprägten Beschaffenheit zu beurteilen.[539] Damit werden u. U. beispielsweise das Eingraben oder Einpflügen eines Kabels, jedenfalls aber die dauerhafte Errichtung oberirdischer Anlagen unzumutbare Beeinträchtigungen darstellen.[540]

c) Neu: Nutzung eines Wirtschaftswegs (§ 134 Abs. 1 S. 1 Nr. 3 TKG)

Mit dem Telekommunikationsmodernisierungsgesetz wurde das klassische Wegerecht, das sich auf öffentliche Wege beschränkt, auf solche Grundstücke erstreckt, die zwar im öffentlichen Eigentum stehen und wie ein Verkehrsweg genutzt werden, aber nicht wie ein solcher gewidmet sind. Hierunter fallen u. a. Feld-, Forst- und Waldwege.[541] Der öffentliche Eigentümer wird künftig die Nutzung solcher Wirtschaftswege dulden müssen, wenn der Benutzung keine wichtigen Gründe der öffentlichen Sicherheit entgegenstehen. Da auf einem zu verkehrlichen Zwecken genutzten Wirtschaftsweg in aller Regel keine Gebäude stehen werden, die an ein modernes Telekommunikationsnetz angeschlossen werden sollen, wird diese Duldungspflicht in der Praxis wohl ausschließlich in Bezug auf die Errichtung, den Betrieb und die Erneuerung von Telekommunikationslinien eingreifen. Sie soll dabei insbesondere auch die Anbindung von Mobilfunkmasten im Außenbereich erleichtern und beschleunigen.[542]

537 Die Inanspruchnahme einer durch ein Recht gesicherten Leitung oder Anlage ist dabei der Rechtsprechung zufolge der speziellere Duldungstatbestand, siehe BGH, NJW 2002, 678, 679 = Rn. 15 (juris) (Urt. v. 23.11.2001 – Az. V ZR 419/00); 2000, 3206, 3207 = Rn. 14 (juris) (Urt. v. 7.7.2000 – Az. V ZR 435/98).

538 *Dörr* (Fn. 525), § 76 Rn. 8. Siehe auch BGH, N&R 2004, 166, 166 f. = Rn. 11 (juris) (Urt. v. 14.5.2004 – Az. V ZR 292/03).

539 BGH, N&R 2004, 166, 167 = Rn. 11 (juris) (Urt. v. 14.5.2004 – Az. V ZR 292/03).

540 *Dörr* (Fn. 525), § 76 Rn. 13.

541 Begründung zum Gesetzentwurf der Bundesregierung, BT-Drs. 19/26108, 200, 332 (zu Art. 1 § 133).

542 Begründung zum Gesetzentwurf der Bundesregierung, BT-Drs. 19/26108, 200, 332 (zu Art. 1 § 133).

d) Neu: Nutzung von Grundstücken im Eigentum eines Schienenwegebetreibers (§ 134 Abs. 1 S. 1 Nr. 4 TKG)

Eine weitere bedeutsame Erweiterung hat die Duldungspflicht mit dem Telekommunikationsmodernisierungsgesetz dadurch erfahren, dass sie nun auch Grundstücke im Eigentum von Schienenwegebetreibern erfasst.[543] Das betrifft in erster Linie – aber nicht ausschließlich – die DB Netz AG als die Betreiberin des bundesweiten Schienennetzes. Wie auch andere Schienenwegebetreiber muss sie künftig die Nutzung ihrer Grundstücke dulden, soweit dadurch die Sicherheit des Eisenbahnbetriebs nicht beeinträchtigt wird. Auch insoweit wird es jedenfalls in allererster Linie um die Errichtung, den Betrieb und die Erneuerung von Telekommunikationslinien (und nicht etwa um den Anschluss von Gebäuden an moderne Telekommunikationsnetze) gehen.

e) Neu: Überfahren (§ 134 Abs. 2 TKG)

Über das von den Arbeiten unmittelbar selbst betroffene Grundstück hinaus besteht künftig noch eine weitere Duldungspflicht von Grundstückseigentümern. Diese müssen nämlich das Überfahren ihrer Grundstücke dulden, wenn die Überfahrt zur Errichtung, zum Betrieb und zur Erneuerung von Telekommunikationslinien auf einem anderen Grundstück notwendig ist. Die Fallgruppe des Hausstiches ist hier ausdrücklich nicht erfasst, obwohl auch insoweit Fälle denkbar sind, in der weitere Grundstücke überfahren werden müssen, um das Gebäude auf einem Nachbargrundstück anschließen zu können. Das kann namentlich die Anbindung von Mobilfunkmasten im Außenbereich betreffen.[544] Ohne dass das im Wortlaut hinreichend deutlich zum Ausdruck kommt, soll das Überfahrtrecht auf die Fälle beschränkt sein, in denen durch die Überfahrt die Nutzbarkeit des Grundstücks nicht zusätzlich eingeschränkt und die Benutzung des Grundstücks nicht unzumutbar beeinträchtigt wird, der Überfahrt keine wichtigen Gründe der öffentlichen Sicherheit entgegenstehen und die Sicherheit des Eisenbahnbetriebs nicht beeinträchtigt wird.[545] Damit soll insbesondere die Überfahrt erkennbar eingefriedeter Grundstücke ohne Zustimmung des Eigentümers ausgeschlossen werden.

---

543 Die Regelung ergänzt das Recht zur Mitnutzung von Teilen der Eisenbahninfrastruktur aus § 128 Abs. 3 TKG, siehe die Begründung zum Gesetzentwurf der Bundesregierung, BT-Drs. 19/26108, 200, 332 (zu Art. 1 § 133).

544 Siehe die Begründung zum Gesetzentwurf der Bundesregierung, BT-Drs. 19/26108, 200, 333 (zu Art. 1 § 133).

545 Hierzu und zum Folgenden die Begründung zum Gesetzentwurf der Bundesregierung, BT-Drs. 19/26108, 200, 333 (zu Art. 1 § 133).

f) Ausgleichsansprüche (§ 134 Abs. 3 TKG)

Zur wirtschaftlichen Kompensation des mit der Duldungspflicht einhergehenden Eigentumseingriffs sieht das Netzausbaurecht unter bestimmten Voraussetzungen Ausgleichsansprüche des Grundstückseigentümers vor.[546] Angesichts der sonst drohenden Verzögerung des Netzausbaus kann der Grundstückseigentümer seine Duldungspflicht jedoch nicht von der Zahlung eines solchen Ausgleichsanspruchs abhängig und insoweit ein Zurückbehaltungsrecht geltend machen.[547]

Ein Ausgleichsanspruch besteht zunächst in dem Fall, in dem durch die Errichtung, die Erneuerung oder die Wartung (bzw. ähnliche Arbeiten) der Telekommunikationslinie eine Benutzung des Grundstücks oder dessen Ertrag über das zumutbare Maß hinaus beeinträchtigt wird (§ 134 Abs. 3 S. 1 TKG). Eine solche unzumutbare Beeinträchtigung der Grundstücks*nutzung* kann der Rechtsprechung zufolge nach den Umständen des konkreten Einzelfalls auch in den (von § 134 Abs. 1 Nr. 2 TKG erfassten) Fällen vorliegen, in denen das Grundstück selbst (einschließlich der Gebäude) durch die betreffenden Tätigkeiten nicht unzumutbar beeinträchtigt wird.[548] Ob eine den Ausgleichsanspruch auslösende unzumutbare Beeinträchtigung vorliegt, ist aus Sicht eines verständigen, durchschnittlichen Benutzers des Grundstücks in seiner örtlichen Beschaffenheit, Ausgestaltung und Zweckbestimmung zu beurteilen.[549] Unzumutbar ist die Beeinträchtigung, wenn sie danach einen solchen Umfang erreicht, dass der Betreiber der Telekommunikationslinie nach den marktüblichen Bedingungen nicht mehr damit rechnen kann, der Grundstückseigentümer werde sie ersatzlos hinnehmen. In diesen Fällen kann der Grundstückseigentümer einen angemessenen Ausgleich in Geld verlangen. Die Höhe des Ausgleichs bestimmt sich dabei nach dem Ausmaß der Beeinträchtigung, wobei allerdings nur der überschießende, unzumutbare Teil der Grundstücksinanspruchnahme zu berücksichtigen ist.

Der zweite Fall, in dem ein Ausgleichsanspruch besteht, betrifft die Konstellation, in der bisher keine Leitungswege vorhanden waren, die zu Zwecken der Telekommunikation genutzt werden konnten, und nun erstmals eine solche Nutzung erfolgt. Angesprochen sind damit in erster Linie Konstellationen, in denen eine mit einem Recht gesicherte Leitung oder Anlage, die bislang nur für andere Dienstleistungen (etwa aus dem Bereich der Energieversorgung) genutzt wurde, nunmehr auch zu Telekommunikationszwecken genutzt wird. Das gilt auch für die Fälle, in denen die Leitung oder Anlage

546 Zur Schadensbeseitigungspflicht siehe außerdem § 134 Abs. 3 S. 4 f. TKG.

547 BGH, NJW 2000, 3206, 3209 = Rn. 23 (juris) (Urt. v. 7.7.2000 – Az. V ZR 435/98).

548 Allerdings noch auf Grundlage des TKG 1996: BGH, N&R 2004, 166, 167 = Rn. 14 f. (juris) (Urt. v. 14.5.2004 – Az. V ZR 292/03).

549 Hierzu und zum Folgenden BGH, N&R 2004, 166, 167 = Rn. 15 (juris) (Urt. v. 14.5.2004 – Az. V ZR 292/03).

bisher für rein betriebsinterne Telekommunikation (etwa zur Steuerung und Überwachung einer Energieleitung) genutzt wurde.[550] Die Regelung ist aber auch in den Fällen anzuwenden, in denen es nicht um die erweiterte Nutzung einer bereits vorhandenen Leitung oder Anlage geht, sondern das Grundstück erstmals (zur Verlegung einer Leitung) in Anspruch genommen wird.[551]

In all diesen Fällen kann bei einer erstmaligen Nutzung zu Telekommunikationszwecken – zusätzlich zu einem etwaigen Anspruch wegen einer ansonsten unzumutbaren Benutzung des Grundstücks („darüber hinaus")[552] – ein einmaliger Ausgleich in Geld verlangt werden. Dahinter steht der Gedanke, dass die erweiterte Nutzungsmöglichkeit dem Leitungs- bzw. Anlagenbetreiber zusätzliche Verdienstmöglichkeiten eröffnet, ohne dass diese bei einer etwaigen Vergütung der ursprünglichen Rechteeinräumung berücksichtigt wurden[553] bzw. mangels entsprechender Einigung auch nur berücksichtigt werden konnten[554]. Dementsprechend ist als Bemessungsgrundlage der Vergütung in erster Linie die Höhe des Entgelts in Betracht zu ziehen, das nach den jeweiligen Marktverhältnissen für die Einräumung eines Nutzungsrechts zu Telekommunikationszwecken gezahlt wird, hilfsweise die Vergütung, die üblicherweise für die Verlegung von Versorgungsleitungen entrichtet wird.[555] Nunmehr ist ein solcher Ausgleich jedoch ausdrücklich ausgeschlossen, wenn die erweiterte Nutzung ausschließlich zum Anschluss von Gebäuden auf dem genutzten Grundstück erfolgt[556] oder wenn das Grundstück im öffentlichen Eigentum steht[557] (§ 134 Abs. 3 S. 3 TKG).

2. Netzausbau in Gebäuden (§ 145 TKG)

Der flächendeckende Netzausbau und der Anschluss der einzelnen Gebäude ist ein wichtiger Baustein bei der flächendeckenden Errichtung einer modernen Telekommunikationsinfrastruktur. Die diesbezüglichen Herausforderungen enden jedoch nicht an der Hauswand. Gerade bei Mehrfamilienhäusern

550 BGH, NJW 2000, 3206, 3209 f. = Rn. 26 ff. (juris) (Urt. v. 7.7.2000 – Az. V ZR 435/98).
551 BGH, N&R 2004, 166, 168 = Rn. 19 (juris) (Urt. v. 14.5.2004 – Az. V ZR 292/03).
552 BGH, N&R 2004, 166, 168 f. = Rn. 20 (juris) (Urt. v. 14.5.2004 – Az. V ZR 292/03).
553 BGH, NJW 2000, 3206, 3210 = Rn. 30 (juris) (Urt. v. 7.7.2000 – Az. V ZR 435/98).
554 BGH, N&R 2004, 166, 168 = Rn. 19 (juris) (Urt. v. 14.5.2004 – Az. V ZR 292/03).
555 BGH, NJW 2000, 3206, 3211 = Rn. 33 (juris) (Urt. v. 7.7.2000 – Az. V ZR 435/98); siehe auch BGH, N&R 2004, 166, 167 = Rn. 19 (juris) (Urt. v. 14.5.2004 – Az. V ZR 292/03).
556 Damit soll dem Umstand Rechnung getragen werden, dass der Grundstückseigentümer durch den Anschluss profitiert, siehe die Begründung zum Gesetzentwurf der Bundesregierung, BT-Drs. 19/26108, 200, 333 (zu Art. 1 § 133).
557 Hiermit wird der wohlfahrtssteigernde Effekt des Netzausbaus berücksichtigt, siehe die Begründung zum Gesetzentwurf der Bundesregierung, BT-Drs. 19/26108, 200, 333 (zu Art. 1 § 133).

müssen die Netzbetreiber in der Lage sein, die einzelnen Teilnehmer selbst auch mit moderner Netzinfrastruktur zu erreichen. Ein gewissermaßen bis zur Hauswand gezogenes Glasfaserkabel bringt wenig, wenn dem Netzbetreiber weder die Nutzung der vorhandenen Hausverkabelung noch die Verlegung eigener Kabel gestattet wird. Mit dem DigiNetzG ist das Netzausbaurecht daher auch um umfassende Vorschriften zu dieser letzten Netzebene ergänzt worden.

a) Recht auf Abschluss des Telekommunikationsnetzes in den Räumen des Endnutzers (§ 145 Abs. 1 TKG)

Wichtigster Ausgangspunkt ist insoweit die Regelung, dass Betreiber öffentlicher Telekommunikationsnetze ihr öffentliches Telekommunikationsnetz in den Räumen des Endnutzers[558] abschließen dürfen (§ 145 Abs. 1 S. 1 TKG). Damit wird ein gesetzliches Schuldverhältnis zulasten betroffener Dritte –insbesondere des Gebäudeeigentümers – begründet, die in Wahrnehmung dieses Rechtes erfolgenden Eigentumsbeeinträchtigung zu dulden (sog. „Wohnungsstich“[559]).[560]

Das Abschlussrecht besteht allerdings weder voraussetzungslos noch uneingeschränkt. Vielmehr bedarf es der Zustimmung[561] des Endnutzers (§ 145 Abs. 1 S. 2 TKG). Hierin kommt zum Ausdruck, dass das Recht auf Abschluss öffentlicher Telekommunikationsnetze in den einzelnen Wohnungen nicht im Interesse der Netzbetreiber, sondern derjenigen Personen besteht, die dort wohnen.

Inhaltlich wird das Recht auf Abschluss des Telekommunikationsnetzes in den Räumen des Endnutzers dahingehend begrenzt, dass Eingriffe in Eigentumsrechte Dritter so geringfügig wie möglich erfolgen müssen (§ 145 Abs. 1 S. 2 TKG).[562] Die Eigentumseingriffe, zu deren Duldung Dritte

558 Bislang zielte die Regelung auf die Räume des „Teilnehmers“, nunmehr auf die des „Endnutzers“ ab. Durch die Bezugnahme auf den „Teilnehmer“ sollte sichergestellt werden, dass ein konkretes Vertragsverhältnis zwischen dem Telekommunikationsnetzbetreiber und dem betreffenden Endnutzer besteht, siehe den Bericht des Ausschusses für Verkehr und digitale Infrastruktur, BT-Drs. 18/9023, 9, 15 (zu Nr. 1 lit. e ee) aaa) [§ 77k Abs. 1 und 2]).

559 Siehe den Bericht des Ausschusses für Verkehr und digitale Infrastruktur, BT-Drs. 18/9023, 9, 15 (zu Nr. 1 lit. e ee) aaa) [§ 77k Abs. 1 und 2]).

560 Siehe auch *Stelter* (Fn. 325), § 77k Rn. 12.

561 Zum Begriff der vorherigen (Einwilligung) und nachträglichen (Genehmigung) Zustimmung siehe §§ 183, 184 BGB.

562 Das Gesetz behandelt diese Vorgabe im Zusammenhang mit der „Statthaftigkeit“ des Abschlussrechtes. Es soll sich daher um eine Voraussetzung des Rechts auf Netzabschluss handeln, siehe die Begründung zum Gesetzentwurf der Bundesregierung, BT-Drs. 18/8332, 28, 54 (zu Art. 1 Nr. 15 [§ 77k]). Der Sache nach handelt es sich je-

verpflichtet sind, müssen sich daher auf das geringstmögliche Maß dessen beschränken, was erforderlich ist, um den Abschluss des Telekommunikationsnetzes in den Räumen des betreffenden Endnutzers herzustellen. Hieraus folgt allerdings auch, dass sogar weitreichende Eingriffe möglich sind, wenn auf andere Weise ein Netzabschluss nicht möglich ist, wie z. B. durch die Verlegung von Kabelrohren vom Hausanschluss im Keller eines Mehrparteienhauses über mehrere Etagen hinweg unter Durchbruch einzelner Decken und Wände.

Die aus der Begrenzung auf das geringstmögliche Maß folgende Ausgestaltung des Anspruchsumfangs wird darüber hinaus noch weiter konkretisiert. Denn ein Recht zur Verlegung neuer Netzinfrastruktur besteht ausdrücklich nur, soweit keine Nutzung bestehender Netzinfrastruktur nach Maßgabe der diesbezüglichen Regelungen der Vorschrift[563] möglich ist (§ 145 Abs. 1 S. 3 Hs. 1 TKG). Es wird also ein ausdrücklicher Vorrang der Mitnutzung vor der Verlegung zusätzlicher Netzinfrastruktur verankert. Dieser soll nach den Vorstellungen des Gesetzgebers im Regelfall greifen.[564] Er beruht auf der Überlegung, dass in der Mitnutzung vorhandener Infrastruktur grundsätzlich ein geringerer Eingriff in das Gebäudeeigentum liegt als in der Verlegung neuer Infrastruktur. Dennoch geht die Regelung über die allgemeine Begrenzung auf den geringstmöglichen Eingriff hinaus. Denn ihr ist zum einen zu entnehmen, dass in diesem Fall das Interesse des Gebäudeeigentümers höher wiegt als das Interesse des Eigentümers der bestehenden Netzinfrastruktur. Hierbei kann, muss es sich aber eben nicht um den Gebäudeeigentümer handeln. Und zum anderen stellt die gesetzliche Regelung ausdrücklich klar, dass der Vorrang der Mitnutzung auch dann gilt, wenn der Betreiber seinen Telekommunikationsdienst auf diese Weise nur mit Qualitätseinbußen[565] bis zum Endnutzer bereitstellen kann, sofern diese eine Spürbarkeitsschwelle[566] nicht überschreiten (§ 145 Abs. 1 S. 3 Hs. 2 TKG).

---

doch um eine Regelung des Anspruchsinhalts, der auf den geringstmöglichen Eingriff begrenzt wird.

563 Siehe dazu sogleich, unter b) (S. 157 ff.).

564 Bericht des Ausschusses für Verkehr und digitale Infrastruktur, BT-Drs. 18/9023, 9, 15 (zu Nr. 1 lit. e ee) aaa) [§ 77k Abs. 1 und 2]).

565 Zu denken ist an geringere Bandbreiten oder höheren Latenzzeiten (Verzögerungen), siehe den Bericht des Ausschusses für Verkehr und digitale Infrastruktur, BT-Drs. 18/9023, 9, 16 (zu Nr. 1 lit. e ee) aaa) [§ 77k Abs. 1 und 2]).

566 Maßstab zur Feststellung einer spürbaren Beeinträchtigung war nach der früheren Rechtslage die konkrete vertragliche Vereinbarung, siehe den Bericht des Ausschusses für Verkehr und digitale Infrastruktur, BT-Drs. 18/9023, 9, 16 (zu Nr. 1 lit. e ee) aaa) [§ 77k Abs. 1 und 2]). Das gilt jedenfalls grundsätzlich auch weiterhin, obwohl das Gesetz jetzt nicht mehr auf den Teilnehmer, sondern auf den Endnutzer abstellt. Denn auch dieser nimmt die Telekommunikationsdienste auf Grundlage einer vertraglichen Vereinbarung (ggf. mit einem Dritten) in Anspruch.

Das Recht auf Abschluss des Telekommunikationsnetzes in den Räumen des Endnutzers wird auf der anderen Seite aber auch ausdrücklich über die bloße Herstellung des Netzabschlusses hinaus erweitert. Denn soweit es für diesen erforderlich ist, muss der Gebäudeeigentümer dem Telekommunikationsnetzbetreiber auf Antrag den Anschluss aktiver Netzbestandteile an das Stromnetz ermöglichen (§ 145 Abs. 1 S. 4 TKG). Die durch die Erfüllung dieser Annexverpflichtung entstehenden Kosten hat der Telekommunikationsnetzbetreiber zu tragen (§ 145 Abs. 1 S. 5 TKG). Das umfasst die Kosten für die Bereitstellung des Stromanschlusses, die Kosten für die Stromentnahme und die Kosten für die separate Erfassung des Stromverbrauchs, die ohne die diesbezügliche Verpflichtung nicht entstanden wären.[567]

b) Anspruch auf Mitnutzung der gebäudeinternen Netzinfrastruktur (§ 145 Abs. 2 und 3 TKG)

Besteht bereits eine gebäudeinterne Netzinfrastruktur, so liegt es nahe, diese zur Herstellung des Netzabschlusses in den Räumen des Endnutzers mitzunutzen. Das Netzausbaurecht etabliert daher einen entsprechenden Mitnutzungsanspruch von Telekommunikationsunternehmen (§ 145 Abs. 3 i. V. m. § 145 Abs. 2 S. 1 TKG).[568]

aa) Anspruchsverpflichteter

Als Anspruchsgegner werden nach § 145 Abs. 2 S. 1 TKG zum einen die Eigentümer und Betreiber von gebäudeinternen Komponenten öffentlicher Telekommunikationsnetze angesprochen. Solche Komponenten sind insbesondere auch Kabel, die vom Hausanschluss in die einzelnen Wohnungen führen. Insoweit geht es also vor allem darum, dem einen Telekommunikationsunternehmen die Möglichkeit zu geben, die Infrastruktur des anderen Telekommunikationsunternehmens zu nutzen. Zum anderen werden aber auch Eigentümer von Verkabelungen und zugehörigen Einrichtungen ausdrücklich genannt. Damit wird die Mitnutzung auch solcher mitnutzungstauglichen Infrastrukturelemente ermöglicht, die bisher noch nicht für Telekommunikationszwecke genutzt werden.

Für die eigentliche Anspruchsverpflichtung nimmt § 145 Abs. 3 TKG überdies weitergehend auf denjenigen Bezug, der über gebäudeinterne Netzinfrastrukturen „verfügt“. Damit wird nach der Spruchpraxis der Bundesnetzagentur möglichen Sondersituationen Rechnung getragen, in denen beispielsweise Eigentumsfragen in Bezug auf die gebäudeinterne

567 *Scherer/Butler* (Fn. 323), § 77k Rn. 7; *Stelter* (Fn. 325), § 77k Rn. 16.

568 Siehe die Begründung zum Gesetzentwurf der Bundesregierung, BT-Drs. 18/8332, 28, 54 (zu Art. 1 Nr. 15 [§ 77k]) („Mitnutzungsanspruch“).

Netzinfrastruktur nicht endgültig geklärt sind.[569] Verfügungsberechtigt in diesem Sinne soll jeder sein, der eine Form der tatsächlichen oder rechtlichen Kontrolle über das Netz für sich in Anspruch nimmt und insoweit auch darüber „verfügt".[570]

bb) Anspruchsgegenstand

Der Mitnutzungsanspruch bezieht sich dabei jeweils grundsätzlich nur auf die gebäudeinterne Infrastruktur. Er ist nicht auf passive Netzinfrastruktur beschränkt, sondern umfasst alle Netzinfrastrukturelemente, insbesondere einschließlich der Verkabelung.[571] Bisweilen findet sich der Punkt, an dem die hausinterne Verkabelung gebündelt wird, allerdings nicht innerhalb, sondern außerhalb des Gebäudes. In diesen Fällen erstreckt sich der Mitnutzungsanspruch entsprechend auf die Netzinfrastruktur bis zu diesem ersten Konzentrations- oder Verteilerpunkt (§ 145 Abs. 2 S. 2 TKG).

cc) Materielle Anspruchsvoraussetzungen

Die verpflichteten Verfügungsberechtigten haben unter bestimmten Voraussetzungen Anträgen auf Mitnutzung der betreffenden Netzinfrastruktur stattzugeben (§ 145 Abs. 3 TKG): Zum einen muss sich eine Doppelung der Netzinfrastrukturen als technisch unmöglich oder wirtschaftlich ineffizient erweisen. Und zum anderen müssen die Anträge zumutbar sein.

Ausgeschlossen ist ein Mitnutzungsanspruch somit, soweit es dem Mitnutzungspetenten technisch möglich ist, die betreffenden Netzinfrastrukturelemente in wirtschaftlich effizienter Weise selbst zu errichten.[572] Die Frage der technischen Möglichkeit wird dabei oftmals anhand der vorhandenen räumlichen Kapazitäten zu beantworten sein.[573] Bei der Beurteilung der wirtschaftlichen Effizienz wird es demgegenüber in erster Linie um die Kosten eines etwaigen Eigenausbaus gehen. Sind diese so hoch, dass das Telekommunikationsunternehmen sie nicht innerhalb eines vernünftigen Zeitraums durch die Vermarktung seiner Telekommunikationsdienste an die Bewohner des Gebäudes zu marktüblichen Entgelten refinanzieren kann, dann würde der Netzabschluss ohne eine Mitnutzung unterbleiben.[574]

---

569 Bundesnetzagentur, Beschl. v. 7.6.2021 – Az. BK11-21/002, S. 46 Rn. 179.

570 Bundesnetzagentur, Beschl. v. 7.6.2021 – Az. BK11-21/002, S. 47 Rn. 181.

571 Siehe die Begründung zum Gesetzentwurf der Bundesregierung, BT-Drs. 18/8332, 28, 54 (zu Art. 1 Nr. 15 [§ 77k]).

572 *Stelter* (Fn. 325), § 77k Rn. 21, sieht hierin einen spezifischen Fall der Unzumutbarkeit. Ähnlich auch *Scherer/Butler* (Fn. 323), § 77k Rn. 17.

573 *Scherer/Butler* (Fn. 323), § 77k Rn. 16; *Stelter* (Fn. 325), § 77k Rn. 22.

574 Ähnlich auch *Scherer/Butler* (Fn. 323), § 77k Rn. 16 (mangelnde Rentabilität).

Jedenfalls in einem solchen Fall wäre die Doppelung der Netzinfrastruktur wirtschaftlich ineffizient.

Die weitergehende[575] Frage, ob ein Antrag zumutbar ist, wird unter Abwägung aller betroffenen Interessen im Einzelfall zu beantworten sein.[576] Noch nicht abschließend geklärt ist, ob man hierfür zumindest in gewissem Umfang auf die Ablehnungsgründe zurückgreifen kann, die das Netzausbaurecht in anderen Fällen vorsieht.[577] Insbesondere Fälle, in denen die – technisch an sich mögliche – Mitnutzung die Integrität des gebäudeintern mitgenutzten Telekommunikationsnetzes beeinträchtigen würde, werden dabei zur Unzumutbarkeit des Antrags führen.

dd) Bedingungen der Mitnutzung

Soweit der Anspruch besteht, ist die Mitnutzung zu „fairen und diskriminierungsfreien" Bedingungen zu gewähren. Hier finden sich also aus anderen Vorschriften des Netzausbaurechts bereits bekannte Anforderungen in einer neuen Kombination wieder. Inhaltlich kann insoweit freilich nicht viel anderes gemeint sein als in den anderen Konstellationen. Die Mitnutzungsbedingungen müssen also insbesondere diskriminierungsfrei und angemessen sein.

Für die praktisch besonders bedeutsame Mitnutzungsbedingung des Preises (bzw. der „Mitnutzungsentgelte", siehe § 145 Abs. 3 TKG) enthalten auch hier die Vorschriften über die behördliche Streitbeilegung konkretisierende Anhaltspunkte. Diese führen als solche zwar noch nicht zu bindenden Vorgaben für die Betroffenen, die sich im Wege der Privatautonomie auf eine entsprechende Mitnutzungsvereinbarung verständigen (wollen). Angesichts der Reservefunktion der behördlichen Streitbeilegung kommt ihnen jedoch eine erhebliche praktische Vorwirkung zu.

Als Grundsatz gilt seit der Novelle 2021, dass sich die Höhe des Mitnutzungsentgelts auf Grundlage der zusätzlichen Kosten bestimmt, die sich für den Verpflichteten durch die Ermöglichung der Mitnutzung ergeben (§ 149 Abs. 5 S. 1 i. V. m. Abs. 2 TKG). Ein Aufschlag, der Anreize zur Gewährung der Mitnutzung geben soll, ist demgegenüber grundsätzlich nicht vorgesehen. Der Zusatzkostenmaßstab erfasst damit ausschließlich die Kosten, die kausal durch die Mitnutzung entstehen.[578] Er umfasst demgegenüber insbesondere nicht die Kosten, die für die erstmalige Errichtung

---

575 Siehe dazu Bundesnetzagentur, Beschl. v. 7.6.2021 – Az. BK11-21/002, S. 53 Rn. 209.

576 Bundesnetzagentur, Beschl. v. 7.6.2021 – Az. BK11-21/002, S. 55 Rn. 219; *Stelter* (Fn. 325), § 77k Rn. 21.

577 Eher ablehnend Bundesnetzagentur, Beschl. v. 7.6.2021 – Az. BK11-21/002, S. 52 Rn. 203.

578 Siehe Bundesnetzagentur, Beschl. v. 7.6.2021 – Az. BK11-21/002, S. 70 Rn. 275.

der Netzinfrastruktur (Basisinvestition) angefallen sind, sowie sonstige „Sowieso“-Kosten.[579]

Etwas anderes gilt allerdings für ab dem Inkrafttreten des neuen TKG, also ab dem 1. Dezember 2021, errichtete oder aufgerüstete gebäudeinterne Netzinfrastruktur. Eignet sich diese für den Betrieb eines modernen Telekommunikationsnetzes, insbesondere wenn sie aus Glasfaserkomponenten besteht,[580] dann richtet sich die Bestimmung des Mitnutzungsentgelts (im Falle der behördlichen Streitbeilegung) nach den Vorschriften für die Mitnutzung eines öffentlichen Telekommunikationsversorgungsnetzes (§ 145 Abs. 5 S. 2 i. V. m. Abs. 3 TKG). Es erfolgt also insbesondere ggf. ein Aufschlag, um die Folgen der Mitnutzung auf den Geschäftsplan einschließlich der Investitionen des mitnutzungsverpflichteten Unternehmens zu berücksichtigen. Das wiederum gilt allerdings nur, soweit die betreffende Netzinfrastruktur auf Kosten eines Telekommunikationsunternehmens errichtet wurde, das selbst nicht mit dem Gebäudeeigentümer konzernverbunden ist. Dahinter steht der Gedanke, dass der Gebäudeeigentümer seine Investitionen bereits durch eine entsprechende Nebenkostenumlage oder durch eine Mieterhöhung als Folge einer Modernisierungsmaßnahme refinanzieren kann.[581]

Hat der die Mitnutzung begehrende Telekommunikationsnetzbetreiber seinerseits Investitionen zur Herstellung der gebäudeinternen Infrastruktur getätigt,[582] kann er eine Mitnutzung sogar grundsätzlich entgeltfrei beanspruchen (§ 145 Abs. 5 S. 3 TKG). Etwas anderes gilt nur, wenn die Mitnutzung aufgrund besonderer technischer oder baulicher Gegebenheiten einen außergewöhnlichen Aufwand verursacht. Die grundsätzlich vorgesehene Entgeltfreiheit zielt auf die Konstellationen, in denen einem Telekommunikationsunternehmen von dem Gebäudeeigentümer das exklusive Recht zum Betrieb der gebäudeinternen Infrastruktur eingeräumt wurde und es – etwa als Gegenleistung hierfür – die betreffende Infrastruktur auf eigene Kosten

579 Vgl. Bundesnetzagentur, Beschl. v. 7.6.2021 – Az. BK11-21/002, S. 70 Rn. 276.

580 Im Falle der Aufrüstung bestehender Netzinfrastrukturen in Gebäuden *muss* die gebäudeinterne Netzinfrastruktur vollständig aus Glasfaserkomponenten bestehen, siehe den Bericht des Ausschusses für Wirtschaft und Energie, BT-Drs. 19/28865, 370, 403 (zu § 149 Abs. 5 S. 2).

581 Bericht des Ausschusses für Wirtschaft und Energie, BT-Drs. 19/28865, 370, 404 (zu § 149 Abs. 5 S. 2).

582 Das gilt allerdings nur für solche Investitionen, die erstmalig ab Inkrafttreten dieser Regelung getätigt wurden bzw. werden (§ 145 Abs. 5 S. 4 TKG). Bei wortlautgetreuer Auslegung wäre dies das TKG 2021 bzw. das Telekommunikationsmodernisierungsgesetz. Damit wären die seit Inkrafttreten des DigiNetzG getätigten Investitionen künftig von der Privilegierung ausgenommen, obwohl die gesetzliche Regelung bereits bestand (§ 77n Abs. 6 S. 3 TKG 2004): ein Ergebnis, das die ohnehin schon nicht sonderlich gelungene Vorschrift noch unglücklicher erscheinen lässt.

errichtet hat. Diese gesetzliche Lösung, bei der die Entgeltfreiheit unabhängig vom Ausmaß der Investitionen vorgesehen ist, erscheint in der Sache etwas holzschnittartig.

ee) Neu: Gebäudeinfrastrukturbezogene Zugangsverpflichtung (§ 149 Abs. 6 TKG)

Mit der TKG-Novelle 2021 wurde das netzausbaurechtliche Regulierungsinstrumentarium hinsichtlich der gebäudeinternen Netzinfrastruktur um eine Zugangsverpflichtung ergänzt, wie sie aus dem Marktregulierungsrecht bekannt ist. § 149 Abs. 6 TKG knüpft dabei an einen konkreten Antrag zur Streitbeilegung an.[583] Stellt die Bundesnetzagentur anlässlich eines solchen Antrags fest, dass eine Replizierung der Netzinfrastruktur technisch unmöglich oder wirtschaftlich ineffizient ist, kann sie eine Verpflichtung zur Gewährung des Zugangs zu dieser Netzinfrastruktur aussprechen. Da die technische Unmöglichkeit oder wirtschaftliche Ineffizienz einer Duplizierung auch Tatbestandsvoraussetzung eines konkreten Mitnutzungsanspruchs ist (§ 145 Abs. 3 TKG), dürfte die Verpflichtungsermächtigung mit diesem gesetzlichen Anspruch zumindest in aller Regel parallel laufen. Damit stellt sich die Frage, wann die Bundesnetzagentur von dem ihr auf Rechtsfolgenseite eröffneten Entschließungsermessen („kann“) Gebrauch machen wird. Das könnte insbesondere in den Fällen sinnvoll erscheinen, in denen absehbar ist, dass nicht nur der Zugangspetent des konkreten Streitfalls Zugang zu der gebäudeinternen Netzinfrastruktur begehren wird – und eine Streitbeilegungsentscheidung in dem konkreten Verfahren künftige Streitigkeiten mit anderen Unternehmen nicht hinreichend sicher verhindern kann.

Entscheidet sich die Bundesnetzagentur, eine gebäudeinfrastrukturbezogene Zugangsverpflichtung auszusprechen, kann sich diese bis zum ersten Konzentrations- oder Verteilerpunkt eines öffentlichen Telekommunikationsnetzes außerhalb des Gebäudes erstrecken (§ 149 Abs. 6 S. 1 TKG). Die gebäudeinfrastrukturbezogene Zugangsverpflichtung deckt damit den Netzbereich ab, jenseits dessen eine Replizierbarkeitsverpflichtung nach § 22 TKG[584] in Betracht kommt. Dem Charakter einer allgemeinen Zugangsverpflichtung entsprechend sind vor der abschließenden Entscheidung ein Konsultations- und ggf. auch ein unionsweites Konsolidierungsverfahren durchzuführen (§ 149 Abs. 6 S. 4 f. TKG). Inhaltlich kann die Verpflichtung Vorgaben zur Gewährung des Zugangs, zur Transparenz und Diskriminierungsfreiheit sowie zu den Zugangsentgelten enthalten (§ 149 Abs. 6 S. 2 TKG). Diese Vorgaben müssen ihrerseits objektiv, transparent,

583 Siehe die Begründung zum Gesetzentwurf der Bundesregierung, BT-Drs. 19/26108, 200, 341 (zu Art. 1 § 148 Abs. 6).

584 Siehe dazu oben, unter C. III. 3. (S. 74 f.).

verhältnismäßig und diskriminierungsfrei sein (§ 149 Abs. 6 S. 3 TKG). Dabei dürfte es sich anbieten, hinsichtlich der Entgeltbemessung zumindest grundsätzlich an die Vorgaben für das Streitbeilegungsverfahren aus § 149 Abs. 5 TKG anzuknüpfen. Die auferlegten Maßnahmen müssen binnen fünf Jahren auf ihre Wirksamkeit überprüft werden (§ 149 Abs. 6 S. 6 TKG).

c) *Ausstattungspflicht für Neubauten und umfangreiche Renovierungen (§ 145 Abs. 4 bis 7 TKG)*

Wie die vorstehenden Ausführungen gezeigt haben, hängt der Ausbau moderner Telekommunikationsnetze bis in die Räumlichkeiten der einzelnen Nutzer letzten Endes auch von der Existenz einer hierfür geeigneten Infrastruktur in den Gebäuden ab. Wie schon im Falle von Bauarbeiten sieht das Netzausbaurecht daher unter bestimmten Voraussetzungen entsprechende Ausstattungspflichten vor.

Diese gelten zum einen für neu errichtete Gebäude (§ 145 Abs. 4 TKG) und zum anderen für Gebäude, die umfangreich renoviert werden (§ 145 Abs. 5 TKG), wenn die Gebäude jeweils über Telekommunikationsanschlüsse für Endnutzer verfügen sollen.[585] Ausgenommen sind allerdings Einfamilienhäuser, Baudenkmäler, Ferienhäuser, Militärgebäude und Gebäude, die für Zwecke der nationalen Sicherheit genutzt werden (§ 145 Abs. 6 TKG). Weitere Ausnahmen können durch Rechtsverordnung festgelegt werden, um unverhältnismäßige Belastungen zu vermeiden (§ 151 Abs. 4 TKG).

Soweit die Ausstattungspflicht greift, insbesondere also bei neu errichteten oder umfassend renovierten Mehrfamilienhäusern, aber auch bei Büro-, Verwaltungs- und (Hoch-) Schulgebäuden, sind die Gebäude bis zu den Netzabschlusspunkten mit geeigneten passiven Netzinfrastrukturen für moderne Telekommunikationsnetze sowie einem diesbezüglichen Zugangspunkt[586] auszustatten. Es sind also z. B. Leerrohre für Glasfaserkabel zu verlegen,[587] die über einen zentralen Zugangspunkt (etwa einen Hausanschluss) erreicht werden können. Das gilt auch, wenn das Gebäude bereits über eine

585 Durch diese zusätzliche Voraussetzung werden z. B. Garagen und ähnliche Gebäude aus dem Anwendungsbereich herausgenommen, wohingegen etwa Schulen, Hochschulen und Büro- wie auch Verwaltungsgebäude erfasst werden, siehe den Bericht des Ausschusses für Verkehr und digitale Infrastruktur, BT-Drs. 18/9023, 9, 16 (zu Nr. 1 lit. e ee) bbb) [§ 77k Abs. 4 bis 7]).

586 Dieser kann im oder am Gebäude, aber insbesondere bei Gebäudekomplexen auch weiter entfernt von den einzelnen Gebäuden liegen, siehe den Bericht des Ausschusses für Verkehr und digitale Infrastruktur, BT-Drs. 18/9023, 9, 17 (zu Nr. 1 lit. e ee) bbb) [§ 77k Abs. 4 bis 7]).

587 Bericht des Ausschusses für Verkehr und digitale Infrastruktur, BT-Drs. 18/9023, 9, 16 (zu Nr. 1 lit. e ee) bbb) [§ 77k Abs. 4 bis 7]).

Telekommunikationsverkabelung verfügt.[588] Hinter dieser Ausstattungspflicht steht der Gedanke, dass die Mitverlegung entsprechender Infrastruktureinrichtungen bei der Neuerrichtung oder umfassenden Renovierung von Gebäuden einen vergleichsweise geringen Mehraufwand verursacht und gleichzeitig die telekommunikative Zukunftsfähigkeit des Gebäudes[589] sicherstellt.[590] Verpflichtet ist jeweils der Bauherr,[591] also die rechtlich und wirtschaftlich für die Durchführung der (Renovierungs-) Bauarbeiten verantwortliche Person.

Die Überwachung der Pflichteinhaltung obliegt nach § 145 Abs. 7 TKG den zuständigen Behörden, also in aller Regel der jeweiligen kommunalen Bauaufsichtsbehörde.

III. Streitbeilegung und Information

Das komplexe System von netzausbauförderlichen Verpflichtungen wird durch einen Überbau aus hoheitlichen Streitbeilegungs- und Informationsfunktionen flankiert. Diese werden von einer nationalen Streitbeilegungsstelle und von einer zentralen Informationsstelle des Bundes wahrgenommen.

1. Nationale Streitbeilegungsstelle

Das Netzausbaurecht setzt, wie dargestellt, in erster Linie auf die Förderung bilateraler Einigungen. Dementsprechend begründet es zivilrechtliche Ansprüche,[592] die vor den Zivilgerichten durchgesetzt werden können.[593]

---

588 Bericht des Ausschusses für Verkehr und digitale Infrastruktur, BT-Drs. 18/9023, 9, 16 f. (zu Nr. 1 lit. e ee) bbb) [§ 77k Abs. 4 bis 7]).

589 Bericht des Ausschusses für Verkehr und digitale Infrastruktur, BT-Drs. 18/9023, 9, 16 (zu Nr. 1 lit. e ee) bbb) [§ 77k Abs. 4 bis 7]).

590 Bericht des Ausschusses für Verkehr und digitale Infrastruktur, BT-Drs. 18/9023, 9, 17 (zu Nr. 1 lit. e ee) bbb) [§ 77k Abs. 4 bis 7]).

591 *Scherer/Butler* (Fn. 323), § 77k Rn. 23; *Stelter* (Fn. 325), § 77k Rn. 29.

592 Zum Anspruch auf Information über passive Netzinfrastrukturen *Scherer/Butler* (Fn. 323), § 77b Rn. 49; *Stelter* (Fn. 325), § 77b Rn. 11; zum Anspruch auf Durchführung der Vor-Ort-Untersuchung *Stelter* (Fn. 325), § 77c Rn. 25; zum Anspruch auf Abgabe eines Mitnutzungsangebots *Stelter* (Fn. 325), § 77d Rn. 37 (offenlassend a. a. O., Rn. 20); zum Anspruch auf Koordinierung von Bauarbeiten *Stelter* (Fn. 325), § 77i Rn. 12; zu den Ansprüchen auf Duldung des Netzabschlusses und auf Mitnutzung gebäudeinterner Netzinfrastruktur *Scherer/Butler* (Fn. 323), § 77k Rn. 29; *Stelter* (Fn. 325), § 77k Rn. 34 f.

593 Zum Anspruch auf Information über passive Netzinfrastrukturen *Scherer/Butler* (Fn. 323), § 77b Rn. 49; *Stelter* (Fn. 325), § 77b Rn. 30; zum Anspruch auf Durchführung der Vor-Ort-Untersuchung *Scherer/Butler* (Fn. 323), § 77c Rn. 30; zum Anspruch auf Abgabe eines Mitnutzungsangebots *Scherer/Butler* (Fn. 323), § 77d Rn. 45;

Müsste ein Telekommunikationsunternehmen seine diesbezüglichen Ansprüche erst in langwierigen Gerichtsverfahren ggf. über mehrere Instanzen hinweg durchsetzen, würden die zur Förderung eines schnellen Netzausbaus geschaffenen Regelungen mit ihren kurzen Fristen jedoch in der Praxis ins Leere laufen. Das Netzausbaurecht reagiert hierauf mit der Einsetzung der Bundesnetzagentur als nationaler Streitbeilegungsstelle. Das Verfahren der nationalen Streitbeilegung dient insoweit als Alternative zu einer zivilgerichtlichen Auseinandersetzung. Es soll eine schnelle und verbindliche Beilegung von Streitigkeiten über die netzausbaurechtlichen Ansprüche, die mit dem DigiNetzG geschaffen wurden, durch eine mit dem Telekommunikationssektor vertraute Fachbehörde[594] ermöglichen. Lediglich für den Anspruch auf Duldung des Netzabschlusses jenseits einer Mitnutzung der gebäudeinternen Einrichtungen ist das Streitbeilegungsverfahren nicht eröffnet.[595]

Ein solches Verfahren kann von beiden jeweils beteiligten Parteien beantragt werden, also in aller Regel von dem Telekommunikationsunternehmen einerseits und dem Versorgungsunternehmen oder dem Gebäudeeigentümer andererseits. Eine Einleitung von Amts wegen ist nicht möglich (vgl. § 214 Abs. 1 TKG).[596] Die Bundesnetzagentur entscheidet verbindlich innerhalb einer vorgegebenen Frist nach Eingang des vollständigen Antrags[597]. Die Dauer der Frist unterscheidet sich je nach Gegenstand des Verfahrens. Sie beträgt bei den meisten Ansprüchen zwei Monate. Nur hinsichtlich der etwaigen Mitnutzung eines öffentlichen Versorgungsnetzes stehen der Bundesnetzagentur von vornherein vier Monate zur Verfügung (§ 149 Abs. 7 Nr. 1 i. V. m. Abs. 1 Nr. 1 TKG). In allen Fällen kann die Bundesnetzagentur unter außergewöhnlichen Umständen mit besonderer und hinreichender Begründung die ihr gesetzten Fristen um höchstens zwei Monate verlängern (§ 149 Abs. 8 TKG), also auf insgesamt vier bzw. sechs Monate.

---

einschränkend *Stelter* (Fn. 325), § 77d Rn. 20 (es könne nur die Abgabe eines wie auch immer gearteten Angebots erzwungen werden); zum Anspruch auf Informationen über Bauarbeiten *Scherer/Butler* (Fn. 323), § 77h Rn. 42; *Stelter* (Fn. 325), § 77h Rn. 6; zum Anspruch auf Koordinierung von Bauarbeiten *Scherer/Butler* (Fn. 323), § 77i Rn. 47; zu den Ansprüchen auf Duldung des Netzabschlusses und auf Mitnutzung gebäudeinterner Netzinfrastruktur *Scherer/Butler* (Fn. 323), § 77k Rn. 29; *Stelter* (Fn. 325), § 77k Rn. 34 f.

594 Begründung zum Gesetzentwurf der Bundesregierung, BT-Drs. 18/8332, 28, 55 (zu Art. 1 Nr. 15 [§ 77n]).

595 *Stelter* (Fn. 325), § 77k Rn. 34.

596 Vgl. auch die Begründung zum Gesetzentwurf der Bundesregierung, BT-Drs. 18/8332, 28, 55 (zu Art. 1 Nr. 15 [§ 77n]).

597 Ein Antrag ist vollständig, wenn der Antragsteller alle entscheidungsrelevanten Informationen vorgelegt hat, siehe die Begründung zum Gesetzentwurf der Bundesregierung, BT-Drs. 18/8332, 28, 61 (zu Art. 1 Nr. 23 [§ 134a]).

Inhaltlich muss sich die Entscheidung der Bundesnetzagentur an den spezifischen Vorgaben für die einzelnen Ansprüche ausrichten. Diese werden für die praktisch besonders wichtige Frage etwaiger Entgelte in den Bestimmungen zur Streitbeilegung an mehreren Stellen noch weiter konkretisiert. Diesbezüglich kann vollumfänglich auf die Darstellung der einzelnen Anspruchsgrundlagen verwiesen werden, in deren Rahmen auch diese zusätzlichen Vorgaben bereits behandelt wurden.

Die Bundesnetzagentur entscheidet als nationale Streitbeilegungsstelle durch Beschlusskammer (§ 211 Abs. 2 S. 1 TKG) und grundsätzlich[598] aufgrund öffentlicher mündlicher Verhandlung (§ 215 Abs. 3 S. 1 TKG). Die Entscheidung der „Streitbeilegungskammer“[599] ergeht durch Verwaltungsakt (§ 211 Abs. 2 S. 2 TKG). Sie hat privatrechtsgestaltenden Charakter.[600] Liegen die Voraussetzungen für einen netzausbaurechtlichen Anspruch vor, begründet die Entscheidung der Bundesnetzagentur somit eine vertragliche Vereinbarung zwischen Antragsteller und Antragsgegner, auf die diese sich zivilrechtlich berufen können.

2. Zentrale Informationsstelle des Bundes

Wie gerade auch die netzausbaurechtlichen Ansprüche zeigen, ist der Zugang zu Informationen, die für Entscheidungen in Bezug auf den Netzausbau relevant sind, eine wichtige Hilfe für netzausbauwillige Unternehmen. Erst wenn ein Unternehmen beispielsweise Kenntnis von Infrastruktureinrichtungen hat, die es für seinen eigenen Netzausbau nutzen kann, wird es überhaupt in die Lage versetzt, entsprechende Verhandlungen zu führen. Das Netzausbaurecht richtet hierfür die sog. zentrale Informationsstelle des Bundes ein. Hierbei handelte es sich bislang um die Bundesnetzagentur (§ 77a Abs. 1 S. 1 TKG 2004). Nach der neuen Rechtslage werden die Aufgaben der zentralen Informationsstelle des Bundes demgegenüber vom Bundesministerium für Verkehr und digitale Infrastruktur wahrgenommen (§ 78 Abs. 2 S. 1 TKG). Dieses kann die betreffenden Aufgaben aber vollständig oder teilweise an Behörden in seinem Geschäftsbereich oder an seiner Fachaufsicht unterstehende Behörden übertragen oder, soweit rechtlich zulässig, Dritte mit der Aufgabenwahrnehmung beleihen (§ 78 Abs. 2 S. 2 TKG). Es ist daher möglich, dass die Bundesnetzagentur auch weiterhin alle oder zumindest einen Teil der Aufgaben der zentralen Informationsstelle des

598 Zu den Ausnahmen § 215 Abs. 3 S. 2 ff. (Einverständnis bzw. kein Verlangen der Beteiligten oder Ausschluss der Öffentlichkeit), Abs. 4 (keine besonderen Schwierigkeiten bei geklärtem Sachverhalt) TKG.

599 Begründung zum Gesetzentwurf der Bundesregierung, BT-Drs. 18/8332, 28, 55 (zu Art. 1 Nr. 15 [§ 77n]).

600 Begründung zum Gesetzentwurf der Bundesregierung, BT-Drs. 19/26108, 200, 340 (zu Art. 1 § 148).

Bundes wahrnimmt. Mit der Kompetenzverschiebung ist zugleich eine umfassende Neuordnung und Erweiterung dieser Aufgaben verbunden.

Nach dem neuen TKG werden Informationen aus insgesamt fünf Bereichen[601] über ein technisches Instrument in Gestalt eines Datenportals bereitgestellt (§ 78 Abs. 1 TKG).[602] (Siehe Abb. 7 auf S. 167.)

Es ist davon auszugehen, dass dieses Datenportal – wie der bisherige „Infrastrukturatlas" nach alter Rechtslage – als internetbasiertes Geoinformationssystem (GIS) geführt wird, auf das die jeweils zur Einsichtnahme Berechtigten (nach diesbezüglicher Prüfung und Freigabe) über eine entsprechende Web-GIS-Applikation zugreifen können.[603]

a) Informationen über Infrastruktur (§ 79 TKG) („Infrastrukturatlas")

Die über die zentrale Informationsstelle bereitgestellten Informationen über Infrastruktur umfassen insgesamt drei Teilbereiche von Infrastruktur, die für den Ausbau bestimmter Telekommunikationsnetze von Bedeutung sein können.

aa) Gebietsbezogene, Planungszwecken dienende Übersicht über telekommunikativ nutzbare Einrichtungen (§ 79 Abs. 1 Nr. 1 TKG)

Die in der ersten Gruppe enthaltenen Informationen wurden unter der früheren Rechtslage in der Praxis als „Infrastrukturatlas-Planung", kurz „ISA-Planung", bezeichnet. Sie bilden den Kernbestand des infrastrukturbezogenen Datenbestands in Form einer gebietsbezogenen Übersicht über grundsätzlich zu Breitbandzwecken mitnutzbare Infrastrukturen.[604] Während sich die netzausbaurechtlichen Informationsansprüche der Telekommunikationsunternehmen (§§ 136, 142 TKG) auf ein bestimmtes Versorgungsunternehmen beziehen, wird hier eine Übersicht der insgesamt mitnutzbaren Infrastrukturen vor Ort an einen größeren Personenkreis zur Verfügung gestellt.[605] Darüber hinaus ist der planungsrelevante Informationsbestand nicht auf

601 Für allgemeine Planungs- und Förderzwecke kann die zentrale Informationsstelle des Bundes ferner geographisch eindeutig abgegrenzte Gebiete ausweisen, für die von einem Netzausbaudefizit auszugehen ist (§ 84 Abs. 1 TKG). Insoweit kann sie dann Absichtsbekundungen zum Netzausbau einholen (§ 84 Abs. 2 und 3 TKG).

602 Siehe einführend auch *Reuße/Karrer,* N&R 2021, 90, 91 f.

603 Zur bisherigen Rechtslage: *Scherer/Butler* (Fn. 323), § 77a Rn. 17.

604 Siehe auch die Begründung zum Gesetzentwurf der Bundesregierung, BT-Drs. 18/8332, 28, 40 (zu Art. 1 Nr. 14 [§ 77a]).

605 Begründung zum Gesetzentwurf der Bundesregierung, BT-Drs. 18/8332, 28, 40 (zu Art. 1 Nr. 14 [§ 77a]).

Abbildung 7: Überblick über die Zentrale Informationsstelle des Bundes

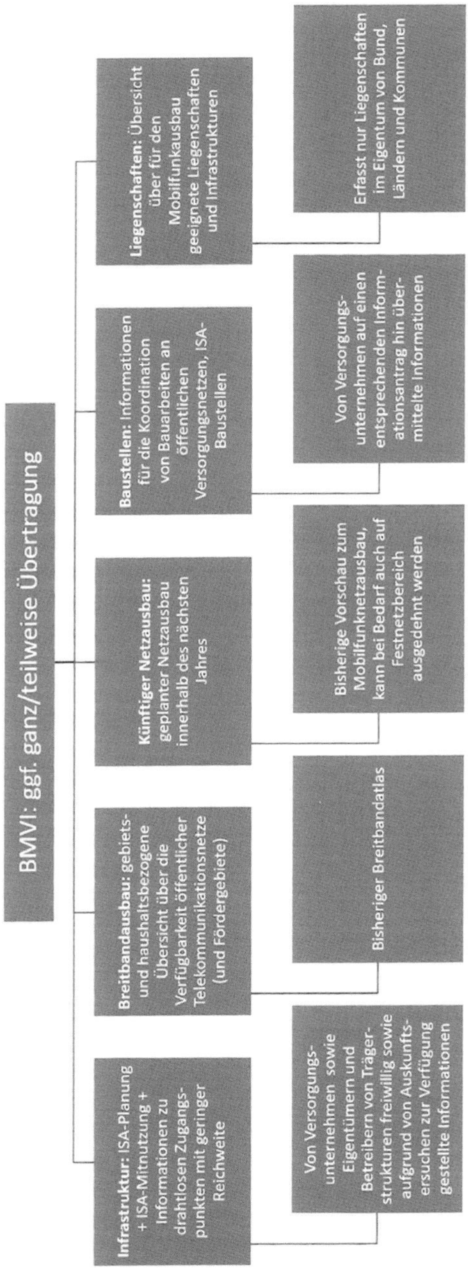

solche Infrastrukturen beschränkt, die tatsächlich mitnutzbar sind.[606] Vielmehr reicht eine grundsätzliche Mitnutzbarkeit (ohne die Möglichkeit der konkreten Mitnutzung) aus. Hierdurch soll nach Einschätzung der Rechtsprechung auch die Transparenz in Bezug auf den Bestand der Breitbandversorgung erhöht werden, um bestehende Versorgungslücken ermitteln zu können.

Gegenüber der bisherigen Rechtslage wurde der planungsrelevante Datenbestand (jedenfalls begrifflich) zusätzlich erweitert. Bezog er sich bislang nur auf Einrichtungen, die zu Telekommunikationszwecken genutzt werden können, bezieht er nun auch sonstige physische Infrastrukturen (ausdrücklich) mit ein, die für die Errichtung oder Anbindung drahtloser Zugangspunkte mit geringer Reichweite genutzt werden können. Hierbei handelt es sich um sog. Trägerstrukturen[607], die im neuen TKG erstmals in das Netzausbaurecht einbezogen wurden, um den Ausbau kleinräumiger Funkanbindungen („small cells") zu fördern. Auch diese Trägerstrukturen sind nun ausdrücklich in den planungsrelevanten Informationsbestand integriert.[608]

Dieser Datenbestand hängt dabei weder von der freiwilligen Beteiligung der Versorgungsunternehmen noch von der Zufälligkeit eines Informationsantrags (wie im Falle der Baustellen, § 142 Abs. 6 S. 1 TKG) ab. Vielmehr besteht eine Verpflichtung[609] der zentralen Informationsstelle des Bundes, entsprechende Informationen zu erheben.

Das gilt zum einen gegenüber denjenigen Versorgungsunternehmen, die über Einrichtungen verfügen, die zu Telekommunikationszwecken genutzt werden können (§ 79 Abs. 2 S. 1 TKG). Zu diesen Einrichtungen zählen insbesondere alle passiven Netzinfrastrukturen (§ 79 Abs. 2 S. 3 Var. 1 TKG). Es sind darüber hinaus aber jedenfalls dem Wortlaut nach auch alle anderen Einrichtungen erfasst, die zu Telekommunikationszwecken genutzt werden können, namentlich also das Kabelmedium (etwa in Form von

---

606 Hierzu und zum Folgenden VG Köln, Beschl. v. 18.3.2021 – Az. 1 L 2457/20, Rn. 24 ff. (NRWE).

607 Siehe die Begründung zum Gesetzentwurf der Bundesregierung, BT-Drs. 19/26108, 200, 235 (zu Art. 1 § 3 Nr. 54).

608 Da es sich jedenfalls in aller Regel bei ihnen auch um Einrichtungen handelt, die zu Telekommunikationszwecken genutzt werden können, erscheint es allerdings fraglich, ob sich hierdurch in der Sache eine nennenswerte Ausweitung des Datenbestands ergibt.

609 Ursprünglich war nur eine diesbezügliche Befugnis („kann … verlangen") vorgesehen. Für ein diesbezügliches Ermessen wurde angesichts der großen Bedeutung des Infrastrukturatlas für den Breitbandausbau kein Raum mehr gesehen, siehe den Bericht des Ausschusses für Verkehr und digitale Infrastruktur, BT-Drs. 19/11180, 7, 13 (zu Nr. 3 [§ 77a]); bestätigend VG Köln, Beschl. v. 18.3.2021 – Az. 1 L 2457/20, Rn. 38 (NRWE).

Glasfaserkabeln) selbst.[610] Dabei sind die Informationen zuzuliefern, die für die Erstellung einer detaillierten Übersicht über Art, gegenwärtige Nutzung sowie tatsächliche Verfügbarkeit und geographische Lage des Standortes und der Leitungswege der für Telekommunikationszwecke nutzbaren Einrichtungen erforderlich sind (§ 79 Abs. 2 S. 1 TKG). Zum anderen sind entsprechende Informationen aber auch von den Eigentümern oder Betreibern von Trägerstrukturen für drahtlose Zugangspunkte mit geringer Reichweite zu verlangen (§ 79 Abs. 2 S. 2, 3 TKG).

Auf dieser Grundlage entsteht ein bundesweites Verzeichnis praktisch besonders bedeutsamer Infrastrukturelemente, die für den Ausbau moderner Telekommunikationsnetze mitgenutzt werden können. Gerade angesichts der überragenden Bedeutung der öffentlichen Versorgungsnetze für die Aufrechterhaltung des wirtschaftlichen und sozialen Lebens in der Bundesrepublik Deutschland kann es jedoch problematisch sein, einen inhaltlich unbeschränkten Zugang zu den Informationen über alle diesbezüglichen Netzelemente zu ermöglichen. Unter bestimmten Voraussetzungen sind daher die von einem Versorgungsunternehmen oder einem Betreiber bzw. Eigentümer von Trägerstrukturen erhaltenen Informationen nicht in den Infrastrukturatlas aufzunehmen. Das ist der Fall, wenn konkrete Anhaltspunkte dafür vorliegen (§ 79 Abs. 3 S. 1 TKG), dass

1. die Sicherheit oder Integrität der betreffenden Einrichtung oder die öffentliche Sicherheit oder die öffentliche Gesundheit durch eine Einsichtnahme gefährdet würden,
2. die in § 148 TKG vorgesehene Vertraulichkeit der Informationen durch eine Einsichtnahme verletzt würde,
3. besonders schutzbedürftige und funktionsessenzielle Teile einer kritischen Infrastruktur betroffen sind oder
4. die betroffenen Teile öffentlicher Versorgungsnetze durch den Bund zur Verwirklichung einer sicheren Behördenkommunikation genutzt werden.

In einem solchen Fall sind für die jeweiligen Gebiete, in denen sich solche Einrichtungen befinden, statt den Informationen über die Einrichtungen die Kontaktdaten von Ansprechpartnern bei den jeweiligen Versorgungsunternehmen in den Infrastrukturatlas aufzunehmen (§ 79 Abs. 3 S. 2 TKG). Hierdurch sollen bilaterale Verhandlungen über Mitnutzungen in einem weitestmöglichen Umfang ermöglicht werden.[611]

---

610 Begründung zum Gesetzentwurf der Bundesregierung, BT-Drs. 18/8332, 28, 40 (zu Art. 1 Nr. 14 [§ 77a]); eine einschränkende, am Verhältnismäßigkeitsgrundsatz orientierte Auslegung fordernd allerdings *Stelter* (Fn. 325), § 77a Rn. 17.

611 Begründung zum Gesetzentwurf der Bundesregierung, BT-Drs. 18/8332, 28, 41 (zu Art. 1 Nr. 14 [§ 77a]).

bb) Informationen für die Mitnutzung passiver Netzinfrastrukturen öffentlicher Versorgungsnetze (§ 79 Abs. 1 Nr. 2 TKG)

Die in der zweiten Gruppe erfassten Informationen für die Mitnutzung passiver Netzinfrastrukturen öffentlicher Versorgungsnetze wurden nach bisheriger Rechtslage als „ISA-Mitnutzung" bezeichnet. Es handelt sich um solche Informationen, die der zentralen Informationsstelle von Versorgungsunternehmen freiwillig zur Bereitstellung im Infrastrukturatlas zur Verfügung gestellt werden (§ 136 Abs. 5 S. 2 TKG).[612] Diese Informationen sind wesentlich detaillierter als die rein zu Planungszwecken geeigneten Informationen aus dem bundesweiten Verzeichnis der ersten Teilgruppe. Dafür zeichnet der Informationsbestand allerdings auch kein flächendeckendes Bild der passiven Netzinfrastrukturen öffentlicher Versorgungsnetze.

cc) Informationen für die Mitnutzung sonstiger physischer Infrastrukturen für drahtlose Zugangspunkte mit geringer Reichweite (§ 79 Abs. 1 Nr. 3 TKG)

Die Informationen über Trägerstrukturen für drahtlose Zugangspunkte mit geringer Reichweite bilden die dritte Gruppe im Infrastrukturatlas der neuen Generation. Wie bei den Informationen der zweiten Gruppe für die Mitnutzung passiver Infrastrukturen handelt es sich dabei um einen Datenbestand, der zwar detaillierter ausfällt als im Rahmen der planungsbezogenen Daten der ersten Gruppe, der aber auf einer freiwilligen Datenlieferung durch den jeweiligen Eigentümer oder Betreiber beruht (§ 153 Abs. 5 S. 2 TKG).

dd) Einsichtnahme

Einsicht in die Informationen über Infrastruktur nach § 79 TKG erhalten die am Ausbau von öffentlichen Versorgungsnetzen Beteiligten (§ 79 Abs. 4 S. 1 Hs. 1 TKG). Hierzu gehören Gebietskörperschaften, Versorgungsunternehmen sowie jeweils deren Auftragnehmer (§ 79 Abs. 4 S. 2 TKG). Voraussetzung ist allerdings, dass mit dem Ausbauvorhaben Einrichtungen geschaffen werden sollen, die zu Telekommunikationszwecken genutzt werden können (§ 79 Abs. 4 S. 1 Hs. 1 TKG). Eine Beteiligung am Ausbau ist dabei z. B. auch bereits im Markterkundungsverfahren und bei Machbarkeitsstudien im Vorfeld von Ausschreibungen möglich.[613] Davon unabhängig dürfen das Bundesministerium für Verkehr und digitale Infrastruktur sowie Gebietskörperschaften auch für allgemeine Planungs- und Förderzwecke sowie zur

612 Siehe dazu oben, unter I. 2. a) dd) (S. 132 f.).

613 Begründung zum Gesetzentwurf der Bundesregierung, BT-Drs. 18/8332, 28, 41 (zu Art. 1 Nr. 14 [§ 77a]).

Erfüllung von Aufgaben nach dem TKG Einsicht in den Informationsbestand nehmen (§ 79 Abs. 4 S. 3 TKG).

Die Zugänglichmachung erfolgt jeweils nach Maßgabe von Einsichtnahmebedingungen, die von der zentralen Informationsstelle des Bundes festgelegt werden (§ 79 Abs. 5 S. 1 TKG).

b) Informationen über Breitbandausbau (§ 80 TKG)

Um Information über den Breitbandausbau bereitstellen zu können, führt die zentrale Informationsstelle des Bundes regelmäßig und mindestens einmal im Jahr eine geographische Erhebung zur örtlichen Verfügbarkeit öffentlicher Telekommunikationsnetze durch (§ 80 Abs. 1 TKG). Hiermit wird der schon bislang vom Bundesministerium für Verkehr und digitale Infrastruktur geführte Breitbandatlas normativ verankert.[614]

Die auf dieser Grundlage bereitgestellten Informationen über den Breitbandausbau umfassen eine gebiets- und haushaltsbezogene Übersicht über die örtliche Verfügbarkeit von öffentlichen Telekommunikationsnetzen sowie Informationen über Gebiete, in denen der Ausbau öffentlicher Telekommunikationsnetze öffentlich gefördert wird, soweit diese Informationen der zentralen Informationsstelle vorliegen (§ 80 Abs. 2 S. 1 TKG). Diese Übersicht muss hinreichende Details zu lokalen Gegebenheiten sowie ausreichende Informationen über die Dienstequalität und deren Parameter enthalten (§ 80 Abs. 2 S. 2 TKG). Betriebs- und Geschäftsgeheimnisse müssen gewahrt werden (§ 80 Abs. 3 TKG).

Die zentrale Informationsstelle des Bundes stellt Endnutzern ein Informationswerkzeug bereit, damit diese die Verfügbarkeit von Netzanbindungen in verschiedenen Gebieten ermitteln können (§ 80 Abs. 4 S. 1 TKG). Dies muss in einem Detailgrad erfolgen, der geeignet ist, ihnen bei der Auswahl des Betreibers oder Diensteanbieters zu helfen. Ist ein Informationswerkzeug auf dem Markt verfügbar, das diesen Anforderungen entspricht, entfällt die diesbezügliche Verpflichtung der zentralen Informationsstelle (§ 80 Abs. 4 S. 2 TKG).

Darüber hinaus veröffentlicht die zentrale Informationsstelle des Bundes die Informationen aus der geographischen Erhebung, aber auch das nur, sofern die Informationen auf dem Markt nicht bereits verfügbar sind (§ 85 Abs. 1 S. 1 TKG). Bei einer solchen Veröffentlichung sind insbesondere etwaige Betriebs- und Geschäftsgeheimnisse zu wahren (§ 85 Abs. 1 S. 2 TKG).

---

614 Begründung zum Gesetzentwurf der Bundesregierung, BT-Drs. 19/26108, 200, 305 (zu Art. 1 § 79).

c) Informationen über künftigen Netzausbau (§ 81 TKG)

Die Informationen über den künftigen Netzausbau beziehen sich in Fortschreibung der Ende 2019 in § 77q TKG 2004 geschaffenen Regelung über die „Vorschau zum Mobilfunknetzausbau" in erster Linie auf diesen Bereich.[615] Es geht dabei um die Standorte, an denen die Mobilfunknetzbetreiber innerhalb des nächsten Jahres einen Ausbau des von ihnen jeweils betriebenen Mobilfunknetzes in den bislang nicht mit breitbandigem Mobilfunk[616] ausgebauten Gebieten beabsichtigen (§ 81 Abs. 1 S. 2 TKG).[617] Die dadurch hergestellte Transparenz in Bezug auf die kurzfristig zu erwartende Beseitigung von Versorgungslücken soll die Bedarfsorientierung behördlicher Entscheidungen in diesem Bereich (Förderung, Planung, Ausbau) erhöhen.[618] Die zentrale Informationsstelle des Bundes führt in regelmäßigen Abständen, zumindest aber alle sechs Monate entsprechende geographische Erhebungen durch (§ 81 Abs. 1 S. 1, Abs. 3 TKG).

Auf Anforderung des Bundesministeriums für Verkehr und digitale Infrastruktur kann die zentrale Informationsstelle des Bundes bei entsprechendem Bedarf und mit diesbezüglicher Begründung künftig auch eine Ausbauvorschau in Bezug auf sonstige öffentliche Telekommunikationsnetze erstellen (§ 81 Abs. 4 TKG). Das betrifft namentlich den Festnetzbereich.[619]

Die jeweilige Übersicht[620] muss alle relevanten Informationen zu geplanten Netzausbaumaßnahmen einschließlich der Netzausbaupläne aller Unternehmen und öffentlichen Stellen enthalten (§ 81 Abs. 5 S. 1 TKG).[621]

---

615 Zuständig für die Mobilfunkvorschau nach § 77q TKG 2004 war bislang die Mobilfunkinfrastrukturgesellschaft (§ 1 Mobilfunknetzvorausschauverordnung).

616 Gemeint sind damit Mobilfunktechnologien der dritten, vierten und fünften Generation (UMTS, LTE und 5G). Dem Wortlaut nach würde eine künftige Versorgung mit Mobilfunk einer (kommenden) sechsten Generation an dem Status als unversorgtes Gebiet nichts ändern. Das scheint wenig geglückt.

617 Dabei geht es konkret um (1.) geographische Standortkoordinaten oder, sofern noch keine Baugenehmigung für einen konkreten Standort beantragt wurde, hinreichend genaue Angaben zu Suchkreisen für die Standortplanung, und (2.) Angaben zu der zu erwartenden Netzabdeckung (§ 81 Abs. 3 TKG).

618 Bericht des Ausschusses für Verkehr und digitale Infrastruktur, BT-Drs. 19/11180, 7, 13 (zu Nr. 6 [§ 77q]).

619 Begründung zum Gesetzentwurf der Bundesregierung, BT-Drs. 19/26108, 200, 306 (zu Art. 1 § 80).

620 Die Anforderungen gelten sowohl für die Übersicht hinsichtlich des künftigen Mobilfunknetzausbaus als auch für eine etwaige Übersicht zu sonstigen öffentlichen Telekommunikationsnetzen (§ 81 Abs. 4 S. 3 TKG).

621 Die Informationen müssen überdies hinreichende Details zu lokalen Gegebenheiten sowie ausreichende Informationen über die Dienstequalität und deren Parameter enthalten (§ 81 Abs. 5 S. 2 i. V. m. § 80 Abs. 2 S. 2 TKG).

Betriebs- und Geschäftsgeheimnisse sind dabei zu wahren (§ 81 Abs. 5 S. 2 i. V. m. § 80 Abs. 3 TKG).

Einsicht in eine solche Übersicht über den künftigen Netzausbau kann (nur) Gebietskörperschaften für allgemeine Planungs- und Förderzwecke gewährt werden (§ 81 Abs. 6 S. 1 TKG). Die Einzelheiten hierzu regelt die zentrale Informationsstelle in Einsichtnahmebedingungen, mit denen insbesondere die Wahrung der öffentlichen Sicherheit und von Betriebs- und Geschäftsgeheimnissen sicherzustellen ist (§ 81 Abs. 6 S. 2 TKG).

d) Informationen über Baustellen (§ 82 TKG)

Bei den Informationen für die Koordinierung von Bauarbeiten an öffentlichen Versorgungsnetzen handelt es sich um die Angaben, die von den Versorgungsunternehmen in Erfüllung ihrer diesbezüglichen Verpflichtung nach einem entsprechenden Informationsantrag der zentralen Informationsstelle des Bundes übermittelt wurden (§ 82 i. V. m. § 142 Abs. 6 S. 1 TKG).[622] Die Informationen werden dann anderen Interessenten, die ein berechtigtes Interesse an der Einsichtnahme haben, in geeigneter Form und nach Maßgabe diesbezüglicher Einsichtnahmebedingungen zugänglich gemacht (§ 142 Abs. 6 S. 2 f. TKG).

e) Informationen über Liegenschaften (§ 83 TKG)

Mit den Informationen über Liegenschaften wird schließlich eine Übersicht über solche für die Zwecke des Mobilfunkausbaus geeignete Liegenschaften, Grundstücke und Infrastrukturen geschaffen,[623] deren Eigentümer der Bund, ein Land oder eine Kommune ist (§ 83 Abs. 1 TKG). Es geht also insoweit – trotz des nicht ganz eindeutigen Gesetzeswortlauts – nur um Liegenschaften, die sich in öffentlicher Hand befinden.[624] Die zentrale Informationsstelle erhebt von den jeweiligen Eigentümern die hierfür erforderlichen Informationen (§ 83 Abs. 2 TKG). Die Einsicht in die so entstandene Übersicht wird nach Maßgabe von Einsichtnahmebedingungen gewährt, die von der zentralen Informationsstelle des Bundes vorgehalten werden (§ 83 Abs. 3 TKG).

622 Siehe dazu oben, unter I. 1. a) dd) (S. 116).

623 Der Gesetzeswortlaut differenziert unnötig kompliziert zwischen „Infrastrukturen und sonstige[n] physische[n] Infrastrukturen".

624 Begründung zum Gesetzentwurf der Bundesregierung, BT-Drs. 19/26108, 200, 306 (zu Art. 1 § 82).

Literaturverzeichnis

Butler, Janet Bearbeiterin, in: Fetzer/Scherer/Graulich, TKG, 3. A., 2020

Cornils, Matthias Flächendeckende Mobilfunkversorgung als gesetzlicher Auftrag für die Frequenzregulierung – Zur unionsrechtlichen Zulässigkeit der Vorschriften des neuen TKG zur regulatorischen Förderung des lückenlosen und unterbrechungsfreien Zugangs zu Mobilfunkdiensten, N&R 2021, 194

Dörr, Oliver Bearbeiter, in: Säcker, TKG, 3. A., 2013

Fetzer, Thomas/Scherer, Joachim/Graulich, Kurt (Hrsg.) TKG, 3. A., 2020

Franz, Oliver Die Regelungen zur Migration von herkömmlichen Infrastrukturen nach Art. 81 des Kommunikationskodex – Eine Analyse vor dem Hintergrund ökonomischer Überlegungen zu den Anreizen bei einem „Kupferausstieg", N&R 2020, 86

Freese, Benedikt Die neue Frequenzordnung des TKG – Ein Blick in die Werkstatt des Regulierungsrechts, N&R 2021, 149

Gärditz, Klaus Ferdinand Gestaltungsspielräume und Gestaltungsverantwortung des nationalen Gesetzgebers im europäischen Telekommunikationsregulierungsrecht – Zur Umsetzung der Richtlinie 2009/140/EG („TK-Review"), N&R-Beilage 2/2011, 1

Gersdorf, Hubertus Frauenförderung als Element des Regulierungsrechts am Beispiel der Frauenquote für die Wirtschaft, in: FS Schmidt-Preuß, 2018, S. 585

Hölscher, Frank Anmerkung zum Urteil des BVerwG vom 25. September 2013 – Az. 6 C 13.12, N&R 2014, 58

Jacob, Martin Anmerkung zum Beschluss des BGH vom 8. Oktober 2019 – Az. EnVR 58/18, N&R 2020, 107

Kiparski, Gerd	Der Europäische Telekommunikations-Kodex – Ein neuer Rechtsrahmen für die elektronische Kommunikation, CR 2019, 179
Kleinlein, Kornelius/ Schubert, Daniel	Entgeltregulierung am Scheideweg – Gesetzlich determinierte Kostenprüfung oder Abwägung von Regulierungszielen?, N&R 2013, 185
Kühling, Jürgen	Bearbeiter, in: Säcker, TKG, 3. A., 2013
Louven, Sebastian	Verpflichtungszusagen im neuen TKG, N&R 2020, 265
Neumann, Andreas	Bearbeiter, in: Säcker, TKG, 3. A., 2013
Neumann, Andreas	Durchführung eines Konsolidierungsverfahrens vor Erlass einer Entgeltgenehmigung? Zugleich Anmerkung zum Urteil des EuGH vom 14. Januar 2016 – Rs. C-395/14, N&R 2016, 146
Neumann, Andreas/Koch, Alexander	Telekommunikationsrecht, 2. A., 2013
Neumann, Andreas/ Sickmann, Jörn	Erweiterte marktmachtunabhängige („symmetrische“) Zugangsverpflichtungen im neuen Telekommunikationsrecht, N&R 2020, 208
Neumann, Andreas/ Sickmann, Jörn	Stand und Perspektiven des Breitbandausbaus in Deutschland, IRNIK-Diskussionspapier Nr. 5, 2018
Neumann, Andreas/ Sickmann, Jörn/Alkas, Hasan/Koch, Alexander	Reformbedarf des europäischen Rechtsrahmens für elektronische Kommunikation – Recht und Ökonomie der Telekommunikationsregulierung in Zeiten der Gigabit-Gesellschaft, 2017
Picot, Arnold (Hrsg.)	10 Jahre wettbewerbsorientierte Regulierung von Netzindustrien in Deutschland, 2008
Reuße, Bastian/Karrer, Till	Die Auswirkungen der TKG-Novelle auf Ansprüche und Pflichten nach dem DigiNetzG, N&R 2021, 90
Säcker, Franz Jürgen	Bearbeiter, in: Säcker, TKG, 3. A., 2013
Säcker, Franz Jürgen (Hrsg.)	TKG, 3. A., 2013
Säcker, Franz Jürgen/ Böcker, Lina	Die Entgeltkontrolle als Bestandteil einer sektorübergreifenden Regulierungsdogmatik für Netzwirtschaften, in: Picot, 10 Jahre wettbewerbsorientierte Regulierung von Netzindustrien in Deutschland, 2008

Scherer, Joachim	Bearbeiter, in: Fetzer/Scherer/Graulich, TKG, 3. A., 2020
Scheurle, Klaus-Dieter/ Mayen, Thomas (Hrsg.)	TKG, 3. A., 2018
Schramm, Franziska	Anmerkung zum Beschluss des BVerfG vom 22. November 2016 – Az. 1 BvL 6/14, 1 BvL 3/15, 1 BvL 4/15 und 1 BvL 6/15, N&R 2017, 113
Sickmann, Jörn/Neumann, Andreas	Regulierungsferien für Koinvestitionen? Die Diskussion um Art. 74 eines künftigen europäischen Kodex für die elektronische Kommunikation, K&R 2018, 92
Sörries, Bernd	Die Vectoring-Technologie: Fluch oder Segen?, CR 2015, 162
Sörries, Bernd	Neues Geschäftsmodell, neue Regulierung? Das Geschäftsmodell des reinen Vorleistungsanbieters und seine rechtliche und ökonomische Bedeutung, N&R 2020, 161
Stelter, Christian	Bearbeiter, in: Scheurle/Mayen, TKG, 3. A., 2018
Thomaschki, Kathrin	Bearbeiterin, in: Säcker, TKG, 3. A., 2013
Wißmann, Hinnerk	Richterliche Kontrolldichte im öffentlichen Wirtschaftsrecht – Zur Harmonisierung von Regulierungs- und Kartellrechtsordnung, in: FS Schmidt, 2006, S. 627

Abbildungsverzeichnis

Tabellenverzeichnis